DICTIONNAIRE D'ARCHÉOLOGIE

Sous la direction de l'équipe de la Centrale d'achats Maxi-Livres

Direction
Alexandre Falco

Responsable des publications
Françoise Orlando-Trouvé

Responsable de la collection
Stéphanie Lascar

Fabrication
Antonio Sanchez
Guillaume Bogdanowicz

Pierre Ripert

DICTIONNAIRE D'ARCHÉOLOGIE

La France, vieille terre d'Histoire, possède d'innombrables vestiges archéologiques.
Pour déchiffrer le message des pierres lorsque vous visitez des musées, des sites historiques ou des églises, pour mieux apprécier la beauté des monuments, pour déchiffrer les secrets des bâtisseurs, ouvrez ce dictionnaire-guide.
Il contient 800 entrées environ qui vous expliquent l'architecture et la décoration, les techniques et la symbolique employées, depuis les cavernes jusqu'aux cathédrales, des menhirs jusqu'aux statues de la Renaissance.
Vous trouverez, en outre, dans ce dictionnaire-guide, des idées de promenade : classés par départements, sont cités les principaux édifices romans, les grandes cathédrales gothiques ou les plus importants sites préhistoriques que l'on peut visiter (la France en est si riche qu'il a été impossible de les mentionner tous ; si aucun département n'a été oublié, nous espérons ne pas avoir, par nos choix, attisé des susceptibilités locales...)
Avec ce *Dictionnaire d'archéologie*, partez à la découverte de notre patrimoine et découvrez-en les trésors.

A

ABAQUE

Tablette carrée de terre cuite ou de bois que les anciens constructeurs plaçaient au-dessus des colonnes de bois pour leur donner une plus large assiette et fournir ainsi plus de support aux poutres que portaient ces colonnes. Synonyme de **tailloir**.

ABAT-SON / ABAT-VENT

Lames de persiennes inclinées de haut en bas et de dedans en dehors, fixées dans un châssis en charpente. On place des abat-vent dans les baies des tours et des clochers, pour empêcher la pluie et la neige de pénétrer à l'intérieur, mais aussi pour ventiler les charpentes et diriger le son des cloches vers le sol.

ABAT-VOIX

Sorte de dôme ou de dais que l'on place au-dessus des chaires à prêcher pour renvoyer la voix du prédicateur à l'assistance. Souvent, le dessous de l'abat-voix porte dans son centre une colombe sculptée symbolisant le Saint-Esprit.

ABBATIALE

Église d'une abbaye ou d'un monastère.
Voir **Église**.

ABOUT

Terme de charpenterie qui désigne l'extrémité façonnée d'une pièce de bois.

ABSIDAL

Qui se rapporte à l'**abside.**

ABSIDE

Chevet d'une église ordinairement en hémicycle et surmonté d'une voûte en cul-de-four ; il existe aussi des absides de forme rectangulaire. L'abside, située à l'arrière du chœur, est généralement orientée à l'est.

ABSIDIOLE

Diminutif d'abside ; petite abside qui termine une nef latérale, tandis que l'abside ferme la nef centrale ou grande nef.

ACANTHE

Plante dont le feuillage ornemental a été utilisé comme décoration. On a pris l'acanthe pour l'ornementation des frises, des corniches... mais surtout pour la décoration des corbeilles des chapiteaux corinthiens. Il existe diverses variétés d'acanthe : l'acanthe cultivée, l'acanthe molle et l'acanthe épineuse, dont le feuillage, beaucoup moins beau, est armé de petits aiguillons qui font ressembler cette plante au chardon. Lequel chardon a, lui aussi, été souvent utilisé dans la décoration de l'architecture des styles roman et ogival.

ACCOLADE (ARC EN...)

Cet arc, qui rappelle l'accolade typographique, et qu'on nomme aussi arc en talon, est tracé au moyen de quatre centres ; il est alternativement concave et convexe. Il a été fréquemment employé dans les monuments du XVe siècle.
Voir **Arc**.

ACHE (FEUILLE D')

Feuille d'une plante ombellifère qui a été fort employée dans la décoration architecturale du Moyen Âge. Celle que les sculpteurs de la période ogivale ont souvent reproduite est l'ache à grosse feuille de persil découpée en trois lobes, également employée dans l'art du blason.

ACOUSTIQUE (VASE)

Vase de terre ou de bronze, servant dans les théâtres de l'Antiquité à renforcer la voix des acteurs. De tels vases furent découverts dans de vieilles églises, lors de réparations de la voûte, ce qui laisse à penser que les vases acoustiques étaient aussi utilisés au Moyen Âge.

ACROTÈRE

Petit piédestal pour une sculpture placé au sommet ou sur les deux extrémités d'un fronton.

ADOSSÉ

Voir **Colonne**.

ÂGES (PRÉHISTOIRE)

- Âge de la pierre : jusqu'à l'an 2000 av. J.-C.
- Âge du bronze : vers l'an 2000 av. J.-C.
- Âge du fer : vers l'an 1000 av. J.-C.

AIGLE

Terme d'architecture employé pour désigner la figure triangulaire formée par le tympan d'un fronton, car ce dernier était souvent décoré d'un aigle.

AIGUILLE

C'est une flèche, un clocheton, etc., en forme de pyramide aiguë. Cet amortissement (voir **Amortir**) ou couronnement aigu termine les contreforts des clochers, les montants de maçonnerie ou de menuiserie, ou même des arcades trilobées ou ogivales. Ce terme est aussi synonyme d'*obélisque*.

AILE

Dans les vastes édifices, tels qu'une basilique ou un temple, partagés en nef centrale et en deux nefs latérales, on nomme ces dernières ailes. Dans les églises, le synonyme est « bas-côtés ».

AILERON

Dans l'architecture classique moderne, l'aileron est une console qui sert à contrebuter (soutenir) à mi-hauteur le corps central d'une façade.

ALBÂTRE

Sorte de pierre calcaire translucide utilisée notamment pour les revêtements muraux et les statues.

ALIGNEMENT

Rangée de **menhirs** (voir ce mot). Les alignements se rencontrent surtout en Bretagne.
Certains alignements sont en ligne droite, d'autres décrivent des lignes courbes. Ceux de Carnac, les plus célèbres, s'étendent, avec une interruption, sur 3 kilomètres.

ALLÉE COUVERTE

Dalles très grossières dressées ou plantées dans le sol, supportant une ou plusieurs grosses dalles de couverture, ce qui forme une sorte de couloir appelé allée. Voir **Dolmen**.

ALLÈGE

Mur d'appui placé au-dessous d'une fenêtre, d'un créneau et plus mince que l'ensemble du mur.

AMANDE

Auréole de forme elliptique qui entoure fréquemment les représentations des saints, de la Vierge ou du Christ. L'*amande mystique* est le symbole de la virginité de la Vierge Marie. Voir **Auréole** et **Nimbe**.

AMBON

Petite tribune de pierre ou de marbre des anciennes basiliques chrétiennes.

AMBULATOIRE

Partie d'un cloître en forme de galerie servant à la promenade ; aussi le nommait-on également *promenoir*.

AMORTIR

C'est couronner une partie d'architecture par un motif, qui prend le nom d'**amortissement** : fleuron au sommet d'un gâble, statue en haut d'un contrefort.

AMORTISSEMENT

Membre d'architecture qui en couronne un autre plus important : une flèche dans un clocher sert d'amortissement à la tour ; un fleuron sert d'amortissement à un pignon…

AMPHITHÉÂTRE

Sous les Romains, les amphithéâtres ne servirent d'abord que pour les combats de gladiateurs. Le plan était oblong car certains jeux nécessitaient du champ.

L'ensemble de l'amphithéâtre, vu de haut, présentait une cavité, appelée *cavea*. L'arène était bordée d'un mur un peu élevé, qui portait une série de sièges pour les autorités : au pied du *podium* se trouvait parfois un canal qui servait à éloigner les fauves.

Les gradins étaient, dans les amphithéâtres importants, divisés en étages, par des paliers et en compartiments triangulaires, par des escaliers. Le gradin inférieur de chaque étage monté sur un mur un peu haut, appelé *balteus*, avait un double but : éviter que la vue des spectateurs placés au-dessus ne soit arrêtée par ceux qui s'y tenaient debout, et empêcher les spectateurs de passer d'un étage à l'autre. Les escaliers aboutissaient aux couloirs intérieurs et aux ouvertures d'entrée et de sortie, des **vomitoires** (voir ce mot). Les accès étaient étudiés avec soin : la foule, canalisée, circulait aisé-ment ; après le spectacle, l'amphithéâtre se vidait avec rapidité.

On s'est ingénié parfois à diminuer les dépenses en construisant des amphithéâtres sur le penchant d'un coteau, qui portait les gradins ; en faisant des gradins en charpente, ou encore, en élevant sur un côté seulement de l'arène, une partie d'amphithéâtre.

Le sous-sol de l'arène pouvait cacher une machinerie pour monter les bêtes, des loges pour les enfermer avant le spectacle, des canaux pour inonder l'arène en vue des **naumachies** (voir ce mot) ou simulacres de combat naval, etc.

Les théâtres antiques, en plein air comme les amphithéâtres, empruntent à ces derniers la disposition des gradins et des accès, et l'ordonnance du grand mur extérieur ; mais, au lieu de décrire une courbe fermée, les gradins sont conduits suivant un demi-cercle. Au bas des gradins se trouve l'orchestre, moins large que l'arène des amphithéâtres et où les personnages de qualité prenaient place. En arrière de la scène est un grand mur de fond, percé de portes pour le passage des artistes. Comme dans certains amphithéâtres, on a pu, dans certains théâtres, mettre à profit le relief naturel du sol pour loger la *cavea*, les gradins.

Le Moyen Âge ne construisit pas de théâtres.

AMPHORE

Grand récipient de terre portant des anses sur son col et terminé en pointe. Les amphores servaient à contenir diverses denrées agricoles, et surtout du vin ; on les plaçait côte à côte et debout dans les caves, car le sol de celles-ci portait une forte couche de sable.

ANCRE

Pièce fixée à l'extrémité d'un tirant et maintenant dans ce plan une maçonnerie, un panneau, etc., qui tendent à s'écarter.

ANNELET

Appelé aussi *armille*, ou *bague*. Ornement d'architecture de l'époque ogivale formant bracelet autour d'une colonne (dite alors annelée, ou baguée). On désigne aussi sous ce terme le petit filet, ou *listel*, qui orne le chapiteau dorique.

ANTE

Pilier rectangulaire ou pilastre carré contre lequel viennent buter les murs d'un temple. Les antes forment la tête des murs du temple. Les chapiteaux des antes peuvent être aussi richement décorés que ceux des colonnes ; parfois même leur décoration se replie avec celle des frises qui viennent buter contre ces chapiteaux.

ANTÉFIXE

Objet en terre cuite placé à l'extrémité du dernier rang de tuiles d'un toit. On l'utilisait aussi pour orner le faîtage des toits.

ANSE-DE-PANIER

Tracé d'un arc surbaissé dont la courbe, en forme d'anse de panier, est une moitié d'ellipse ou plutôt la combinaison de plusieurs arcs de cercle en nombre impair (voir **Arc**).

APÔTRES

Les douze apôtres sont représentés dans l'art chrétien avec le Livre saint, la croix ou les instruments de leur supplice (à l'exception de Jean, tous furent martyrisés).

Pierre tient les clefs du ciel. Il symbolise l'Église de Rome et son pouvoir. Il fut crucifié la tête en bas.

André, frère de Pierre, tient une croix en forme de X (instrument de son martyre).

Jacques le Majeur, apôtre de l'Ouest, tient un long bâton de pèlerin *(bourdon)* et arbore la coquille du pèlerinage de Compostelle.

Jean tient une coupe en souvenir d'un poison mortel qu'il but sans dommage. Auteur du quatrième Évangile et de l'Apocalypse, il symbolise la connaissance et l'Est du monde chrétien.

Philippe fut crucifié à Hiérapolis. Il est représenté tenant une croix.

Barthélemy tient un couteau car il fut écorché vif en Arménie (c'est le patron des tanneurs).

Matthieu, auteur du premier Évangile, fut tué d'un coup de hache en Éthiopie…

Thomas évangélisa l'Inde, où il fut l'architecte d'un roi. On le représente avec une équerre ou une règle. Il fut décapité d'un coup de glaive.

Jacques le Mineur, dit Frère du Seigneur, mourut lapidé et assommé par un coup de foulon (bâton de teinturier) à Jérusalem.

Thadée (Jude) prêcha en Perse avec l'apôtre **Simon**. Ils furent tous deux égorgés.

Judas est représenté soit lors de sa pendaison, soit comptant le salaire de sa trahison.

Matthias (treizième apôtre), élu à la place de Judas, tient une croix et/ou un livre.

Paul, fréquemment représenté avec l'apôtre Pierre, tient une grande épée à ses côtés.

Voir **Saints**.

APPAREIL

Ce mot s'applique à la dimension des blocs entrant dans une maçonnerie, à leur forme, à la façon dont leurs parements sont traités ou dont les pierres sont disposées dans la maçonnerie.

En ce qui concerne les dimensions, le *moyen appareil* mesure 1 pied de hauteur sur 2 de longueur, soit 0,35 m sur 0,70 m ; si les assises mesurent plus de 0,40 m d'épaisseur, c'est le *grand appareil* ; au-dessous de 0,15 m à 0,20 m, c'est le *petit appareil*.

Suivant la manière dont sont juxtaposées les pierres entre elles, on obtient des appareils diversement nommés (*en fougère* ou *en arête de poisson* ; *obliqué* ; *polygonal* ou *pélasgique en épi réticulé réglé imbriqué*...)

APPENTIS

Toiture à un seul versant, dont le faîte s'appuie sur un mur. Ce mot désigne aussi par extension une construction couverte par un toit ainsi fait.

AQUEDUC

Les aqueducs romains sont des conduites maçonnées, des tuyaux de plomb, des tuyaux de terre cuite pris ou non dans du mortier, ou encore des tuyaux de bois. Les conduites maçonnées sont revêtues intérieurement d'un ciment qui doit à la présence de la brique pilée une teinte rougeâtre et qui forme sur les angles inférieurs de la cuvette un bourrelet destiné à empêcher les infiltrations. La pente est très variable ; il semble que, pour ralentir le courant, on l'ait parfois rompu en faisant tomber l'eau dans des bassins.

Il est périlleux de poser les aqueducs, qui sont étroits, sur des arcades trop hautes ; aussi épaulait-on la construction au moyen de contre-forts, ou bien en faisant des piles très épaisses au pied qui s'amincissaient en montant. Un procédé courant consiste à superposer deux ou trois étages d'arcades, dont les dimensions peuvent décroître de bas en haut. Quelques aqueducs sur arcades ont été construits durant le Moyen Âge.

ARABESQUE

Ornement plus ou moins contourné, composé de tiges, de feuillages, de feuilles, de fruits, d'enroulements, ainsi que d'animaux fantastiques.

ARASER

Ramener à un plan horizontal, la surface supérieure inclinée d'une construction, du talus d'un contrefort, d'une assise qui n'est pas de niveau, etc. L'*arase* est l'assise, en briques ou autre, qui sert à rétablir le niveau.

ARBALÉTRIER

Dans une charpente, c'est la pièce oblique de la **ferme** (voir ce mot) ; les deux arbalétriers se rejoignent par le haut et déterminent la pente du toit.

ARBRE

Le christianisme associe la croix du Seigneur à un arbre reliant la Terre et le Ciel, l'homme et Dieu. La sculpture romane reprend le symbolisme de la religion druidique, notamment les visages-feuilles, ainsi que les motifs végétaux entrelacés. Voir **Végétal.**

ARC

C'est un appareil de maçonnerie conduit suivant une ligne courbe ou suivant plusieurs lignes courbes combinées. Par extension, on appelle *arc en mitre* celui qui dessine un angle. Pour faire un arc, on pose au-dessus de l'appui ou *pied-droit* une moulure saillante ou **imposte** ; sur cette imposte est construit un appareil provisoire de bois ou **cintre**, sur lequel les maçons rangent les **claveaux**, c'est-à-dire des pierres taillées en coin. Lorsque l'arc est terminé, on enlève le cintre.

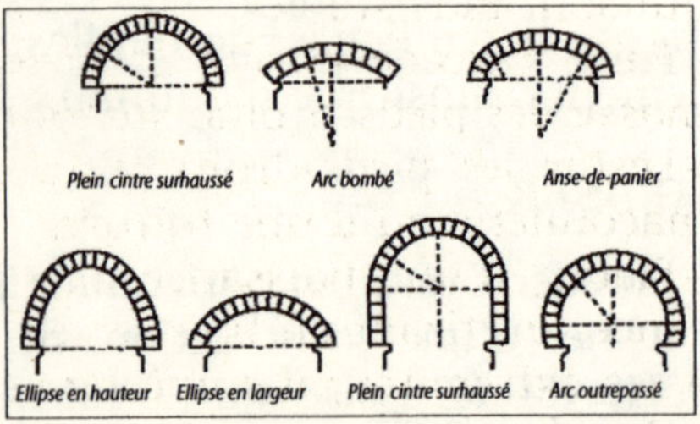

Les arcs ont des figures diverses. La plus habituelle est le *plein cintre* qui affecte la forme d'une demi-circonférence. L'*arc bombé* répond à un segment de cercle moins développé que le plein cintre. L'*arc en anse-de-panier* composé de trois, cinq (etc.) arcs de cercle qui se raccordent en une courbe basse, ressemble à l'*arc elliptique* coupé suivant son grand diamètre.

L'*arc surhaussé* est un trompe-l'œil ; c'est un arc en plein cintre dans lequel les impostes sont au-dessous des naissances véritables. L'*arc outrepassé* est un plein cintre outrepassé ; certains le confondent avec l'*arc en fer-à-cheval*, d'autres réservent ce dernier nom à l'arc dont les retombées sont obliques, mais à peu près rectilignes.

Plus un arc est élancé, plus la poussée est réduite ; plus un arc est aplati, plus la poussée est développée. L'*arc bombé* ou l'anse-de-panier écartent plus fortement les pieds-droits que le plein cintre de même portée. Pour assurer les pieds-droits contre le renversement, il est possible de :

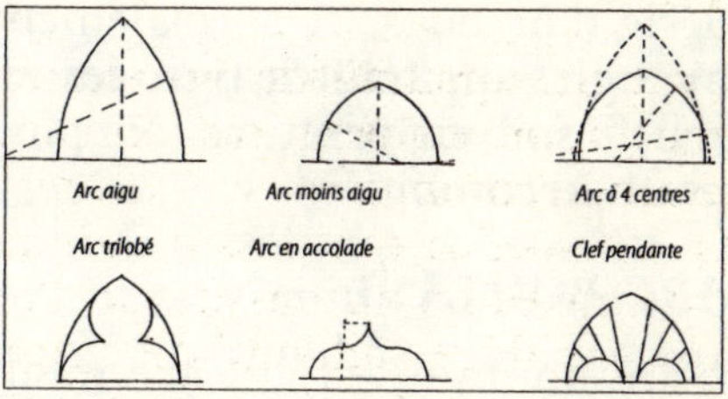

– Poser un arc de matériaux légers (qui poussent moins) sur des pieds-droits de matériaux lourds, qui sont plus stables.
– Faire l'arcade étroite et basse et augmenter la masse des pieds-droits, surtout vers le bas.
– Lester les pieds-droits d'un poids mort, d'une maçonnerie ou d'une toiture.
– Placer, d'une naissance de l'arc à l'autre naissance, un tirant en bois ou en fer que l'on arrête à ses extrémités ; il empêche l'écartement.
– Opposer à la poussée une poussée contraire. C'est la technique utilisée lorsque l'on construit une suite d'arcades, par exemple pour les ponts : les poussées de deux arches voisines se neutralisent ; mais il n'y a pas cette ressource aux deux bouts du pont et il faut, au lieu des piles ordinaires, des culées assez puissantes pour contenir la poussée.

ARCADE

Construction en pierre, en bois, en fer, qui repose sur deux piliers ou colonnes et qui peut affecter la forme de tous les arcs. Les arcades peuvent être plein cintre, surbaissées, surhaussées, angulaires, en anse de panier...

ARCATURE

Série d'arcades, et spécialement de petites arcades aveugles ou teintes figurées sur un mur, soit en relief, soit en peinture. Ne pas employer arcature pour **arcade**.

ARC-BOUTANT

L'arc-boutant est un arc moins développé qu'un arc ordinaire et qui est appliqué à l'extérieur d'un mur pour l'épauler, ou le soutenir, contre le renversement. Son pied porte sur un fort pilier nommé **contrefort** (voir ce mot).

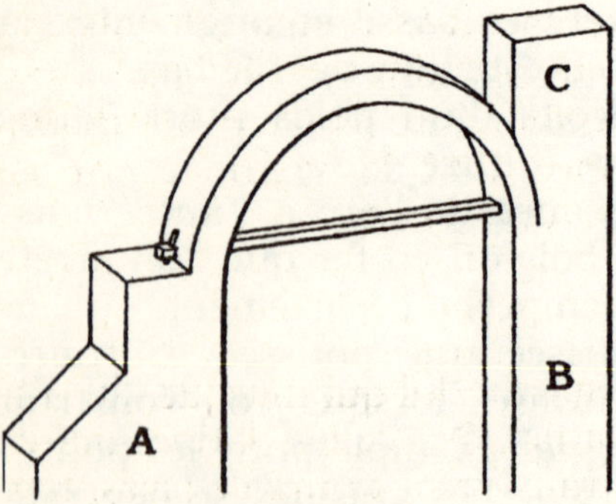

Pour assurer la stabilité d'un arc, on peut augmenter la masse des pieds droits, surtout vers le bas (A), appuyer verticalement (C) sur le pied-droit (B) qui porte la charge d'une maçonnerie ou d'une toiture.

ARC DE DÉCHARGE

Arc bandé dans une maçonnerie, au-dessus d'une partie faible, afin de la protéger.

ARC EN ENCORBELLEMENT

Dit aussi *arc en tas-de-charge*. Superposition de **corbeaux** (voir ce mot) placés horizontalement l'un sur l'autre et dont chacun avance sur le corbeau inférieur : c'est un **encorbellement** (voir ce mot). Sur deux pieds-droits qui se font face, on élève deux encorbellements : ils se rapprocheront en montant et il viendra un moment où il sera possible de les réunir en jetant sur le vide une dernière pierre ; on abat les arêtes saillantes des assises et on obtient de la sorte le contour d'un arc. Les voûtes en encorbellement se rencontrent dès l'époque néolithique.

ARC DE TRIOMPHE

Les arcs de triomphe romains sont des arcs isolés, ce qui les distingue des portes monumentales. Ils ont été bâtis pour commémorer un événement, pour glorifier un personnage ou pour embellir une ville, un pont, etc. Ces arcs peuvent présenter une grande baie accostée de deux baies plus petites. La décoration sculpturale s'imposait dans ces édifices purement somptuaires ; elle est aussi abondante qu'intéressante. Le Moyen Âge ignora les arcs de triomphe, dont la vogue reprit en France au XVIIe siècle. Voir **Pont**.

ARC TRIOMPHAL

On nomme arc triomphal celui qui marque, du côté de l'Est, l'entrée de la nef. Des églises latines ont en cet endroit un mur transversal ajouré de baies, rappelant l'*iconostase* (cloison décorée d'icônes qui sépare la nef du sanctuaire) des églises grecques. Plus souvent on a jeté en travers de l'arc triomphal une poutre destinée à porter un crucifix, les statues de la Vierge et de saint Jean, des chandeliers, des reliquaires. C'est la *poutre de gloire*, qui pouvait être revêtue de métal et posée sur des poteaux ou sur des colonnes. La poutre de gloire amena, pendant la période gothique, le **jubé** (voir ce mot).

ARCHE

Voûte d'un pont.

ARCHÉOLOGIE

Science des arts, vestiges et monuments antiques. On distingue de nombreuses variétés d'archéologie : égyptienne, gréco-latine, militaire, sacrée… L'archéologie étudie aussi bien les monuments d'architecture, de sculpture ou de peinture, que les pierres gravées, les médailles, les ustensiles et instruments sacrés, funéraires, civils ou militaires. C'est par l'archéologie que l'on peut reconstituer l'histoire de civilisations disparues. C'est au XVIIe siècle que l'on commença à recenser les trésors issus des civilisations passées. Ainsi Louis XIV parraine-t-il l'Académie des inscriptions et belles-lettres. Mais c'est avec Napoléon Bonaparte, qui associe des savants à sa campagne d'Égypte, que l'archéologie devient une science reconnue.

ARCHÈRE

Fente dans un mur pour le tir de l'arc.

ARCHITRAVE

L'architrave, ou maîtresse poutre, est la poutre en pierre qui est posée horizontalement d'une colonne à l'autre, d'un pilier au pilier voisin. C'est une partie de la construction qui porte immédiatement sur le **chapiteau** d'une **colonne** ou d'un **pilastre**. Les architraves sont surmontées d'une **frise** ou d'une **corniche**. L'art romain dérive de l'art étrusque et de l'art grec. Une première différence entre l'art grec et l'art étrusque ou romain provient de ce que le constructeur grec n'emploie pour couvrir les baies et pour franchir les vides que l'architrave, tandis que les Étrusques, et après eux les Romains, ont connu l'usage de l'arc. Quand la poutre de pierre couvre une baie pratiquée dans une maçonnerie pleine, elle prend le nom de **linteau**. L'architrave pèse verticalement sur l'appui ; pour que celui-ci supporte la charge, il faut qu'il soit assez large et de matériaux assez résistants pour ne pas s'écraser sous la pression. Si le poids est trop fort, la pierre surchargée se fend et l'appui présente des fissures qui attaquent les blocs.

ARCHIVOLTE

L'archivolte est une moulure ou un groupe de moulures concentriques à l'**extrados** (voir ce mot) qui décore la tête de l'arc. Ne pas confondre l'archivolte avec l'arc lui-même.

ARÊTE

Ligne d'intersection entre deux surfaces.

ARÊTE-DE-POISSON

Figure dessinée à l'aide d'appareils par certaines tailles et formée de lignes stries ou de joints obliques alternativement dirigés dans un sens et dans l'autre. On dit aussi que ces lignes sont en épi ou en feuille de fougère.

ARMER

Armer une poutre, c'est la garnir de ferrures pour la relier à une autre ou pour arrêter l'écartement. Le béton armé est un béton dans lequel sont noyées des tringles de fer.

ARMOIRIES

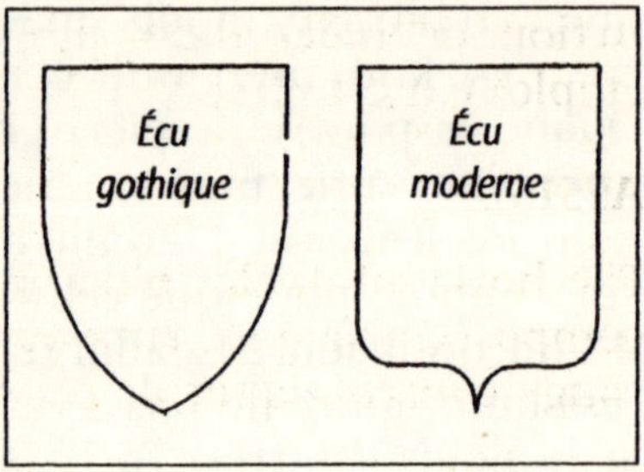

Fleurs de lis gothique et moderne

Les armoiries sont posées sur des écus, dont la forme est habituellement celle des boucliers du XIIIe siècle, pointus du bas. À partir de la fin du XVIe siècle, apparaissent les écus plus carrés dont la ligne inférieure dessine une accolade renversée. Les blasons féminins sont quelquefois sur un écu en losange.

Les pièces héraldiques peuvent être représentées isolément : *Châteaux* de Castille, *léopards* d'Angleterre, *dauphins* du prince héritier de France (au milieu du XIVe siècle, le Dauphiné fut attribué à ce prince), enfin et surtout *fleurs de lis*.

La forme des fleurs de lis a varié suivant les époques ; plus élancées au Moyen Âge, elles deviennent épaisses et lourdes vers la fin de l'Ancien Régime.

ARRIÈRE-VOUSSURE

Partie de voûte plus évasée que l'ouverture de la baie où elle se trouve. On pratique des arrière-voussures pour fournir plus de jour à une pièce.

ASSEMBLAGE

Action de relier deux pièces de bois et procédé employé à cet effet.

ASSISE

File horizontale des blocs dont la maçonnerie est composée. Ne pas employer ce terme pour les rangs concentriques de claveaux.

ASSOMMOIR

Construction placée en encorbellement au-dessus d'une porte ou d'un passage pour en défendre l'entrée. De là, on jetait des pierres, du plomb et d'autres objets lourds pour assommer les assiégeants : d'où le nom d'*assommoir* donné à cette construction.

ASTRAGALE

Moulure saillante profilée entre le fût d'une colonne et le chapiteau. L'astragale roman est une baguette ; l'astragale gothique est profilé en larmier (voir ce mot), de façon à empêcher les ruissellements.

ATLANTE

Statue virile formant une colonne comme support d'entablement ; ce terme est synonyme de *télamon*.

ÂTRE

Partie de la cheminée où l'on fait du feu.

ATRIUM

C'est la première cour de la maison romaine et la plus rapprochée de la rue. Autour de cette cour couverte se trouvaient placées les différentes pièces de la maison. Ce terme tirerait son nom d'une ville de Toscane, *Atria*, dans laquelle on aurait fait les premières constructions de ce genre.

ATTIQUE

Étage de dimensions réduites qui couronne certaines compositions architecturales.

AURÉOLE

Représentation du rayonnement autour d'un corps.

Encadrement carré, circulaire ou elliptique qui entoure le corps du Christ, de la Vierge ou de saints, symbolisant le cercle lumineux de leur *aura*, marque de leur sainteté.

Voir **Amande, Mandorle** et **Nimbe**.

AUTEL

Plate-forme sur laquelle on faisait les sacrifices aux dieux. Chez les chrétiens, table d'où l'on célèbre la messe.

AVANT-NEF

Voir **Porche**.

AVEUGLE

Se dit d'une arcade, d'une fenêtre, d'une baie quelconque simulée et qui n'est pas ouverte.

SITES À VISITER

AIN (01)

BELLEY
Vieille ville épiscopale, entièrement détruite par un incendie en 1285. Palais épiscopal bâti par Soufflot (XVIIIe siècle).
BROU (ÉGLISE DU)
Près de Bourg-en-Bresse, église chef-d'œuvre du gothique flamboyant du XVIe siècle, édifiée sur l'ordre de Marguerite d'Autriche (à la mémoire de son époux disparu) avec un monastère.
BUELLAS
Église romane Saint-Barthélémy.
GÉNISSIAT-INJOUX
Grotte préhistorique.
NANTUA
Église romane Saint-Michel du XIIe siècle.
NEUVILLE-SUR-AIN
Site préhistorique : abri de la Colombière.
PÉROUGES
Fortifications médiévales restaurées. Église et maisons du XVe siècle.
ST-MAURICE-DE-GOURGANS
Église romane Saint-Maurice (ajouts gothiques XVe siècle).

AISNE (02)

CUIRY-LES-CHAUDARDES
Site préhistorique (rubané).
FÈRE-EN-TARDENOIS
Site préhistorique de l'Allée Tortue (tardenoisien).
FERTÉ-MILON (LA)
Vestiges d'un château du XIVe siècle.
GUISE
Vestiges d'un château du XIe siècle.

Laon
Ludunum gauloise, et évêché important dès les Mérovingiens. Cathédrale gothique Notre-Dame des XII-XIVe siècles. Église gothique Saint-Martin. Palais épiscopal du XIIIe siècle. Chapelle des Templiers du XIIe siècle.
Liesse-Notre-Dame
Basilique en gothique flamboyant des XIII-XIVe siècles, où l'on venait en pèlerinage honorer la Vierge noire.
Marizy-Sainte-Geneviève
Église romane Sainte-Geneviève.
Saint-Michel
Église en gothique primitif des XII-XIIIe siècles.
Saint-Quentin
Édifices en gothique : collégiale des XIII-XVe siècles, Hôtel de ville.
Soissons
Cité gallo-romaine, puis capitale de la Neustrie. Cathédrale gothique Saint-Gervais-et-Saint-Protais des XII-XIVe siècles. Ruines d'abbayes : Saint-Médard (préroman) et Saint-Jean-des-Vignes (gothique flamboyant).
Urcel
Église romane Notre-Dame.

ALLIER (03)

Bourbon-l'Archambault
Église romane Saint-Georges.
Châtelperron
Site préhistorique : la grotte des Fées (paléolithique supérieur).
Ébreuil
Abbatiale romane des X-XIIIe siècles.
Glozel
Site paléolithique-néolithique contesté.

MONTLUÇON
Église Saint-Pierre du XIIe siècle. Église Notre-Dame du XVIe siècle.
MOULINS
Déjà un important carrefour routier sous les Gaulois ; capitale des ducs de Bourbon. Cathédrale Notre-Dame en gothique flamboyant. Édifices Renaissance.
SAINT-MENOUX
Abbatiale romane du XIIe siècle.
SAINT-POURÇAIN-SUR-SIOULE
Église des XI-XVe siècles.
SALIGNY-SUR-ROUDON
Site préhistorique de Tilly (moustérien).
SAULCET
Église romane Saint-Julien.
SOUVIGNY
Église romano-gothique Saint-Pierre des XI-XVe siècles.

ALPES-DE-HAUTE-PROVENCE (04)

BARCELONNETTE
Cette cité fut fondée au XIIIe siècle. Au XIXe siècle, des « Barcelonnettes » firent fortune au Mexique et revinrent au pays pour s'y faire bâtir des villas de style baroque ou néo-gothique.
CASTELLANE
Saint-Victor, église romane du XIIe siècle. Vestiges de l'enceinte du XIVe siècle.
DIGNES-LES-BAINS
Cité gallo-romaine, puis évêché. Cathédrale romane Notre-Dame-du-Bourg des XIII-XIVe siècles.
FORCALQUIER
Cathédrale romane. Couvent des Cordeliers des XIII-XIVe siècles.
GANAGOBIE
Église romane Notre-Dame-du-Puy.

Manosque
Église romane Notre-Dame. Ruines de remparts du XIIe siècle.
Moustiers-Sainte-Marie
Église romano-gothique.
Quinson
Sites préhistoriques : la Baume Bonne, et l'abri Breuil.
Reillanne
Site préhistorique : abri Saint-Mître (sauveterrien).
Riez
Cité gallo-romaine. Baptistère mérovingien. Vestiges romains et romans.
Sisteron
Ancienne cathédrale Notre-Dame du XIIe siècle. Vestiges de la citadelle du XIVe siècle.

HAUTES-ALPES (05)

Argentière-la-Bessée
Chapelle romane Saint-Jean.
Briançon
Place forte gallo-romaine, puis dauphinoise. Vauban la fortifia. Église du XVIIe siècle.
Embrun
Capitale des Gaulois Carturiges, Ebrodunum sous l'empire romain, puis archevêché où se tinrent des conciles. Église romane Notre-Dame. Chapelles des Cordeliers des XV-XVIe siècles.
Gap
Site préhistorique : dolmens dans les environs.
Vallouise
Église Saint-Étienne des XV-XVIe siècles.

ALPES-MARITIMES (06)

ANTIBES
Fondée au VIe siècle avant J.-C. par les Massaliotes, colons grecs de Marseille, et baptisée Antipolis. Important port gallo-romain. Château Grimaldi XII-XVIe siècles, devenu musée Picasso.

GRASSE
Ville-république médiévale. Cathédrale du Xe siècle, restaurée au XVIIe.

MENTON
Édifices du XVIIe siècle. Musée régional de la préhistoire.

MOUGINS
Vestiges romans du XIIe siècle.

NICE
Colonie grecque du VIe siècle avant J.-C., cité romaine puis propriété des comtes de Provence et des ducs de Savoie. Cathédrale Sainte-Réparate et église Saint-Jacques du XVIIe siècle. Musée préhistorique de Terre Amata. Grotte préhistorique du Lazaret.

ROQUEBRUNE-CAP-MARTIN
Site préhistorique : grotte du Vallonet (– 1 million d'années). Bourg médiéval.

ROQUEFORT-LES-PINS
Site préhistorique : dolmens des Peyraoutes.

SAINT-CÉSAIRE
Site préhistorique : dolmens de Mauvans.

VALLÉE DES MERVEILLES
Site préhistorique de l'âge du bronze.

VENCE
Vestiges romains. Restes de remparts du XIIIe siècle. Cathédrale romane.

ARDÈCHE (07)

ANNONAY
Étape pour les pèlerins (route du Puy). Annonay, devenue protestante, fut détruite pendant les guerres de Religion.
AUBENAS
Ville de foire médiévale, carrefour de la soie. Château des XII-XVIIe siècles.
BERRIAS-ET-CASTELIAU
Site préhistorique.
BIDON
Sites préhistoriques : grotte de la Tête du Lion, grotte Saint-Marcel.
CHAMPAGNE
Église romane Saint-Pierre.
CRUAS
Ancienne abbaye bénédictine, et église romane du XIe siècle. Chapelle fortifiée du XIIe siècle.
LARGENTIÈRE
Église du XIIIe siècle. Château du XVe siècle.
ORGNAC-L'AVEN
Site préhistorique (paléolithique) et musée de la Préhistoire.
ROCHEMAURE
Ruines d'un château du XIIe siècle. Chapelle du XIIIe siècle.
SAINT-MARTIN D'ARDÈCHE
Sites préhistoriques : statues-menhirs de l'Aven Meunier, grotte ornée du Figuier.
SAINT-PÉRAY
Restes du château de Crussols (XIIe siècle).
SOYONS
Musée de la Préhistoire.
VALLON-PONT-D'ARC
Sites préhistoriques : grotte d'Ebbou (magdalénien), abri du Colombier, grotte du Deroc, grotte de la Vacheresse, grotte du Pontiar.

Vion
Église romane Saint-Martin.
Viviers
Cathédrale Saint-Vincent des XII-XVIe siècles. Maison des chevaliers du XVIe siècle.

ARDENNES (08)

Baalonss
Église romane Saint-Rémy.
Givet
Église Sainte-Hilaire bâtie par Vauban. Fort de Charlemont du XVIe siècle.
Malmy
Chapelle du cimetière, romane.
Mouzon
Église gothique Notre-Dame du XIIIe siècle.
Rethel
Église romano-gothique Saint-Nicolas des XII-XVIe siècles.
Signy-l'Abbaye
Restes d'une abbaye cistercienne fondée au XIIe siècle.

ARIÈGE (09)

Foix
Haut lieu de la résistance cathare. Église Saint-Volusien du XIVe siècle. Vestiges du château du XVe siècle.
Laroque d'Olmes
Vestiges gallo-romains.
Mas d'Azil (Le)
Grotte préhistorique (et musée) du Magdalénien, qui servit aussi de refuge pendant les persécutions religieuses, aux premiers chrétiens, aux cathares et aux huguenots.

Montesquieu-Avantès
Sites préhistoriques (grottes).
Montségur
Site paléolithique, sur lequel est édifiée une forteresse qu'au début du XIIIe siècle, les cathares occupent et restaurent. En 1244, ses occupants, assiégés, préfèrent le bûcher à la conversion.
Niaux
Site préhistorique. Grotte magdalénienne avec des peintures rupestres.
Pamiers
Cathédrale Saint-Antonin et église Notre-Dame-du-Camps du XVIIe siècle.
Saint-Lizier
Restes gallo-romains. Cathédrale des X-XVIe siècles. Cloître romano-gothique.
Tarascon-sur-Ariège
Exposition permanente de préhistoire et d'archéologie.
Unac
Église romane Saint-Martin.
Val
Église romane Notre-Dame.

AUBE (10)

Bar-sur-Aube
Cité médiévale célèbre pour ses foires, proche de l'abbaye de Clairvaux. Maisons anciennes. Église romane Saint-Pierre du XIIe siècle.
Bar-sur-Seine
Église des XVI-XVIIe siècles.
Clairvaux
Abbaye cistercienne fondée par saint Bernard (XIIe siècle) et devenue une prison depuis.
Entrevaux
Place forte, toujours en l'état, du XVIIe siècle. Église du XVIe siècle.

Lapalisse
Château Renaissance sur les vestiges d'une forteresse des XI-XIIIe siècles.
Nogent-sur-Seine
Vestiges de l'abbaye du Paraclet (XIIe siècle). Église Saint-Laurent en gothique flamboyant.
Troyes
Capitale des Gaulois Tricasses, évêché médiéval.
Église Sainte-Madeleine des XII-XVIe siècles. Cathédrale Saint-Pierre-et-Saint-Paul des XIII-XVIe siècles. Église gothique Saint-Urbain.

AUDE (11)

Carcassonne
Oppidum fortifié par les Romains, puis par les Wisigoths. Leur roi Théodoric aurait fait bâtir la première cathédrale. La nef romane de l'église Saint-Nazaire date du XIe siècle, les transepts et chœur gothiques du XIIIe siècle. L'église Saint-Vincent (gothique) est du XIVe siècle. Quant aux fortifications, restaurées par Viollet-le-Duc vers 1850, elles datent selon les enceintes, du VIe, VIIIe et XIIIe siècles.
Castelnaudary
Péage gallo-romain, puis base pour Simon de Montfort dans sa croisade anti-cathare. Église gothique Saint-Michel du XIIIe siècle.
Conques-sur-Orbiel
Château fort des XII-XVe siècles. Église gothique avec retable du XVIe siècle.
Fanjeaux
Saint Dominique y combattit l'hérésie cathare et y eut l'idée de son ordre monastique. Église du XIIIe siècle. Basilique Notre-Dame de la Prouille. Église Sainte-Basile (portail roman) du XIIIe siècle.
Fontfroide
Abbaye cistercienne du XIIe siècle.

Laroque-de-Fa
Nécropole mégalithique de La Clape.
Limoux
Église Saint-Martin des XII-XIVe siècles.
Narbonne
Cité gauloise, puis capitale de province gallo-romaine. Palais des Archevêques des XIII-XIVe siècles. Cathédrale Saint-Just, avec chœur gothique, commencée au XIIIe siècle. Église Saint-Sébastien du XVe siècle. Musée archéologique.
Quéribus (Château de)
Ruines du dernier bastion cathare, conquis en 1255.
Rennes-les-Bains
Tombes carolingiennes et église romane.
Rieux-Minervois
Église romane de l'Assomption-de-Notre-Dame.
Saint-Hilaire
Église romane du XIIe siècle. Cloître gothique du XIVe siècle.

AVEYRON (12)

Conques
Lieu de pèlerinage de l'époque carolingienne sur les reliques de sainte Foy (martyrisée au IIIe siècle). Célèbre abbatiale romane du XIIe siècle.
Couvertoirade (La)
Les Templiers, au XIIe siècle, s'installèrent dans une ancienne abbaye bénédictine et en firent un village fortifié, inchangé depuis.
Espalion
Ancienne étape sur une voie romaine. Pont sur le Lot du XIIIe siècle. Église romane de Perse du XIe siècle.
Foissac
Grotte-musée.
Millau
Église Notre-Dame-de-l'Espinasse du XIe siècle, restaurée XVIIe siècle. Beffroi du XIIe siècle.

MONTIAUX
Église romane Saint-Cyrise.
RODEZ
Segodunum, capitale gallo-romaine du Rouergue. Cathédrale gothique Notre-Dame des XIII-XVIe siècles. Musée préhistorique.
SAINT-AFFRIQUE
Pont gothique.
VILLEFRANCHE-DE-ROUERGUE
Maisons anciennes à arcades. Église des XIII-XVe siècles.

B

BADIGEON

Couleur à la détrempe appliquée sur les parements et qui est, en général, un lait de chaux additionné d'ocre, de poudre de pierre, etc.

BAGUE

Moulure annulaire horizontale qui contourne une colonne. Voir **Annelet**.

BAGUETTE

Moulure profilée en demi-cercle, plus mince que le **tore** (voir ce mot).

BAHUT

Mur bas ; par exemple, celui qui dans les cloîtres, porte la claire-voie. Autrefois, on disait du chaperon d'un mur qu'il était en bahut lorsqu'il avait un profil bombé.

BAIE

Ouverture dans un mur (porte ou fenêtre), dans un panneau de charpente, etc.

BAINS

Les bains sont parfois doubles : ils comprennent un établissement pour chaque sexe ; les deux bains sont disposés de façon à être chauffés par un seul fourneau. Les bains romains comprenaient : l'*apodytérium*, salle où l'on se déshabillait et où on laissait ses vêtements ; le *tepidarium*, salle tiède pour la transition entre le grand air et l'étuve ; le *caldarium*, salle d'étuve, généralement sur plan rectangulaire, qui renferme, à un bout, dans une alcôve semi-circulaire, un bassin pour les ablutions ; le *frigidarium*, pour les bains froids.

L'air de ces salles pouvait être porté à une température plus ou moins élevée par un **hypocauste** (voir ce mot).

BALDAQUIN

Dais disposé au-dessus d'un trône ou d'un autel.

BALISTE

Machine de guerre qui servait à lancer de gros traits. C'était un bâti en charpente composé de deux montants verticaux réunis par une double traverse horizontale.

Des écheveaux de nerfs tordus ainsi qu'une corde d'arc formaient les forces mouvantes de cette machine, qui comportait une rigole en fer dans laquelle on plaçait une grosse flèche.

Au moyen d'un moulinet ou de moufles, des hommes bandaient la corde de cet arc énorme, qui, détendu, lançait des traits d'environ 50 kg à 500/600 m de distance.

BALTEUS

Mur ou parapet qui, dans les théâtres ou les amphithéâtres, séparait deux groupes de gradins.

BALUSTRADE

Rangée de **balustres** portant une main courante à hauteur d'appui et, par extension, un garde-fou ajouré.

Les balustrades apparaissent au début du gothique. Elles étaient faites, suivant les ressources du pays, de pièces montées l'une sur l'autre ou d'une dalle évidée, sinon ajourée. Le dessin change avec les époques : petites arcades brisées, remplage rayonnant ou flamboyant. Le XVe et le XVIe siècle placèrent dans les balustrades des lettres, des emblèmes et des devises. La Renaissance incorpora dans ces appuis des formes empruntées aux ordres, comme de petites colonnes. Ces colonnettes se renflèrent et prirent le galbe des balustres faits au tour. Les XVIIe et XVIIIe siècles mirent des balustrades de ce genre en haut des façades : elles servaient à dissimuler le toit, lorsqu'il fut admis que le style noble ne doit pas montrer les toitures.

BALUSTRE

Petit support, de section circulaire ou non, renflé de façon à présenter la forme d'un flacon à long goulot.

BANDEAU

Ce mot à deux sens : il désigne une moulure saillante, plate et haute, ou bien un groupe de moulures horizontales qui marque le niveau des étages.

BANDER

En architecture, bander un arc c'est le construire.

BANNIÈRE

Sorte d'étendard sur lequel son peintes ou gavées certaines figures imaginaires ou symboliques. En France, lorsqu'il partait en guerre, le roi prenait la bannière à l'abbaye de Saint-Denis.

BAPTÊME

Dans les rites chrétiens le baptême était donné dans le **baptistère**, à l'entrée de l'édifice religieux. Jusqu'au Moyen Âge, le baptisé était plongé dans un bassin, d'où l'importance de certains vestiges de baptistères. Ce n'est qu'après que le prêtre se contenta d'ondoyer le baptisé, de l'asperger d'eau. Dans l'art chrétien, le baptême le plus représenté est celui de Jésus par Jean-Baptiste.

BAPTISTÈRE

Édifice spécialement affecté à l'administration du baptême. Ne pas confondre avec les *fonts baptismaux*.

L'administration du baptême était originairement réservée à l'évêque de sorte que le baptistère est une annexe de la cathédrale. L'emplacement en est variable : on trouve des baptistères jusque dans les cryptes. Le baptême était donné d'habitude par immersion : le catéchumène descendait dans une piscine. Ce rite fut abandonné à l'époque romane ; c'est pourquoi on ne fit plus alors de baptistères proprement dits, c'est-à-dire séparés de l'église.

Il n'est pas toujours aisé de distinguer un baptistère : il est souvent dédié à saint Jean-Baptiste et il renferme une piscine avec ses conduits pour l'adduction et l'évacuation des eaux. La piscine est de forme variable, aussi bien que le baptistère lui-même. Celui-ci est souvent octogone et il peut avoir un bas-côté. Par extension, on appelle chapelle des fonts baptismaux, celle qui est située à l'entrée de l'église sur le côté nord.

BARBACANE

Ouvrage de fortification bas avancé, destiné à protéger une porte, la tête d'un pont, etc. C'est aussi une ouverture étroite pour l'aération, l'éclairage, le tir, ou l'écoulement des eaux d'infiltration.

BARDEAUX

Planchettes que l'on pose à recouvrement comme des tuiles plates, pour former un toit ou pour abriter un parement.

BARDER

Transporter des matériaux lourds.

BARLOTIÈRE

Barre de fer qui soutient un vitrail.

BAS-CÔTÉS

Les bas-côtés sont, dans les églises à trois vaisseaux, les vaisseaux latéraux, plus bas que la nef centrale. Évitez d'utiliser ce terme quand les vaisseaux latéraux sont sensiblement aussi hauts que celui du milieu.

BASE

La base est un empattement au pied de la colonne ; plus l'empattement est prononcé et plus le support a de la difficulté à s'enfoncer dans le sol ; en outre, le fût étant plus largement assis résiste mieux aux oscillations, aux pesées obliques, au renversement.

La colonne dorique grecque n'avait pas de base ; les colonnes romaines en ont habituellement une, qui est posée sur une **plinthe** (voir ce mot) ou même sur un piédestal formé d'un socle, d'un dé et d'une corniche. La base attique comprend deux tores inégaux séparés par une scotie ; entre chacun des **tores** et la **scotie** (voir ces mots) est réservé un **filet**. On décorait quelquefois ces bases de menues sculptures ; on y accrochait des ornements de métal ; on les surmontait d'un collier de grandes feuilles, d'où le fût paraissait émerger.

La base du Moyen Âge est dérivée de la base attique. Sur ce thème, les architectes latins et romans se sont ingéniés à bien des variations. L'une des plus notables consiste à disposer, aux angles, des griffes qui agrafent le tore inférieur à la plinthe. Au XIIIe siècle, la scotie perdit de sa hauteur et les deux tores se rapprochèrent ; ils fi-

De gauche à droite : base antique, base romane, base gothique, base gothique, base gothique 1400.

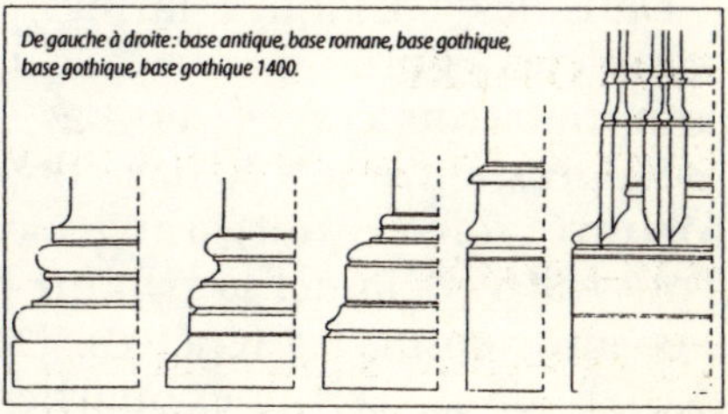

nirent par se rejoindre et de la scotie il ne resta plus qu'une dépression dans la moulure ; celle-ci déborda sur la plinthe.

La plinthe – devenue polygonale pour mieux s'adapter à la base qu'elle portait – fut montée sur un socle couronné d'un profil mouluré.

Or, cette moulure fut incorporée à la base, qui finit par prendre la forme des bouteilles à long col superposées ; c'est le type des XVe et XVIe siècles.

BASILIC

Dans l'iconographie du Moyen Âge le basilic symbolise le génie du mal ainsi que la débauche. C'est un animal fantastique qui a la tête, le cou et la poitrine du coq greffés sur le corps d'un lézard à huit pattes. Il est né d'un œuf de coq couvé par un crapaud ; sa vue seule causait la mort.

BASILIQUE

Le mot basilique a, dans l'histoire de l'architecture religieuse, deux sens distincts : pour les canonistes, la basilique est une église à laquelle on a octroyé certains privilèges (édifice religieux consacré à un saint, avec l'autorisation du pape) ; pour les archéologues, la basilique chrétienne est une église dont le plan comporte, le long de la nef, des bas-côtés.

Dans les basiliques latines, du moins les plus complètes, l'ordonnance architecturale de la nef comptait trois étages : en bas, les grandes arcades ménagées entre nef et bas-côtés ; plus haut, le **triforium** (voir ce mot), rangée de baies par laquelle s'ouvrait vers la nef la tribune établie au-dessus du bas-côté ; enfin, les fenêtres. Des voûtes pouvaient exister dans certaines parties de l'édifice : sur l'abside, un cul-de-four ; sur les bas-côtés, des voûtes d'arêtes. La nef n'était pas voûtée. La basilique romane présente, dans son ordonnance intérieure, une extrême diversité. L'architecte a pu supprimer, par exemple, les fenêtres, ou le triforium. De la tribune de premier étage il n'est resté quelquefois qu'un souvenir, soit que le triforium soit aveuglé, soit qu'il s'ouvre sur le bas-côté.

Dès le XIIe siècle, on éleva des cathédrales gothiques où, sous les voûtes d'ogives, se développait dans toute son ampleur le type basilical : arcades, large triforium, vastes fenêtres. Au cours du XIIIe siècle, les arcades en bas, les fenêtres en haut empiétèrent sur le triforium. En même temps, celui-ci perdait de sa profondeur ; la tribune était devenue, au XIVe siècle, une étroite galerie, que les fenestrages absorbaient de plus en plus. Au XVe siècle, la galerie disparait et l'étage des fenêtres immenses vient immédiatement au-dessus de celui des grandes arcades. Tantôt les églises modernes sacrifient le triforium, tantôt elles le conservent en lui donnant un dessin varié.

Les vaisseaux romans étaient par nécessité étroits et quelquefois élancés. Cet élancement s'exagéra jusque vers 1250 et les arcs brisés envahirent toutes les baies, où ils se maintinrent aussi longtemps que dura le gothique.

Au XIVe siècle, la section des nefs et le tracé des baies s'élargissent ; la verticalité des lignes s'atténue. Le XVe emploie des arcs à quatre centres, qui sont moins aigus que les arcs brisés ordinaires.

Depuis la Renaissance, l'édifice est plus large et moins haut ; les arcs sont en plein cintre, en ellipse ou en anse de panier, jamais brisés. (Voir **Église**.)

BAS-RELIEF

Sculpture formant une faible saillie sur le fond auquel elle adhère ; si la saillie atteint la moitié de l'épaisseur du sujet, l'ouvrage est en demi-relief ; si la saillie égale l'épaisseur du sujet, l'ouvrage est en plein relief ; si la sculpture se détache du fond, elle est en ronde-bosse.

BASSE

Ce mot a deux acceptions : en droit canon, il désigne des églises dotées de certains privilèges, lesquels varient suivant qu'il s'agit de basiliques mineures, majeures, etc. ; en archéologie, il se dit, d'abord des édifices antiques qui servaient de lieux de réunion, ensuite des églises de plan allongé à trois vaisseaux.

BASTIDE

Ville construite au Moyen Âge, sur un plan régulier, lequel comprend en général une place entourée de couverts.

BASTILLE

Dans la fortification du Moyen Âge, ce terme s'applique à des ouvrages avancés. Le diminutif est *bastillon*, dont on a fait *bastion*.

BASTION

Autrefois *bastillon*, petite bastille. Ouvrage qui projette un angle saillant dans certains systèmes de fortification moderne.

On nomme *faces* les parties antérieures d'un bastion, *flancs* les parties latérales, *gorge* l'espace compris entre les deux flancs, et *courtine* le mur d'enceinte qui relie deux bastions entre eux.

BÂTIÈRE

Toit en forme de bât, à deux versants.

BÂTONS BRISÉS

On appelle bâtons brisés l'ornement obtenu à l'aide d'une moulure conduite en zigzag et qui dessine des chevrons tangents. Ne pas confondre les bâtons brisés avec les **grecques** (voir également Méandre).

BEFFROI

On appelle de ce nom : le donjon communal, une tour mobile en bois qui servait dans les sièges, et enfin, la charpenterie qui, dans les clochers, est destinée à suspendre les cloches servant dans les occasions solennelles, ainsi que de signal d'alarme quand la ville courait un danger quelconque.

BÉLIER

Machine de guerre consistant en une poutre mobile habituellement suspendue, armée d'une tête de métal et que l'on projetait contre des maçonneries à démolir. Quand le bélier était enfermé dans des baraques en bois qui simulaient une carapace, on le désignait sous le nom de *tortue*. Cette enveloppe protégeait des traits des assiégés les hommes qui manœuvraient le bélier. Les Assyriens, les Égyptiens, les Grecs et les Romains ont employé cet engin de guerre.

BÉNITIER

Récipient de pierre placé à l'entrée d'une église et qui contient de l'eau bénite.

BERCEAU

La voûte en berceau est un arc prolongé, quels qu'en soient le tracé (berceau en plein cintre, brisé, en anse de panier, etc.) et la direction (berceau rampant, horizontal, berceau biais, droit, berceau annulaire, etc.).

BESANT

Le besant était une monnaie d'or frappée à Byzance ; on donna ce nom à un petit ornement rond et plat, comme une pièce de monnaie. Ne pas confondre avec la perle, qui est une demi-sphère.

BESTIAIRE

L'antiquité classique avait légué aux premiers siècles chrétiens une histoire naturelle amplifiée de bien des fables ; l'ingéniosité des docteurs y trouva matière à maints commentaires édifiants, qui firent la fortune des bestiaires.

L'art s'empara de ces données et représenta, en même temps que des animaux réels, comme l'éléphant ou le chameau, des espèces fantastiques : le *basilic*, coq terminé en serpent ; *l'aspic*, sorte de dragon, reptile ou quadrupède bas sur pattes ; le *griffon*, quadrupède ailé à tête d'aigle ; la *licorne*, quadrupède armé d'une corne ; le *charadrius*, sorte d'oiseau qui, placé près d'un malade, aspire la maladie ; l'homme à pied de cheval ;

l'homme à pied unique, sous lequel il s'abrite comme sous un parasol, etc.

BÉTON

Pierre artificielle, conglomérat de pierres concassées prises dans du mortier. Des auteurs distinguent le béton du blocage : le premier serait obtenu par compression dans des caissonnements provisoires.

BIAIS

Le berceau biais est celui dans lequel la tête n'est pas perpendiculaire à l'axe.

BILLETTES

Ornements formés d'un tore interrompu.

BISEAU

Plan oblique que l'on obtient en abattant une arête. Certains auteurs réservent le nom de chanfrein au biseau qui est incliné à 45°. Ne pas employer ces termes quand il s'agit de plans larges, comme l'appui d'une fenêtre.

BIVEAU

Maçonnerie de pierres brutes prises dans du mortier. Voir **Béton**.

BLOCHET

Pièce de bois posée horizontalement sur la tête d'un mur, dans le sens de l'épaisseur, et où s'assemblent le pied de l'arbalétrier ou du chevron et le pied d'une jambette.

BOSSAGE

Relief, bosse ménagée sur le parement des blocs, soit définitivement, soit dans l'intention de les retailler après la pose.

BOUCLER

On dit qu'un mur *boucle* lorsque, sous l'effet d'une charge, il fait ventre et devient bombé.

BOUCLIER

Au Moyen Âge, les formes des boucliers sont variées, selon celles des armures. Les seigneurs, en peignant leurs armoiries sur leur *écu*, utilisent leur bouclier comme signe de ralliement, dans les batailles. Motif décoratif placé dans les frises des édifices.

BOUDIN

Synonyme de **tore**.

BOULIN

Traverse d'un échafaudage.

BOURDON

Bâton du pèlerin, long et lourd, aidant à la marche mais pouvant aussi servir à la défense. C'est l'un des attributs de saint Jacques de Compostelle, avec la coquille.

BOUSIN

Croûte mal durcie sur les pierres. Débarrasser une pierre du bousin se dit *ébousiner*.

BOUTISSE

Bloc posé de telle sorte que l'une des petites faces est en parement et que la plus grande longueur plonge dans l'épaisseur de la maçonnerie. Si le bloc traverse le mur de part en part, il est dit parpaing. Les blocs en surface et sans profondeur s'appellent carreaux.

BRETÈCHE

Tourelle, échauguette, édifice en encorbellement dans une fortification, en saillie sur un parement. Logette accolée à un mur et percée, en bas, de mâchicoulis.

BRIQUE

Bloc de terre séchée ou cuite, employé dans la maçonnerie.

BUCRANE

Tête de bœuf employée à la décoration des frises.

BUTÉE

Action de buter une maçonnerie, de l'épauler et, comme on disait jadis, de la *contretenir* contre le renversement. Massif de maçonnerie qui remplit ce rôle.

BYZANTIN

De Byzance. Relatif aux civilisations romaine puis chrétienne de cette capitale de l'empire d'Orient jusqu'à sa conquête par l'islam en 1453.

SITES À VISITER

BOUCHES-DU-RHÔNE (13)

Aix-en-Provence
Cité romaine fondée en 122 avant J.-C., capitale de la Provence jusqu'au rattachement de cette province à la France en 1481. Musée Granet, où sont exposées les célèbres « têtes coupées d'Entremont », vestiges du peuple gaulois local chassés par les Romains. Cathédrale Saint-Sauveur des XI-XIIe siècles. Vestiges médiévaux. Hôtels XVII-XVIIIe siècles.

Arles
Colonie grecque, puis cité romaine et siège de plusieurs conciles sous les premiers chrétiens… Nombreux vestiges gallo-romains (arènes, thermes…). Nécropole des Alyscams. Ancienne cathédrale et cloître roman Saint-Trophime XI-XVe siècles.

Baux-de-Provence
Bourg médiéval fortifié, détruit par Louis XIII et Richelieu lors des révoltes protestantes. Vestiges du XVIe siècle.

Châteauneuf-les-Martigues
Site préhistorique.

Fontvieille
Site préhistorique : hypogées.

Istres
Site préhistorique : abri Cornille.

Jouques
Site préhistorique : grotte de l'Adaouste (magdalénien).

Lambesc
Église avec un clocher du XIVe siècle.

Marseille
Créée au VIe siècle avant J.-C. par des Grecs, Massalia fut fédérée à l'Empire romain et connut un grand

essor lors des croisades. Vestiges gréco-romains. Basilique Saint-Victor du XIe siècle sur l'emplacement d'une abbaye du VIe siècle. Église romane Saint-Laurent. Église Saint-Ferréol et forts (Saint-Jean et Saint-Nicolas) du XVIIe siècle. Site préhistorique immergé : grotte Cosquer.

MARTIGUES
Musée Ziem, section préhistoire.

MONTMAJOUR
Abbaye bénédictine du Xe siècle.

NOVES
Église du XIIe siècle.

ROQUEPERTUSE
Site archéologique avec sanctuaire celto-ligure (IIe-IIIe siècles avant J.-C.)

SAINT-ESTÈVE-JANSON
Site préhistorique : grotte de l'Escale.

SAINT-ÉTIENNE DU GRÈS
Chapelle romane St-Gabriel.

SAINTES-MARIES-DE-LA-MER
Église romane fortifiée du XIIe siècle.

SAINT-MITRE-LES-REMPARTS
Site gallo-romain.

SALON-DE-PROVENCE
Église Saint-Laurent des XIV-XVe siècles. Église Saint-Michel du XIIIe siècle.

TARASCON
Église Sainte-Marthe des XIII-XIVe siècles.

TRETS
Site préhistorique : nécropole de La Bastide.

C

CABLE

Ornement, moulure romane qui imite une grosse corde.

CAIRN

Monticule de pierres.

CAISSON

Compartiment creux à la surface intérieure d'une voûte, d'un arc ou d'un plafond.

CALDARIUM

Dans les bains antiques, salle où l'on prenait des bains chauds et des bains de vapeur. Voir **Bains**.

CALICE

Chez les Grecs et les Romains, vase en forme de coupe circulaire avec deux anses, monté sur un pied plus ou moins élevé.

Chez les chrétiens, ustensile du culte servant à la célébration de la messe.

CALVAIRE BRETON

Le cimetière était clos ; il pouvait avoir une porte monumentale. En Bretagne, le Christ en Croix est accompagné de personnages qui étaient à ses côtés sur le Golgotha : l'ensemble forme ces calvaires bretons, qui appartiennent à la période gothique avancée.

CAMAÏEU

Peinture monochrome ou ton sur ton.

CAMPAGNE

Ensemble des travaux exécutés pendant une année ou pendant la partie de l'année durant laquelle les chantiers sont en activité.

CAMPANE

Corbeille d'un chapiteau.

CAMPANILE

Petit clocher ajouré, construit notamment dans les cimetières, ou à proximité d'édifices religieux plus importants.

CANAL

Conduit pour les eaux, en terre cuite, poterie, plomb, ou maçonnerie. Dans le chapiteau ionique, le canal est le filet (ou surface unie) situé entre l'abaque et l'échine qui suit la volute et s'arrête à l'œil de celle-ci.

CANDÉLABRE

Motif décoratif vertical. Voir **Chandelier**.

CANNELURE

Moulure creuse, habituellement verticale, sur un support, colonne ou pilastre, créée dans un but décoratif. Les cannelures peuvent être décorées ou unies.

CANON

Règle qui dans l'Antiquité aurait servi de module pour créer des statues dont les membres auraient toujours eu les mêmes proportions.

CANTONNÉ

Un canton est un angle : on dit d'un pilier, d'une façade, qu'ils sont cantonnés d'une colonne, d'une tourelle, quand ils présentent l'une ou l'autre sur l'angle. Ne pas confondre avec *flanqué*, qui signifie garni sur le flanc.

CAPITULAIRE

Signifie du chapitre, affecté au chapitre. Or, l'assemblée des moines est un chapitre. Dans les monastères, la salle capitulaire, où se tiennent les assemblées de religieux, s'ouvre à proximité de l'église, sur la galerie orientale du cloître. L'entrée en est facilement reconnaissable : elle comprend une porte entre deux fenêtres.

CARIATIDE

Figure de femme debout, qu'on utilise au lieu et place de colonnes pour supporter des entablements ou tout autre membre d'architecture (pendant féminin des **atlantes** – voir ce mot).

CAROLE

Vieux mot, synonyme de **déambulatoire** (voir ce mot).

CARTOUCHE

À l'origine, enroulement elliptique dans lequel étaient insérés les noms et prénoms des pharaons. Depuis, ornement de figures variées formant un cadre susceptible de recevoir une inscription, un motif, etc.

CASTEL

De *castrum*, désigne une petite place forte, une citadelle. Il désigne aussi un réservoir d'eau ou encore un réservoir d'aqueduc.

CASTRUM

Poste romain solidement bâti ; désigne aussi un fort, une forteresse ; mais pour cette dernière acception, les Romains employaient de préférence le diminutif *castellum*.

CATACOMBES

Vieilles carrières de pierres utilisées par les premiers chrétiens comme lieux de réunion et comme cimetières souterrains.

CATAPULTE

Machine de guerre qui servait à lancer des dards et autres projectiles. De même que la *baliste*, la catapulte pouvait se placer sur un chariot traîné à bras d'homme ou par des bêtes de somme.

CATHEDRA

Siège comportant un dossier, mais sans bras. La cathedra, siège épiscopal a donné, par extension, le mot *cathédrale*.

CATHÉDRALE

Église épiscopale d'un diocèse, siège de l'évêque. Au Moyen Âge, c'est le centre religieux de la cité, et toujours un édifice important. Par extension, grand et beau bâtiment du culte chrétien. Ainsi certains centres de pèlerinages ont-ils pu, au cours des siècles, garder l'appellation de cathédrales sans pour autant rester sièges épiscopaux.

Au Moyen Âge, la cathédrale est séparée en deux :

– La nef et les bas-côtés appartiennent au *chapitre*, où s'installent les fidèles, mais aussi où se tiennent les assemblées communales. Des comédiens y donnent même des *mystères* (spectacles d'inspiration religieuse).

– Le *sanctuaire*, fermé par une grille, est réservé au culte.

En général, le plan d'une église ou d'une cathédrale occidentale rappelle, avec les deux bras du transept, la croix latine (dans l'Antiquité, le plan de nombreux monuments funéraires est circulaire). Le plan hexagonal (6 étant le nombre de l'harmonie) correspond aux 6 jours de la création, et au sceau de Salomon. Le plan octogonal correspond aux 8 béatitudes. Voir **Église, Basilique**.

LES PLUS BELLES CATHÉDRALES DE FRANCE

Liste établie par l'abbé Bourassé, en 1878.

Aix : Saint-Sauveur
Albi : Sainte-Cécile
Amiens : Notre-Dame
Angers : Saint-Maurice
Angoulême : Saint-Pierre
Auch : Sainte-Marie
Autun : Saint-Lazare
Avignon : Notre-Dame-des-Doms
Bayeux : Notre-Dame
Bayonne : Notre-Dame
Beauvais : Saint-Pierre
Besançon : Saint-Jean
Blois : Saint-Louis
Bordeaux : Saint-André
Bourges : Saint-Étienne
Cahors : Saint-Étienne
Chalons-en-Champagne : Saint-Étienne
Chartres : Notre-Dame
Clermont : Notre-Dame
Coutances : Notre-Dame
Duon : Sainte-Bénigne
Évreux : Notre-Dame
Grenoble : Notre-Dame
Le Mans : Saint-Julien
Limoges : Saint-Étienne
Lyon : Saint-Jean
Meaux : Saint-Étienne
Metz : Saint-Étienne
Nantes : Saint-Pierre
Nevers : Saint-Cyr
Orléans : Sainte-Croix
Paris : Notre-Dame

Périgueux : Saint-Front
Poitiers : Saint-Pierre
Le Puy-en-Velay : Notre-Dame
Reims : Notre-Dame
Rodez : Notre-Dame
Rouen : Notre-Dame
Sées : Notre-Dame
Sens : Saint-Étienne
Soissons : Saint-Gervais
Strasbourg : Notre-Dame
Toulouse : Saint-Étienne
Tours : Saint-Gratien
Troyes : Saint-Pierre
Valence : Saint-Apollinaire
Vannes : Saint-Pierre et Saint-Paul

CAVALIER

Terrassement formant sur le terre-plein du rempart une plate-forme destinée à augmenter le nombre et le commandement des batteries de la place.

CAVERNE

Le chasseur de rennes, l'homme de la pierre taillée, élevait souvent sa hutte en plein air, sur les plateaux, au bord des rivières.

Souvent aussi, principalement aux époques où le climat était rigoureux, il chercha un abri dans les cavernes. La superposition des couches de débris accumulés dans ces cavernes montre que certaines eurent d'autres habitants : l'homme en chassa les bêtes féroces et parfois il en fut chassé par elles. Il y eut des troglodytes (des habitants de cavernes) pendant très longtemps, jusqu'à l'âge du fer. Voir **Grotte** et **Préhistoire**.

CAVET

Moulure concave dont le profil répond en creux à ce que le **quart-de-rond** (voir ce mot) est en relief. Le cavet peut n'avoir pas exactement 90° ; mais, à la différence de la **scotie** (voir ce mot), il est toujours tracé d'un seul coup de compas.

CELLA

Dans le temple antique, sanctuaire clos.

CHAÎNAGE

« Ce mot s'applique aux longrines de bois, aux successions de crampons de fer posés comme les chaînons d'une chaîne, ou même aux barres de fer noyées dans l'épaisseur des murs, horizontalement, et destinées à empêcher les écartements, la dislocation des constructions de maçonnerie » (Viollet-le-Duc).

CHAÎNE

Membrure verticale qui fait sur le parement d'un mur une saillie faible ou nulle et qui est composée d'un appareil plus résistant que les maçonneries voisines, de façon à les chaîner, à les maintenir.

CHAÎNETTE

Courbe qui reproduit en la retournant la forme que prend une chaîne suspendue à ses deux extrémités.

CHAIRE

Tribune surélevée *(ambon)* d'où le prêtre fait ses prêches. Par extension, siège honorifique.

CHALCIDIQUE

Tribune formée par un retour d'équerre du **triforium** (voir ce mot) sur le petit côté de la nef opposé à l'abside.

CHAMBRANLE

Bordure décorée formant l'encadrement d'une baie.

CHAMP DE MARS

Terrain sur lequel les soldats faisaient l'exercice.

CHANCEL

Clôture basse qui ferme l'emplacement de l'autel dans les églises préromanes. Ne pas confondre avec le sanctuaire.

CHANDELIER

Meuble pouvant servir à supporter une lumière. Il en existait de divers genres. On désigne sous le même terme le pied élevé d'une lampe portative.

CHANFREIN

Voir **Biseau**.

CHANTIGNOLE

Pièce de bois fixée sur l'arbalétrier et qui empêche une **panne** (voir ce mot) de glisser.

CHANTOURNER

Couper en courbe une pièce de bois ou de métal suivant un profil donné, et, par extension, décrire des courbes dans du bois, du fer, etc.

CHAPE

Vêtement religieux qu'on nomme aussi *pluvial*. Primitivement les prêtres le portaient dans les processions pour se préserver de la pluie.

CHAPELET

Architecture : suite de perles ou d'autres ornements analogues de forme ovoïde, tels que graines de laurier, olives... qui forment une baguette décorative.

Sorte de collier formé de grains groupés par dizaines, que l'on fait glisser entre ses doigts en récitant des Notre Père *(Pater)* et des Je vous salue Marie *(Ave)*.

CHAPELLE

Petite église, édifice indépendant n'ayant pas le rang de siège de paroisse.

Édifice construit au sein d'un bâtiment plus important, dans l'abside, le transept ou le chœur d'une église.

CHAPERON

Assise supérieure formée d'une ou deux pentes, de façon à préserver le mur des eaux pluviales.

CHAPITEAU

Partie supérieure et épanouissement d'une colonne, lequel épanouissement forme transition entre le fût et la charge. Cette partie élargie surmontant le fût de la colonne est généralement la partie la plus sculptée.

Le chapiteau dorique romain a un abaque carré, surmonté d'un petit groupe de moulures, avec une échine tracée au compas et, plus bas, un astragale.

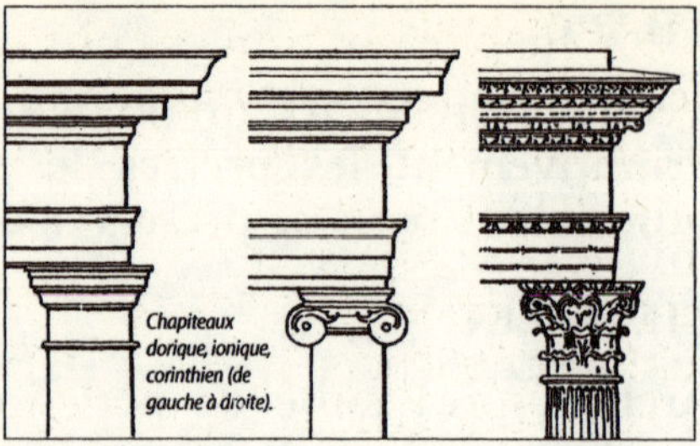

Chapiteaux dorique, ionique, corinthien (de gauche à droite).

Le chapiteau ionique grec rappelle une draperie fléchissant un peu vers le milieu et enroulée aux deux extrémités ; dans le chapiteau ionique romain, les lignes sont droites entre les volutes, qui sont plus raides. Les classiques modernes ont fait, comme les Romains, des chapiteaux ioniques dont les volutes sont diagonales et qui ont les quatre faces semblables.

Le chapiteau corinthien est traité par les Romains avec une fantaisie et une richesse que l'art grec n'avait que rarement connues ; ils y introduisent d'autres feuillages que l'acanthe, des animaux, des têtes humaines, ou même des petits personnages.

Après l'époque romaine, les chapiteaux corinthiens restent les types préférés ; mais les tailleurs de pierre, trop maladroits pour copier ces modèles, sont réduits à les simplifier : maintes fois, les feuilles sont ramenées à des formes schématiques ou bien la sculpture en relief est remplacée par une gravure en creux.

La corbeille du chapiteau est un coussinet intermédiaire entre le fût, rond et plus étroit, et le **tailloir** (voir ce mot), carré et plus large ; elle est un épanouissement, dont la figure d'ensemble est un cube pénétré en bas par un tronc de cône renversé. Le chapiteau cubique de la région rhénane est renflé. Le chapiteau godronné, fréquent en Normandie, a non pas un cône, mais un faisceau de cônes renversés.

Les chapiteaux romans nus, qui pouvaient être destinés à recevoir une décoration peinte, sont moins nombreux que les chapiteaux sculptés.

Le chapiteau gothique suit dans leur évolution le sommier qu'il porte et le style général de la sculpture. Son tailloir est d'abord carré ou rectangulaire ; puis, on en abat les angles ; enfin, on le fait franchement polygonal. Le chapiteau gothique n'est pas historié ; l'œil suit sur toute la hauteur le galbe de la corbeille, sur laquelle sont posés des crochets, plus tard des bouquets, enfin une bague de feuillages. Le chapiteau en vint à n'être plus qu'un ornement sans utilité, sans raison d'être. Vers la fin du gothique il disparait. L'architecte gothique, plus encore que l'architecte roman, comprend un pilier comme un faisceau de colonnettes juxtaposées ou engagées dans le noyau. Il est donc amené à couronner tout le pilier d'une zone continue de sculptures, d'un chapiteau commun aux diverses colonnes.

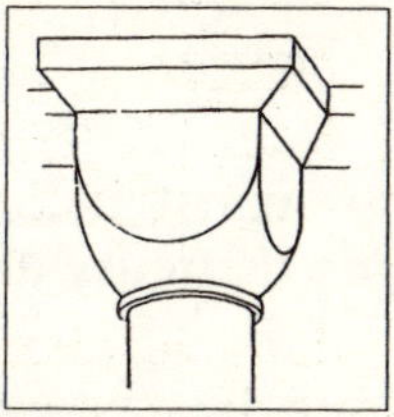

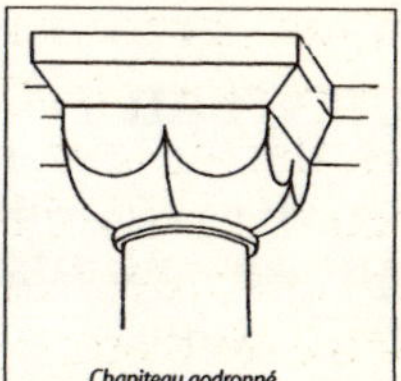

Chapiteau godronné

CHARNIER

Petit bâtiment annexé à un cimetière dans lequel on plaçait les ossements que trouvaient les fossoyeurs en creusant de nouvelles sépultures. Voir **Ossuaire**.

CHASUBLE

Vêtement du prêtre qui à l'origine avait une forme ample. C'était un carré d'étoffe qui ne comportait qu'une ouverture au centre, analogue au poncho mexicain. Comme il enveloppait le corps qu'il renfermait dans une petite maison *(casula)*, on le nomma *chasuble*.

CHÂTEAU FORT

De *castrum*, camp : construction féodale fortifiée, qui servait aussi de demeure au seigneur et à son entourage.

CHEMINÉE

L'appareil de chauffage le plus primitif consistait en un trou pratiqué dans le toit au-dessus du foyer pour évacuer la fumée. De cette cheminée archaïque il est longtemps resté quelque chose dans les grandes cuisines monastiques ou seigneuriales. Ces cuisines étaient des salles autour desquelles des cheminées étaient réparties ; au centre, la voûte et le toit pyramidal étaient surmontés d'une cheminée par où s'échappaient l'air vicié, les odeurs et le surplus de la fumée.

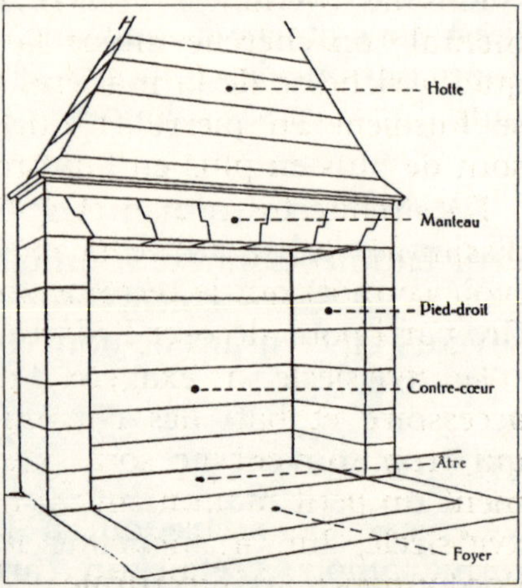

Les foyers portatifs, pareils aux *braseros*, étaient connus des Romains, de même peut-être que les cheminées, lesquelles finirent par l'emporter durant le Moyen Âge.

Romanes et gothiques, les cheminées sont ordinairement vastes : la famille prenait place sous le manteau, formé d'un linteau ou d'un arc et porté sur deux jambages ou deux consoles.

Les cheminées romanes – dont il subsiste un nombre très restreint – pouvaient être de plan courbe, tant l'intérieur que la partie saillante ; dans ce cas, la hotte (la partie supérieure) a la forme d'un demi-entonnoir renversé. Ces cheminées romanes ont une ornementation simple.

Au XIIIe siècle, le plan habituel est rectangulaire ; le manteau peut être mouluré. Les XIVe et XVe siècles font, de plus en plus, les hottes verticales et décorent la cheminée de blasons, de frises, etc.

Le XVe siècle garantit le contrecœur à l'aide d'une plaque de fonte ou *taque*, qui porte des motifs en relief. Au XVIe siècle, c'est le style qui change : certaines cheminées de la Renaissance sont des compositions admirables.

Puis les cheminées perdent leur aspect monumental ; on cherche moins la beauté de la ligne que la richesse de la matière. Les cheminées, qui se faisaient en pierre et quelquefois en plâtre, sont de plus en plus en marbre.

Les architectes roman et gothique, bien loin de dissimuler le tuyau de la cheminée et la **mitre** (voir ce mot) qui le termine, en ont franchement tiré parti pour décorer l'édifice.

Le XVIe siècle a exagéré l'importance de cet accessoire et bâti des cheminées encombrantes, qui trop souvent ne sont pas à l'échelle et forment un petit monument au-dessus du grand. Le XVIIe siècle, lui, a supprimé les cheminées dans l'ordonnance architecturale.

CHEMISE

Mur ou revêtement destiné à renforcer un rempart. Construction qui en enveloppe une autre, telle une maçonnerie qui double un pilier, une muraille qui entoure un donjon.

CHÉNEAU

Canal au bas d'un toit qui sert à recueillir les eaux pluviales qui sont rejetées ensuite par des gargouilles ou des tuyaux.

CHEVET

Terme qui désigne la tête, la partie orientale de l'église, sans qu'on puisse déterminer l'étendue de cette partie.

Ce terme, qui vient de *caput* (tête), désigne l'extrémité d'une église, parce que, dans les édifices en forme de croix latine, le chevet correspond à la partie de la croix sur laquelle le Christ crucifié posa sa tête.

CHEVRON

Ce nom a deux acceptions : d'abord, il désigne les pièces légères de charpente inclinées et qui portent les lattes ou les voliges de la toiture ; ensuite, il désigne un ornement en forme de V. Voir **Bâtons brisés.**

CHIMÈRE

Monstre fabuleux à tête de lion, à corps de chèvre et à queue de dragon.

CHŒUR

Partie de la nef située devant le maître-autel d'une église, où se tiennent les clercs et les chantres pour le chant de l'office. Le chœur est ordinairement entre l'abside et le transept. Ne pas comprendre dans le chœur l'extrémité orientale du vaisseau, abside ou chevet plat.

CHRISME

On appelle Chrisme le monogramme du nom du Christ. Ce monogramme, d'abord formé de lettres grecques, comprend un x et un p : il apparaît en Gaule vers 350. Une variante usitée dans nos pays, environ cinquante ans plus tard, consiste à remplacer le x par une croix ; le p lui-même se change en un **r** latin. On entoura le Chrisme d'une couronne et on l'accompagna de la première et de la dernière lettre de l'alphabet, en réminiscence de la parole du Christ : « Je suis le commencement et la fin. » Le Moyen Âge et les temps modernes ont compliqué le Chrisme : ils y ont fait entrer toutes les lettres du nom, tantôt en latin et tantôt en grec, tantôt avec un *S* et tantôt avec un *C* ayant la valeur de l'*S* (sigma lunaire), et quelquefois le mot *PAX* qui est la devise bénédictine.

CHRIST

Dans l'art chrétien, les représentations les plus fréquentes du Christ sont : la nativité, la fuite en Égypte, la crucifixion, le Christ enseignant, tenant un livre de la main gauche ; le Christ triomphant, retenant de ses pieds un aspic ou un dragon ; le Christ en majesté, assis ou debout mais entier, dans une mandorle ; le Christ en gloire, identique au Christ en majesté, mais seulement représenté en buste ; le Christ juge, assis et tenant un sceptre et un globe dans ses mains ; et enfin le Christ de la Passion couronné par des épines.

CHUTE

Ornement qui consiste en un bout de guirlande pendant.

CIBOIRE

Calice (voir ce mot) avec un couvercle.

CIBORIUM

Édicule qui abritait le maître-autel dans les églises anciennes.

CIMAISE

Moulure utilisée pour la décoration, notamment des corniches, des bandeaux…

CIMETIÈRE

Ce terme, dérivé du grec *koimêtêrion* (dortoir), signifie champ du repos, champ d'asile, dernière demeure de l'homme.

CINÉRAIRE

Niche dans un tombeau, dans une tombe, assez grande pour recevoir une urne de grande dimension, ou un sarcophage.

CINTRE

Appareil provisoire en bois, sur lequel les maçons rangent les **claveaux**, c'est-à-dire des pierres taillées en coin pour construire un arc. Lorsque l'arc est terminé, on enlève le cintre. Désigne aussi la courbure de l'arc et de la voûte. Ne pas confondre cintre et plein cintre (arc).

CIPPE

Petit monument ayant la forme d'une colonne ou d'un pilier bas, qui servait à l'origine de borne-frontière entre des domaines. Désignait également un pilier cylindrique ou rectangulaire, simple, uni ou décoré, qu'on élevait comme pierre tumulaire sur la fosse dans laquelle un individu était enseveli. Souvent le cippe renfermait une excavation où l'on pouvait placer une urne contenant les cendres d'un mort.

CIRQUE

Édifice de forme allongée destiné aux courses, à ne pas confondre avec un **amphithéâtre** (voir ce mot). L'arène avait la forme d'un vaste rectangle arrondi à l'une de ses extrémités ; vers le milieu, un mur s'étendait dans le sens de la longueur et portait une file d'obélisques : c'était la *spina*, que les attelages contournaient. Tout autour se trouvaient des gradins ; en face de la partie circulaire se trouvait une partie rectangulaire qui renfermait les cachots ; au centre du cirque se trouvait un **styobate** (voir ce mot) portant des bornes, des statues...

CISTERCIEN (STYLE)

Cistercien : moine de l'ordre de Cîteaux, suivant la règle de saint Benoît, édictée au VIe siècle, prônant pauvreté et dépouillement.

Au XIe siècle, la fondation de l'abbaye de Cîteaux donne naissance au style cistercien, caractérisé par la simplification des lignes architecturales et l'absence de sculptures, afin que les moines puissent se concentrer sur la prière.

CITERNE

Réservoir artificiel creusé dans le sol et couvert d'une voûte ou d'un toit. On y conservait l'eau de pluie. Les Romains possédaient aussi des citernes très profondes construites plein nord et abritées des rayons solaires pour avoir de l'eau fraîche.

CLAIRE-VOIE

Suite de larges fenêtres qui forment l'étage supérieur d'une nef.

CLASSIQUE (STYLE)

Au XVIIᵉ siècle, un frère coadjuteur jésuite, Étienne Martel-Ange (1568-1641), admirateur de Vignole (architecte italien du XVIᵉ siècle qui réhabilita le style antique), répandit en France l'architecture italienne : les églises de France, qui avaient assez bien résisté jusque-là, furent livrées au style jésuite, lequel alourdit les intérieurs et les façades. Quant à l'architecture officielle des palais, soumise à un académisme également venu d'Italie, elle subit une autre évolution que l'architecture privée. On élimina les joliesses de la sculpture décorative, pour s'en tenir aux charmes austères de l'architecture classique : colonnes, frontons... Les hautes toitures aiguës, de silhouette trop gothique, furent remplacées, dans les palais du XVIIᵉ siècle, par les toitures mansardées, qui rendaient les combles habitables. Pendant la seconde moitié du XVIIIᵉ siècle, quand l'archéologie eut permis aux artistes de prendre plus directement contact avec l'antiquité grecque, une autre ordonnance apparut : le Panthéon (1755), la Madeleine (1764) composèrent leurs façades d'une colonnade partant du perron et supportant un large fronton. Au XIXe siècle, le style gothique, ressuscité par le romantisme, a surtout servi aux restaurations archéologiques. On fait depuis grand usage du béton armé, sorte de pierre artificielle, dans laquelle est noyée une légère armature métallique ; on fait en béton armé des architraves très longues. L'inconvénient est que le béton armé est pauvre d'aspect et qu'il faut le cacher derrière des enduits.

CLAVEAU

Les claveaux sont les pierres taillées en forme de coin dont l'ensemble constitue l'arc ou la plate-bande.

Le claveau qui est à la naissance de l'arc est appelé *sommier* ; le claveau supérieur, qui ferme l'arc, est la *clef*.

On appelle *têtes* les deux plans verticaux de l'arc.

L'*intrados* est le plan concave à l'intérieur de l'arc.

L'*extrados* répond à la convexité extérieure. En général, l'extrados est concentrique à l'intrados ; lorsque l'extrados dessine alternativement des joints verticaux et des joints horizontaux, on dit qu'il est en escalier.

CLEF

On appelle clef le claveau ou le voussoir que l'on pose en dernier lieu et qui clave (ferme) l'arc ou la voûte.

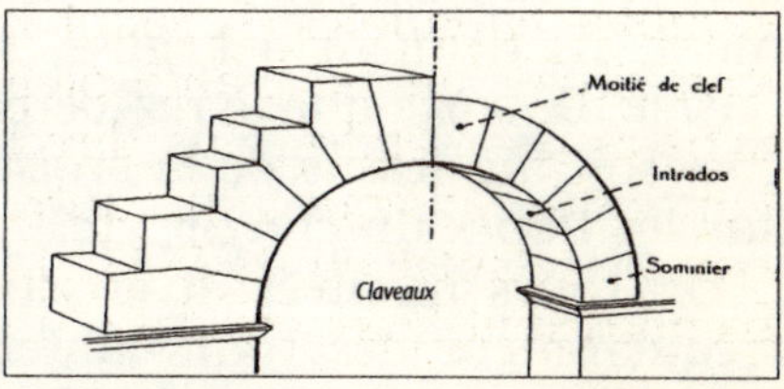

La clef pendante est celle qui pend au-dessous de l'intrados d'un arc ou d'une voûte.

CLEF DE VOÛTE

Pierre ronde ou étoilée, souvent décorée, placée au sommet d'une voûte, bloquant et stabilisant les autres pierres des arcs. C'est la pierre qui couronne l'édifice et lui donne sa cohésion. Par analogie, c'est aussi un chapiteau qui « finit » une colonne.

CLOCHE

Utilisée pour appeler les fidèles, les avertir des dangers éventuels qui les menacent (tocsin) ou encore rythmer leurs travaux (Angélus). Le son de la cloche, selon les religions, éloigne les mauvais esprits. L'airain, dont elle est faite, symbolise la durée et la force.

CLOCHER

Construction élevée destinée à loger des cloches.

Il y eut dès l'époque mérovingienne des clochers sur les églises de France et d'autres tours qui ne renfermaient pas de cloche. Plus tard, le clocher devient de règle, et souvent il eut un rôle défensif.

La place et le nombre des clochers sont très variables : ce sont quelquefois, particulièrement dans le Sud-Ouest, des tours isolées. Ordinairement, ils tiennent à l'église, soit en avant de la façade, de sorte que le rez-de-chaussée forme porche, soit au-dessus de la croisée du transept, soit sur les flancs du chœur, etc.

Les tours montées au-dessus du transept sont fréquemment des tours-lanternes : elles ne sont pas séparées de l'intérieur de l'église par une voûte et elles contribuent à l'éclairer. Les baies de ces tours ne sont pas de simples ouïes sans fermeture, mais de vraies fenêtres à feuillures.

Quelques clochers sont ronds. Cette forme est déjà rare à l'époque romane. Les clochers, surtout ceux placés au centre de l'église, sont plutôt octogones. La forme habituelle est carrée, au moins pour les étages inférieurs ; car il est souvent arrivé de poser sur une souche carrée un ou deux étages à huit côtés. Les clochers pyramident en général ; ils se rétrécissent d'étage en étage par des **ressauts** (voir ce mot).

Des clochers sont surmontés d'une terrasse, qu'entoure un parapet crénelé. D'autres sont coiffés, dès le XIe siècle, d'une flèche basse à quatre pans, soit en charpente, soit en pierre. Au XIIe siècle, les flèches peuvent être très élancées ; elles perdent ensuite de leur importance relativement à la hauteur totale du clocher. Elles sont souvent octogonales. Des lucarnes placées sur le milieu des faces de la flèche complètent l'ordonnance.

Les clochers gothiques ne tardèrent pas à perdre cet aspect de vigueur et cette fermeté de lignes : on perça la flèche d'ajours, peut-être pour en réduire le poids ; on disposa des crochets sur les arêtes et de petits arcs-boutants au pied de la flèche.

La Renaissance et l'époque moderne préfèrent les dômes aux flèches.

Quelques provinces ont des types particuliers de clochers : la Bretagne possède des clochers gothiques dont la tour, carrée jusqu'à la naissance de la flèche, porte des balcons. En Saintonge, des flèches coniques renflées sont construites sur des étages ronds polygonaux, ou, carrés. Les clochers languedociens en briques sont octogonaux, avec des fenêtres en mitre.

CLOCHETON

Amortissement qui a la forme d'un petit clocher ; souvent petite tourelle surmontée de pyramides.

CLOÎTRE

Sorte de cour carrée ou rectangulaire entourée de portiques. Le cloître est une des parties essentielles d'une abbaye ; il était ordinairement adossé à l'église, avec laquelle il avait un accès facile.
Les murs des cloîtres étaient souvent décorés de magnifiques peintures à fresque ; l'intérieur était aussi parfois planté d'arbres. Les cloîtres avaient dans leur centre une fontaine avec un bassin qui servait aux ablutions des moines, quand ceux-ci se rendaient au réfectoire. À l'exception des Chartreux, qui vivent isolés dans des cellules disposées autour du cloître, les anciens ordres religieux ont adopté le modèle du monastère bénédictin. Or, la règle de saint Benoît remonte aux débuts du VIe siècle, et lorsque le type de l'abbaye bénédictine s'est formé, le monde romain était couvert d'édifices : l'**atrium** (voir ce mot), cette cour rapprochée de la rue et entourée de colonnades sous lesquelles s'ouvraient les appartements, se retrouve dans le cloître, qui dessert les locaux les plus importants du monastère.

Le plan du cloître est un quadrilatère souvent irrégulier. Ses quatre galeries peuvent être sous charpente ou sous voûte. Quand le cloître roman est sous voûte, celle-ci est d'ordinaire un berceau ou un demi-berceau tombant vers le préau. Dans l'un et l'autre cas, la claire-voie doit résister à une poussée : les colonnettes ont donc été doublées et plantées l'une derrière l'autre, et enfin de distance en distance elles ont été renforcées par des piles, qui peuvent être elles-mêmes garnies de contreforts plus ou moins saillants sur le préau. Dans quelques cloîtres, les baies étaient vitrées ; on s'en rend compte aux feuillures ménagées pour recevoir les panneaux de vitrages. Enfin, on faisait des cloîtres à deux étages.

CLOU

Ornement de l'époque romane composé de petites pyramides basses qui le font ressembler à une tête de clou ; on nomme également cet ornement *pointe de diamant*.

COIFFE

Au XVIe et au XVIIe siècle, ce terme servait à désigner la voûte d'une abside.

COLLATÉRAL

Nef latérale. Les collatéraux sont, dans une église de plan basilical, les vaisseaux latéraux.

COLLÉGIALE

Église desservie par un collège de chanoines réguliers ou séculiers et dans laquelle il n'y a pas de siège épiscopal. Rien qu'en France, on comptait plus de 520 collégiales avant la Révolution française. Voir **Église.**

COLOMBAGE

Charpente en pan de mur, rempli d'une maçonnerie légère *(hourdis)*.

COLONNE

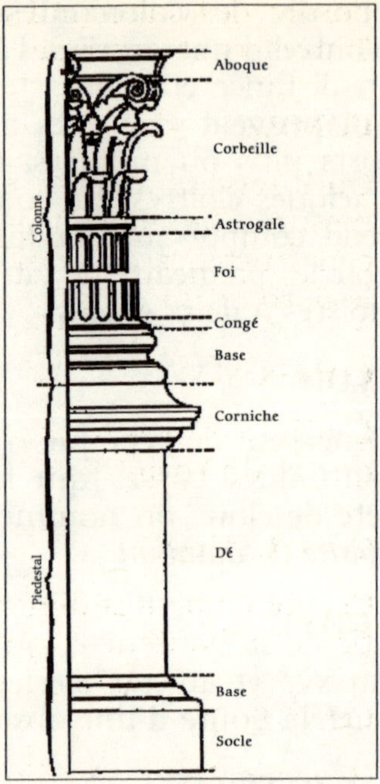

Support rond muni d'un chapiteau. La colonne peut être adossée, c'est-à-dire dressée contre un mur sans y adhérer, ou engagée, c'est-à-dire faire corps avec le mur, dont elle se dégage de partie seulement de son diamètre. Ne pas confondre la colonne avec le pilier, qui est, soit d'une forme différente, soit démuni de chapiteau. Ce membre d'architecture employé comme support, qui a été utilisé presque partout, a une forme et une décoration variables. La colonne du temple unit le haut et le bas généralement sous trois styles : *dorien, ionien et corinthien.*

COLONNETTE

Petite colonne.

COMBLE

Le comble est à proprement parler le faîte ; on appelle comble la partie de l'édifice qui répond à la hauteur du toit.

COMMANDERIE

Subdivision de divers ordres de chevalerie militaire. En France, il y eut jusqu'à 220 commanderies de l'ordre de Malte (qui avait hérité des ordres des Templiers et ordre des Hospitaliers de Jérusalem).

COMPAS

Outil servant à tracer des cercles, et à reporter des mesures. Symbole de l'exactitude, il représente les constructeurs des cathédrales. Dans l'art roman, le porteur du compas est un expert et un sage.

COMPOSITE

L'ordre composite est une combinaison de l'ionique et du corinthien.

CONFESSION

Crypte de petites dimensions, enterrée d'une partie de sa hauteur et qui supporte l'autel.

CONGÉ

Ornement qui sert de transition à la naissance d'une moulure. On donne plus spécialement ce nom à la moulure qui, dans la colonne classique, est profilée aux deux extrémités du fût, sur la base et sous l'astragale.

CONSÉCRATION

Cérémonie par laquelle un édifice est autorisé à recevoir des fidèles pour la célébration du culte chrétien.

CONSOLE

La console-corbeau est une moulure tantôt très saillante et un peu haute, par exemple sous des balcons, et tantôt haute et peu saillante. Il arrive que des consoles ne portent rien ou à peu près ; certaines ressortent sur la clef des arcs pour la décorer.

La console-contrefort tient une place importante dans les façades de style jésuite : deux consoles de ce genre flanquant symétriquement une ordonnance centrale prennent le nom d'*ailerons*.

L'Antiquité nous a laissé de très belles consoles ; le Moyen Âge a préféré des corbeaux de forme différente.

Le XVIe siècle les a creusées de canaux, comme des **triglyphes** (voir ce mot) relevées de torsades, ou composées de dauphins. La console Louis XIV, plus solennelle, reste dans les plans verticaux de ses faces latérales.

La console Louis XVI, sobre, droite, avec des cannelures, des cordons, etc., est trop rectiligne parfois pour mériter le nom de console. Voir **Corbeau.**

CONTRE-CŒUR

Fond de la cheminée, partie verticale entre les jambages. Voir **Cheminée.**

CONTREFICHE

En charpenterie, pièce oblique qui sert d'étai à une autre. Signifie dans certains textes un étai quelconque.

CONTREFORT

Renfort de maçonnerie élevé sur la face extérieure d'un mur, en vue de l'assurer contre les effets d'une charge ou d'une poussée. Ne pas appeler contreforts de simples colonnes engagées, des pilastres plats, qui ne renforcent pas sensiblement le mur. Les architectures romane et ogivale ont fait un large emploi des contreforts pour soutenir les murs des nefs qui avaient à supporter de hautes voûtes.

CONTRESCARPE

Paroi extérieure d'un fossé de fortification.

CONTREVENT

Ce terme a deux acceptions bien distinctes. Il désigne un volet placé à l'extérieur, mais également une pièce de charpente disposée obliquement dans le plan vertical du faîte, entre le pied du poinçon et le faîte.

COQUE

Enveloppe des *oves*, c'est-à-dire de l'ornement ayant la forme d'un œuf.

CORBEAU

Pièce sur lit horizontal, formant une saillie destinée à porter une charge. Le corbeau proprement dit a deux faces perpendiculaires au parement du mur ; la console est un corbeau qui présente de profil la forme d'un S. Le modillon est un corbeau de petites dimensions : le cul-de-lampe a la forme d'un cône ou d'une pyramide renversés.

Modillon et cul-de-lampe peuvent être pris dans une pierre d'assise, alors que le corbeau est lui-même une pierre.

Le corbeau du Moyen Âge a généralement la face antérieure entaillée d'un cavet. La décoration est très variable : historiée et souvent licencieuse, à feuillage, géométrique, etc. On trouve, notamment en Auvergne, des corbeaux à copeaux, ainsi nommés parce qu'ils présentent les enroulements qui ressemblent aux copeaux soulevés par l'outil du charpentier. Au départ des nervures, l'artiste gothique a placé assez souvent un cul-de-lampe : figure géométrique, feuillages, ou enfin tête caricaturale.

CORBEILLE

C'est le corps du chapiteau, abstraction faite des ornements, la partie comprise entre l'astragale et le tailloir et qui forme l'évasement du chapiteau.

CORBELET

Petit **corbeau** (voir ce mot).

CORDON

Groupe de moulures, ou moulure, spécialement gros tore qui courent horizontalement sur un mur.

CORINTHIEN

Ordre de l'architecture grecque, comportant des chapiteaux ornés de feuilles d'**acanthe** (voir ce mot).

CORNE

Synonyme d'angle saillant.

CORNE DE VACHE

Évasement à la tête des arches de certains ponts.

CORNICHE

Saillie, et élément décoratif, qui forme le couronnement d'une construction et qui correspond au niveau inférieur du comble.
La corniche du Moyen Âge a évolué. La corniche romane est essentiellement une tablette saillante recouverte par l'égout du toit ; son rôle est de reporter cet égout le plus possible en avant du mur. On y parvient en faisant reposer la corniche sur des corbeaux, sur des colonnes engagées ou sur des arcs aveugles.

Dans certaines contrées, dans les bassins du Rhône et du Rhin notamment, ces arcs eux-mêmes s'appuient sur des contreforts plats, sur de longs pilastres nus, que l'on appelle *plates-bandes lombardes*. La décoration s'attache surtout, dans les corniches romanes, aux corbeaux et aux chapiteaux des colonnes engagées, moins à la tranche de la tablette.

La corniche gothique n'est pas recouverte par l'avancée du toit ; celui-ci s'arrête en arrière de la corniche : les eaux, recueillies dans un chéneau qui est creusé dans la face supérieure de la corniche, sont évacuées par des gargouilles. S'il y a des arcs-boutants, les eaux sont conduites, par une rigole ménagée dans le chaperon des arcs-boutants, jusqu'aux piles extérieures ; elles les traversent et atteignent les gargouilles, qui les rejettent loin des parements.

CORNIÈRE

Pièce de fer dont la section décrit un angle droit.

COSTUME MÉDIÉVAL

L'artiste du Moyen Âge représentait les personnages sans aucun souci de la vérité archéologique et dans le costume de son temps, à l'exception de tailleurs d'images gothiques qui nous ont laissé quelques soldats romains équipés à la romaine. Si un sculpteur contemporain de Saint Louis a figuré saint Denis escorté par des soldats, le saint est en évêque du XIIIe siècle et les soldats sont en chevaliers de la même époque. Ainsi le costume fournit-il des indications sur l'âge des œuvres d'art.

Toutefois, certains personnages tels que Jésus-Christ, la Sainte Vierge, les souverains, etc., ont un costume traditionnel qui ne suit pas la mode.

Les hommes de loi ne s'habillaient pas comme les paysans ou les hommes de peine. Les modes locales apportent aussi un contingent de variantes.

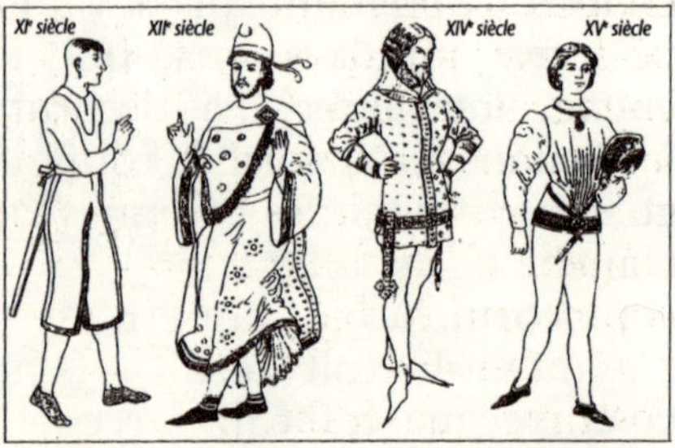

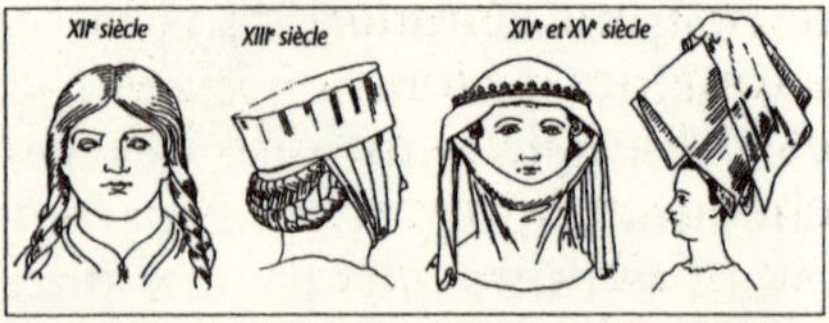

Enfin, l'imagier a parfois reproduit des sculptures ou des miniatures anciennes. Il faut donc user d'une grande réserve dans l'interprétation chronologique des costumes. Voici néanmoins quelques brefs renseignements sur l'évolution du costume à travers le Moyen Âge, depuis le XIe siècle jusqu'au XVIe siècle.

Les coiffures ont varié ; les plus originales sont le *béguin*, bonnet attaché sous le menton – les hommes le portaient au XIIe siècle –, et le *chaperon*, qui était à double fin : tantôt on le mettait à la façon d'un passe-montagne, une fente encadrant le visage et le bas du chaperon formant pè-lerine ; tantôt on engageait le haut de la tête dans la fente et on enroulait le chaperon un peu comme un turban.

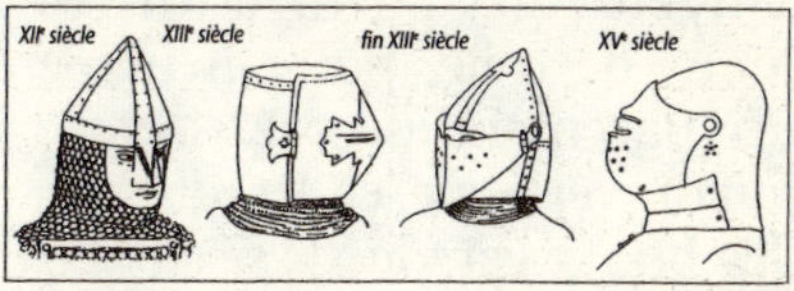

À l'inverse du costume masculin, le costume féminin a toujours été long ; c'est l'ampleur qui change et la forme. Au XIIe siècle, le buste est moulé dans un vêtement à manches très évasées : la jupe est à plis tom-bants ; les cheveux sont tressés en deux nattes. Dès le règne de Saint

Louis, la tunique de dessus, le surcot, est assez vague et dessine mal les formes ; les cheveux sont amassés en chignon derrière la tête, sur laquelle est posé un mortier plissé, retenu par une bande qui passe sous le menton. Cependant, le surcot se fendit sur les côtés ; au XIVᵉ siècle, l'échancrure s'élargit, de sorte que par-devant il resta seulement sur la poitrine une bande d'étoffe : on y suppléa par une palatine de fourrure. Vers 1400, la robe était largement décolletée en pointe, devant et derrière, la taille haut placée ; la tête était coiffée du hennin. Le XVIᵉ siècle adopta les bouffants, les crevés, les corsages engainant le buste, etc.

Le costume liturgique évolua peu. Ce qui distingue le clerc, c'est la tonsure, analogue à celle que portent encore certains ordres et qui ne laisse subsister qu'une couronne de cheveux.

L'*amict* est un linge que les prêtres plaçaient sur leurs épaules avant de revêtir l'aube et pour cacher l'encolure de la soutane. L'amict était, au Moyen Âge, garni d'un col brodé. L'*aube,* vêtement de toile, pouvait avoir au bas et par-devant un parement décoré. L'*étole,* que les prêtres portaient verticale et les diacres en sautoir, s'empatta des bouts vers le XIIᵉ siècle. Le *manipule* était d'abord un linge que le célébrant tenait entre le pouce et l'index et qui passa sur l'avant-bras. La *chasuble* (de *casula,* petite maison) était à l'origine une pièce d'étoffe circulaire, percée d'un trou par où passait la tête ; les pans, lourdement drapés, retombaient devant, derrière et sur les bras ; on les rogna, notamment au XVᵉ siècle, et on en vint, vers le XVIᵉ siècle, à faire des chasubles étriquées et raides.

Le diacre porte l'aube et la dalmatique ; le prêtre, l'aube et la chasuble ; l'évêque, l'aube, la dalmatique et la chasuble. Depuis la fin du XIIe siècle, il est toujours coiffé de la mitre. La mitre est d'abord un bonnet rond ; puis au XIIe siècle, il y pousse des pointes soit sur les côtés, soit devant et derrière. Cette dernière forme prévalut ; puis, la mitre se fit plus haute et plus cambrée. Les premières crosses sont terminées en tau ; au XIIe siècle, la volute remplace le tau et elle se complique de plus en plus.

Les archevêques et quelques évêques avaient par-dessus la chasuble le pallium, bande de laine blanche décorée de croix. Il forme un large collier sur les épaules, avec un bout pendant devant et un derrière.

Un fait domine l'histoire du costume militaire : la substitution progressive de l'armure plate et rigide à l'armure de mailles.

Pendant les XIe et XIIe siècles, le corps de l'homme de guerre est protégé par la *brogne* ou par le *haubert*. La brogne, très usitée sous les Carolingiens, était un vêtement de peau ou de grosse toile sur lequel étaient appliquées des écailles métalliques ; le haubert était une armure de mailles, à peu près semblable de forme à une longue chemise munie d'un capuchon.

On fixait sur ce capuchon de mailles le *heaume* ou casque, plus plat au XIe siècle, plus conique au XIIe et renforcé d'une armature, qui projetait sur le nez une lame : c'est le heaume à nasal, qui est figuré sur la tapisserie de Bayeux.

Au début du XIIIe siècle, le haubert a de longues manches terminées par un gant sans doigts, une moufle, que l'on pouvait laisser prendre, grâce à une fente par où la main se dégageait. L'armure de mailles était souvent couverte par une *cotte d'armes*, sorte de blouse ample et légère, fendue aux jambes.

Le heaume se prolongea par-derrière en couvre-nuque et par-devant en visière ; il finit, sous le règne de Saint Louis, par emboîter complètement la tête. Vers 1330, le haubert se raccourcit en bas : il perdit, en haut, le capuchon, dont il subsista une collerette de mailles ; le heaume s'attachait à cette collerette. La cotte fut remplacée par une façon de gilet rembourré.

Cependant, les jambes, les coudes, les épaules étaient comme la tête, garantis par des pièces de fer plein. Peu à peu les diverses parties du corps s'enfermèrent dans une enveloppe de métal : c'est l'armure plate, qui était en usage à la fin de la guerre de Cent Ans. Le heaume, trop pesant, s'était allégé à la fin du XIIIe siècle. Au XVe, on portait l'*armet*, petit heaume formé de quatre pièces : la calotte qui abritait le crâne et la nuque ; la visière, qui pivotait à la hauteur des yeux ; la bavière, qui était devant le menton ; enfin, en bas, le gorgerin articulé, qui prit le rôle de la collerette de mailles.

L'*écu*, ou bouclier, très haut et pointu par le bas au XIIe siècle, fut plus petit au XIIIe et plus encore au XIVe.

COUCHIS

Le couchis est une pièce de bois couchée : madrier sur lequel appuie le pied d'un étai, planche ou latte clouée au-dessus d'un cintre et sur laquelle on pose les voussoirs.

COUDÉE

Mesure de longueur. En Égypte, il y avait deux coudées : la coudée naturelle, ou *petite coudée*, valait 450 mm (6 palmes ou 24 doigts) ; la *coudée royale*,

525 mm, qui comprenait 28 doigts comportant 7 palmes. La coudée grecque valait 463 mm ; la coudée romaine, 444 mm. Au Moyen Âge, la coudée variait de 550 à 650 mm.

COULEURS

Au Moyen Âge, les églises étaient peintes de fresques, décorées de mosaïques, d'icônes et de tapisseries. Les couleurs (y compris sur les vitraux) avaient des correspondances symboliques :
– *Blanc* : pureté, sagesse.
– *Or* : couleur de la divinité.
– *Rouge* : amour, royauté.
– *Vert* : régénération.
– *Bleu* : espérance et miséricorde.

COUPOLE

Voûte qui, vue par-dessous, est une concavité courbe ou à pans coupés.

COURONNE

Corniche ou bandeau saillant décorant un mur, une partie d'un entablement.

COURTINE

Dans une fortification, muraille entre les tours ou entre les bastions.

COUVERTURE

Revêtement de chaume, de tuiles, d'ardoises, de plomb, de dalles, etc., d'un édifice. Le toit comprend, en plus de la couverture, les pièces de charpente qui la portent.

CRÉDENCE

Petite table ou niche près de l'autel, du côté de l'Épître, où l'on place les burettes.

CRÉNEAU

Échancrure rectangulaire au sommet d'une muraille fortifiée. Ne pas confondre le créneau, qui est le vide, avec le **merlon**, qui est le plein. Cette découpure, pratiquée au sommet des murs d'une fortification, servait à surveiller et lancer des traits : d'ailleurs, on nomme aussi *archière* le vide entre les parties pleines *(merlons)*.

CROCHET

Se dit de feuillages gothiques dont la tête se recourbe en une masse de pierre. Les crochets sont aussi appelés **crosses** (voir ce mot).

CROISÉE

Ce mot exprime l'idée de croix, de croisement : la croisée du transept ; la croisée d'ogives est formée d'ogives qui se coupent ; une croisée est, dans une fenêtre, le remplage en bois ou en pierre fait de montants et de traverses ; c'est, par extension, la fenêtre garnie de ce remplage en croix.

CROISILLON

C'est la traverse d'une croix ; ainsi la croix de Lorraine est à deux croisillons. On a donc tort de parler de croisillon nord et de croisillon sud du transept ; il faut dire : bras nord et bras sud.

Dans l'architecture ogivale, les croisillons qui se coupent à angle droit dans les fenêtres rectangulaires forment une véritable croix ; quand les **meneaux**, (voir ce mot) au contraire se contournent en tous sens comme dans l'ogival tertiaire, on les nomme *flammes*.

CROIX

Figure géométrique, qui, à cause de la crucifixion du Christ, devint le symbole de la religion chrétienne. Il existe de nombreux types de croix : la croix ordinaire ; la croix en tau, ainsi nommée à cause de sa ressemblance avec la lettre grecque ; la croix en X (dite de saint André).

Les édifices médiévaux sont construits selon le plan de la croix, la nef croisant le transept. La tête est constituée par le chœur « orienté » vers l'est.

CROMLECH

Ce terme celtique, dérivé de *cromm* (courbe) et *lec'h* (lieu), désigne des enceintes formées par des **menhirs** (voir ce mot) ou grosses pierres plantées dans le sol en cercle ou en demi-cercle, et qui entouraient des sépultures.

CROSSE / CROCHET

Ornement particulier de l'architecture ogivale que l'on retrouve sur les rampants des frontons, sur les arêtes des pyramides.

CROUPE

« Extrémité d'un comble qui ne s'appuie pas contre un pignon de maçonnerie » (Viollet-le-Duc). Anciennement ce mot désignait aussi l'abside vue par dehors.

CRYPTE

Chapelle souterraine, plus grande qu'une **confession** (voir ce mot), pratiquée souvent au-dessous d'une chapelle ou d'une église. Elles sont pour la plupart très anciennes, datant des premiers temps du christianisme en Gaule ; plusieurs cryptes ont contenu des Vierges noires.

Dès les premiers siècles, l'autel surmontait les restes d'un saint ; aujourd'hui encore on place des reliques dans l'autel, dont la masse est appelée le tombeau de l'autel. On mit souvent les corps ou les restes dans une petite construction, enterrée sur partie de sa hauteur et au-dessus de laquelle s'élevait l'autel : c'était la *confession*.

Mais les temps mérovingiens avaient des cryptes véritables, plus grandes que les confessions. Il en reste, du VIIe siècle environ, qui sont célèbres, à Jouarre (Seine-et-Marne) et à Grenoble. Ces très vieilles cryptes sont voûtées, elles abritent un autel et sont assez vastes pour qu'une assistance y trouve place.

Les maîtres d'œuvre romans donnèrent parfois aux cryptes une ampleur jusqu'alors inconnue. L'emplacement de la crypte est sous le sanctuaire ; mais la crypte peut s'étendre davantage vers l'ouest ; on en a bâti qui ont autant et même plus d'étendue que l'église supérieure.

Les constructeurs des cryptes romanes se sont ingéniés à diminuer les piliers encombrants et à réduire la hauteur des voûtes ; pour atteindre ce dernier résultat, ils ont employé la voûte d'arêtes et ils ont fait des voûtes plus nombreuses, moins larges et par conséquent moins élevées. Les cryptes prennent la lumière du jour, soit au dehors, soit à l'intérieur de l'église, par des fenêtres plongeantes.

CUL-DE-FOUR

Voûte qui a la forme d'une moitié de coupole. Quelquefois, mais à tort, on appelle de ce nom une coupole.

CUL-DE-LAMPE

Ornement rappelant la forme du dessous d'une lampe d'église. Les culs-de-lampe romans sont souvent imagés de figures sérieuses ou grotesques. Voir **Corbeau**.

CULÉE

La culée est le pied-droit qui résiste par sa masse à la poussée d'une arche, d'une voûte, d'un arc ; dans un pont, les culées sont aux extrémités ; sur les autres **piles**, les poussées contraires des arches se neutralisent. La pile porte ; la culée contrebute.

CULOT

Ornement d'où sort une tige de feuillages ou un enroulement.

CUPULE

En archéologie préhistorique, petit creux dans la pierre.

CYCLOPÉEN (MONUMENT)

Antique construction dénommée également *pélasgique*, parce qu'œuvre des Pélassages instruits à l'école d'ouvriers phéniciens nommés Cyclopes. Ces constructions, formées d'énormes pierres en polyèdres irréguliers, sont superposées sans ciment ni mortier ; on en retrouve en Asie Mineure, en Grèce et en Italie ; ce sont surtout des murs d'acropoles.

SITES À VISITER

CALVADOS (14)

BALLEROY
Château construit sous Louis XIII par François Mansart (il avait 28 ans), oncle du bâtisseur de Versailles. Jardins de Le Nôtre.

BAYEUX
Cathédrale romane Notre-Dame des XII-XVe siècles. Au musée, la « tapisserie de la reine Mathilde », épouse de Guillaume le Conquérant, qui raconte la conquête de l'Angleterre par les Normands.

CAEN
C'est Guillaume, duc de Normandie, qui décide de faire fortifier Caen. L'abbaye aux Hommes (abbaye Saint-Étienne) est fondée par Guillaume le Conquérant en 1059 (il s'y fera enterrer). Son épouse, la reine Mathilde, fonde l'abbaye aux Dames (abbaye de la Trinité) en 1062. Elles sont toutes deux de style roman. Église Saint-Pierre de la même époque, mais achevée au XVIe siècle.

ERNES
Site préhistorique : tumulus.

FALAISE
Ville natale de Guillaume le Conquérant. Enceinte et, château des XII-XIIIe siècles. Église Renaissance de la Trinité.

FONTENAY-LE-MARMION
Site préhistorique de La Hogue, et de la Hoguette.

HONFLEUR
Église en bois Sainte-Catherine du XVe siècle. Maisons XVIe siècle.

LISIEUX
Capitale des Gaulois Lexoviens. Église Saint-Pierre des XII-XIIIe siècles. Lieu de pèlerinage.

ORBEC
Église Notre-Dame et maisons du XVe siècle.
SAINT-PIERRE-SUR-DIVES
Restes d'une abbaye bénédictine : église du XIIe siècle.

CANTAL (15)

MAURIAC
Église romane Notre-Dame des Miracles.
MENET
Église romane Saint-Pierre.
MURAT
Église et maisons du XVe siècle.
SAINT-CERNIN
Église romane du XIIe siècle.
SAINT-FLOUR
Cathédrale du XVe siècle. Sites préhistoriques dans les environs, avec des dolmens.
SALERS
Église des XII-XVIe siècles.

CHARENTE (16)

ANGOULÊME
Cité d'origine romaine. Saint-Pierre, cathédrale romane du XIIe siècle (restaurée au XIXe). Musée archéologique et historique.
CHATEAUNEUF-SUR-CHARENTE
Église Saint-Pierre du XVe siècle, avec façade romane XIIe siècle.
COGNAC
Église Saint-Léger du XIIe siècle. Château des Valois (où naquit François Ier) du XVe siècle.
LUXÉ
Site préhistorique : dolmen de la Folatière.

Mouthiers
Site préhistorique : abri de la Chaire-à-Calvin.
Rochefoucault (La)
Église gothique du XIIIe siècle. Château Renaissance.
Saint-Amant-de-Boixe
Ancienne abbatiale romane Saint-Amant.
Saint-Michel
Église romane du XIIe siècle.

CHARENTE MARITIME (17)

Aix (Ile d')
Remparts datant de Vauban.
Aulnay-de-Saintonge
Église romane Saint-Pierre-de-la-Tour.
Brouage
Ce port ensablé a gardé ses fortifications des XVIe et XVIIe siècles qui inspirèrent Vauban.
Pons
Étape sur la route de Saint-Jacques-de-Compostelle. Église Saint-Vivien du XIe siècle. Donjon du XIIe siècle.
Rochelle (La)
Port érigé au XIe siècle, aux fortifications rasées par Richelieu. Nombreux édifices XVIIe et XVIIIe siècles.
Saint-Césaire
Site préhistorique (Néandertal-paléolithique).
Saintes
Capitale des Gaulois Santones, importante ville gallo-romaine, capitale de la Saintonge. Vestiges gallo-romains (amphithéâtre, thermes, arc de triomphe…). Église Saint-Pierre des XII-XVIIe siècles. Église romane Sainte-Eutrope du XIIe siècle. Église romane Sainte-Marie-des-Dames. Musée éducation de préhistoire.
Saint-Georges-d'Oléron
Église romane du XIIe siècle.

SAINT-JEAN-D'ANGELY
Abbatiale du XIIe siècle restaurée au XVIIIe siècle. Beffroi et maisons des XV et XVIe siècles.
SURGÈRES
Église romane du XIIe siècle.
TALMONT
Église romane Sainte-Radegonde du XIIe siècle.

CHER (18)

BOURGES
Avaricum, importante cité gauloise ; sa population est massacrée par César. Devenue métropole de l'Aquitaine sous les Gallo-Romains, puis capitale des ducs du Berry et archevêché, avant d'être le refuge de Charles VII à la fin de la guerre de Cent Ans. Cathédrale gothique Saint-Étienne du XIIIe siècle. Hôtel Jacques Cœur du XVe siècle. Hôtel des Échevins du XVe siècle. Vestiges médiévaux.
CHÂTEAUMEILLANT
Église romane Saint-Genest. Site gallo-romain où l'on a découvert de nombreuses amphores : le vin local était exporté à Rome.
CHÂTEAUNEUF-SUR-CHER
Château : donjon du XIe siècle.
SAINT-AMAND-MONTROND
Église romane du XIIe siècle.
SAINT-OUTRILLE-DE-GRACAY
Église romane Austrégésile.
SANCERRE
Vestiges de fortifications des XIVe et XVe siècles.

CORRÈZE (19)

AUBAZINES
Abbaye cistercienne fondée en 1135 par saint Étienne. Son tombeau du XIIIe siècle est dans l'ancienne église abbatiale.
BEAULIEU-SUR-DORDOGNE
Église du XIIe et XIVe siècle.
BRIVE-LA-GAILLARDE
Église du XIIe siècle.
CHAPELLE-AUX-SAINTS
Site préhistorique où fut découverte, au début du siècle, la sépulture d'un homme de Néandertal (– 100 000 ans).
LUBERSAC
Église romane Saint-Étienne.
TULLE
Cathédrale des XIIe et XIVe siècles. Maisons Renaissance.
TURENNE
Maisons et église du XVIe siècle.
USSEL
Église du XIIe siècle. Maisons anciennes.
UZERCHE
Église romane Saint-Pierre fortifiée au XIVe siècle.

CORSE (20)

AJACCIO
Citadelle et cathédrale du XVIe siècle.
ALÉRIA
Cité phocéenne (VIe siècle avant J.-C.), carthaginoise, puis romaine.
AREGNO
Église romane de la Sainte-Trinité.

Bastia
Capitale de la Corse génoise jusqu'au rattachement à la France, en 1767. Citadelle du XVIIe siècle.
Calvi
Citadelle génoise (XIIIe siècle).
Filitosa
Site mégalithique, statues-menhirs (néolithique récent).
Nonza
Tour génoise et église Sainte-Julie du XVIe siècle.
Porto-Vecchio
Site préhistorique.
Saint-Florent
Citadelle génoise. Ex cathédrale romane Sainte-Marie du XIIe siècle.
Sartène
Site mégalithique de Palaggiu, et musée pré- et protohistorique. Quartier médiéval.
Vescovato
Ancien village fortifié. Église du XVe siècle.

CÔTE-D'OR (21)

Alésia
Place forte gauloise, dont la reddition marqua le triomphe de César sur Vercingétorix et ses tribus gauloises coalisées (52 avant J.-C.). Le site est « officiellement » sur la colline d'Alise-Sainte-Reine. Mais de nombreux archéologues, en s'appuyant sur d'autres interprétations de la *Guerre des Gaules*, contestent ce choix imposé par Napoléon III, et situent Alésia, ville devenue mythique, ailleurs en Bourgogne, ou dans le Jura…
Alise-Sainte-Reine
Siège d'Alésia ou pas, Alise est toujours un lieu de pèlerinage dédié à sainte Reine, qui parce qu'elle repoussait les avances d'un gouverneur romain, y fut martyrisée au IIIe siècle.

Arnay-le-Duc
Remparts et château du XVIe siècle.
Beaune
Ancien sanctuaire gaulois, puis place-forte gallo-romaine. Centre drapier, puis ville de négoce de vins. Hôtel-Dieu fondé en 1443. Églises romanes Notre-Dame et Saint-Nicolas. Hôtel des ducs de Bourgogne des XIVe et XVIe siècles. Sur l'aire de l'autoroute, archéodrome reconstituant la vie préhistorique (et gauloise).
Châteauneuf
Vestiges de remparts. Château-fort du XIIe siècle, maisons médiévales.
Châtillon-sur-Seine
Église romane Saint-Vorles du XIIe siècle. Maisons anciennes.
Dijon
Fondée par les Romains, ce fut la capitale des ducs de Bourgogne. Cathédrale Saint-Bégnine du XIVe siècle sur une crypte du XIe. Église gothique Notre-Dame du XIIIe siècle. Église Saint-Michel du XVIe siècle.
Flavigny-sur-Ozerain
Vestiges d'une abbaye carolingienne. Église Saint-Genest du XIIIe siècle.
Fontenay
Abbaye cistercienne Notre-Dame du XIIe siècle.
Marcilly-sur-Tille
Site préhistorique sur éperon barré.
Montbard
Château du XIIIe siècle. Château du XIVe siècle. Église Sainte-Urse des XIIe et XVe siècles.
Nolay
Halles du XIVe siècle.
Nuits-Saint-Georges
Église romane Saint-Symphorien du XIIIe siècle.
Rochepot (La)
Château du XIe siècle restauré.
Saint-Seine-l'Abbaye
Abbatiale gothique du XIIIe siècle.

Saulieu
Basilique romane Saint-Andoche du XIIe siècle.
Sémur-en-Auxois
Église Notre-Dame érigée au XIe siècle, reconstruite au XIIIe siècle, et restaurée par Viollet-le-Duc.
Viteaux
Site préhistorique sur éperon barré : camp de Myard (dit camp de César).

CÔTES-D'ARMOR (22)

Bréhat (Ile de)
Dolmen néolithique. Saint Budoc et ses moines irlandais y fondèrent au Ve siècle le premier monastère breton.
Dinan
Remparts et château des XIII-XIVe siècles. Basilique Saint-Sauveur avec un porche roman. Église Saint-Malo du XVe siècle.
Guingamp
Église Notre-Dame-de-Bon-Secours gothique et Renaissance.
Lamballe
Capitale des comtes de Penthièvre au Moyen Âge. Collégiale Notre-Dame romano-gothique. Église Saint-Martin des XI-XIIe siècles, rénovée au XVe siècle.
Plestin-les-Grèves
Église du XVIe siècle. Site préhistorique : Champ des Roches, dit « Cimetière des Druides ».
Plouaret
Site préhistorique : allée couverte des Sept Saints.
Quintin
Site mégalithique. Vestiges de fortification du XVe siècle.
Saint-Brieuc
Cité-monastère du VIe siècle. Cathédrale fondée au VIIIe siècle, remaniée au XIVe siècle.

Tréburden
Site mégalithique.
Trégastel
Site mégalithique.
Tréguier
Cathédrale Saint-Tugdual en gothique rayonnant des XIVe et XVe siècles.

CREUSE (23)

Aubusson
Célèbre pour ses ateliers de tapisserie, datant du XVe siècle, et sa manufacture royale, installée par Colbert. Maisons de la même époque.
Bénévent-l'Abbaye
Église romane Saint-Barthélémy.
Boussac
Château du XVe siècle confisqué par François Ier.
Chambon-sur-Voueize
Église romane Sainte-Valérie.
Guéret
Hôtel des Noneyroux de style flamboyant du XVe siècle.
Moutier-d'Ahun
Église romano-gothique.

D

DAIS

Voûte décorative agrémentée de sculptures et d'ornements, qui couvre un autel, un trône, une chaire, un siège *(cathedra)*, une statue, un groupe… Le Moyen Âge place volontiers les statues à fleur du mur, sur un cul-de-lampe et sous un dais.

Lorsque plusieurs statues sont superposées, le cul-de-lampe d'une statue sert de dais à la statue inférieure. Les dais furent, pendant l'âge gothique, le prétexte d'une décoration exubérante : petits clochers ajourés, eux-mêmes compliqués de clochetons et de pinacles. Le XVIe siècle conserva les dais, mais il en changea le style.

DALMATIQUE

Vêtement sacré dans la primitive Église chrétienne. Les papes portaient alors la dalmatique. Le pape Sylvestre Ier en fit le vêtement particulier des diacres qui assistaient le prêtre à l'autel.

DAMIER

Ornement d'architecture de l'époque byzantine qui est employé à la décoration des archivoltes, des chapiteaux, des corniches, et parfois à certaines parties de murs.

Le damier, qu'on nomme aussi *échiquier*, est formé de petits rectangles de même dimension alternativement creux et saillants, ce qui les détache les uns des autres, ou bien encore de petites tables de même niveau, mais de matériaux de couleurs différentes, ce qui produit encore le damier.

DARD

Ornement accessoire en forme de pointe de flèche qui sépare des **oves** (voir ce mot).

DÉ

On nomme dé le corps du piédestal entre la base et la corniche dudit piédestal.

DÉAMBULATOIRE

Galerie-promenoir, bas-côté tournant autour du chœur et de l'abside, en reliant les deux bas-côtés de la nef.

DÉCASTYLE

Édifice dont le portique a dix colonnes sur sa façade : temple décastyle, fronton décastyle, supporté par dix colonnes.

DÉCINTRER

Débarrasser l'arc ou la voûte du cintre qui les a soutenus durant la construction.

DÉCORATION DES ÉDIFICES

Les différentes époques n'ont pas les mêmes principes en matière de décoration. L'art gallo-romain isole la décoration et la construction et subordonne celle-ci à celle-là : dans certaines compositions architecturales, les colonnes n'ont pas d'autre raison d'être que de servir de support à des statues.

La période barbare chercha dans les applications d'enduits, de stuc et dans des revêtements de marbre une décoration plus riche que rationnelle.

L'art roman et l'art gothique se rapprochèrent, inconsciemment, de l'esthétique grecque : la décoration était avant tout la mise en valeur des moyens de construction. Elle n'était pas indépendante, mais concourait à un effet d'ensemble ; l'art était discipliné et le sculpteur anonyme faisait à l'œuvre collective le sacrifice de son amour-propre. L'artiste du Moyen Âge savait borner son ambition, et ne demander à son outil que ce que celui-ci pouvait lui donner. Les bas-reliefs du XIIIe siècle, par exemple, sont simples et n'ont qu'un seul plan, à la différence de bas-reliefs plus modernes à plans multiples.

DÉLIT

Une pierre est dite en délit lorsqu'elle est dressée perpendiculairement à son lit naturel, à sa position dans la carrière.

DENT-DE-SCIE

Ornement qui rappelle le dessin des dents d'une scie.

DENTICULE

Les denticules sont de petits dés disposés en file sous certains membres saillants de l'architecture.

DENTICULÉ

En forme de dent. Utilisé notamment pour décrire des objets préhistoriques.

DESSINS COURANTS

Ornements peints ou sculptés, tels que rinceaux, perles, chapelets, palmettes, rubans, grecques, arabesques, feuilles entablées… On en trouve principalement sur des baguettes, des tores, des gorges, des bandeaux, des cimaises, etc.

DIPTYQUE

Peinture effectuée sur deux panneaux.

DIRECTRICE

Ligne suivant laquelle se meut la génératrice ; dans une voûte en vis, la génératrice est une hélice ; dans une voûte annulaire, c'est une circonférence, etc.

DOLMEN

Monument mégalithique formé d'une table posée sur des dalles qui sont dressées verticalement. En langue celtique, *table de pierre*. Monument dit aussi druidique, mégalithique. Les dolmens étaient aussi nommés *allées couvertes, pierres levées, tables des fées, tables du diable, de César*…

Les dolmens sont répartis en Europe, en Asie et en Afrique. Ils peuvent présenter dans des régions fort éloignées des analogies de détail frappantes, comme des trous forés au travers de l'une des dalles de bout. En France, les dolmens se rencontrent surtout entre le littoral breton de la Manche et la côte languedocienne ; ils sont particulièrement nombreux, d'une part en Bretagne, d'autre part dans la contrée qui s'étend du Lot à l'Ardèche et au Gard, sur les causses, où l'agriculture les a moins détruits qu'ailleurs. Il en existe quelques-uns au pied des Alpes et dans les Pyrénées.

Les tables des dolmens atteignent de grandes dimensions. Ces pierres sont fort pesantes. Cependant, elles auraient été quelquefois détachées de carrières sises assez loin : une dalle, qui pèse 40 tonnes, peut provenir d'une carrière éloignée de plus de 30 kilomètres. Si ce ne sont pas des blocs erratiques portés par les glaciers ou des vestiges de strates géologiques disparues, le transport de ces masses suppose l'effort méthodique et combiné de nombreux travailleurs.

La construction des dolmens atteste la mise en œuvre de forces considérables. Sans doute on a pu, pour certains d'entre eux, choisir un bloc, le laisser en place et creuser par-dessous pour disposer les dalles portantes. Plus souvent, après avoir planté les supports, on a remblayé, tiré la table en la faisant glisser sur des rouleaux ; puis on l'a posée sur les blocs dressés et enfin on a vidé la chambre.

Quelques dolmens sont si étroits qu'il est impossible d'y placer un corps entier ; on suppose qu'ils comptent parmi les plus anciens. Plus tard, les blocs portants furent plus nombreux et la chambre plus longue ; ou bien celle-ci fut précédée d'une galerie d'accès plus étroite, ou encore le dolmen s'allongea en une allée couverte.

Les dalles de champ sont parfois obliques et s'inclinent du haut vers le centre : elles résistent mieux ainsi aux forces qui tendent à les renverser. Le dolmen pouvait être clos : les interstices entre les blocs étaient bouchés par de la terre ou de menues pierres et la dalle qui fermait l'un des petits côtés était mobile ou percée d'un trou. On connaît des dolmens, d'ailleurs bien conservés, qui n'ont aucune trace de couverture en pierre. Peut-être la chambre était-elle abritée par des poudres juxtaposées.

Vers la fin de l'époque néolithique, et après, on fit des dolmens dans lesquels les gros supports sont remplacés par des murs en pierre sèche et la table par une voûte en encorbellement, c'est-à-dire formée d'assises horizontales qui débordent l'une sur l'autre, chacune surplombant l'assise inférieure, et qui finissent par se rejoindre en haut.

DOLMEN SOUS TUMULUS

Certains dolmens, un fois achevés, étaient enveloppés d'un amas de terre ; ils sont dits dolmens sous tumulus. Des dolmens ont dû être destinés à rester découverts ; d'autres ont été recouverts d'un tertre factice, au centre duquel le dolmen forme une crypte. Le couloir d'entrée des dolmens prouve qu'ils ont été parfois rouverts. Ils ont abrité des ossements, puis des corps inhumés, et enfin des corps incinérés : dans tous les cas, ce sont des monuments funéraires.

Les cryptes des dolmens sous tumulus ont avec les chambres sépulcrales des pyramides et les tombes mycéniennes des affinités mystérieuses.

Le dolmen sous tumulus ne disparaît pas à la fin de la période de la pierre polie : il existe notamment dans le Sud-Ouest, le long des Pyrénées, des tertres qui sont, du moins en partie, datés de l'âge du fer.

DÔME

Ce terme, dérivé de *domus*, est employé pour désigner l'église, la maison de Dieu ; quand une ville possède plusieurs églises, ce n'est qu'à la cathédrale qu'on donne ce nom.

Couverture bombée, à pans coupés, en demi-sphère ou surhaussée, qui domine un édifice. Désigne aussi l'intérieur d'une coupole.

DONJON

Tour qui forme le réduit d'un château fort, ordinairement séparée des autres constructions. La plupart des forteresses féodales n'étaient formées que d'un simple donjon élevé sur une butte. Celui-là était entouré d'un premier fossé, puis d'un rempart en terre, dont l'accès était défendu par un second fossé.

Les donjons de pierre, carrés, à contreforts, avec ou sans tourelle d'angle pour l'escalier furent surtout nombreux au XIe siècle dans la vallée de la Loire. Le même siècle fit des donjons circulaires, cylindriques ou tronc-coniques, et des donjons de charpente.

Au XIIe siècle, la préoccupation du **flanquement** (voir ce mot) inspira maints tracés : tour en quatre-feuilles (tour Guinette d'Étampes) ; tour carrée cantonnée de tourelles rondes, comme le donjon de Provins ; tour en amande, comme le donjon de Château-Gaillard des Andelys, construit par Richard Cœur de Lion en 1196-1197 et enlevé par Philippe Auguste en 1204, etc.

Le XIIIe siècle continua d'élever des donjons ; mais il bâtit aussi des châteaux dépourvus de cette maîtresse tour. Dans l'ensemble du château, le donjon perdait de l'importance et les logements en gagnaient. Le château féodal n'était plus un repaire à peine habitable ; il devenait un confortable séjour, abrité par une enceinte.

Durant le XIVe siècle, ce mouvement s'accentua. De plus, lorsque l'assiette plate se prêtait à un tracé régulier, le château fut préférablement un rectangle armé de quatre tours d'angles, plus quelquefois d'autres tours secondaires sur les côtés longs, par exemple pour défendre la porte. Cette forme se retrouve dans la célèbre Bastille de Saint-Antoine, à Paris, élevée aux environs de 1370 en vue de fortifier la porte de ce nom. Quelques donjons furent de plan carré.

Lorsque vint la Renaissance, les châteaux forts ne répondaient plus à l'état politique et social du pays ; quelques châteaux de plaisance gardèrent le crénelage et les apparences des anciennes demeures féodales. Ce n'était plus qu'un décor.

DORIQUE

Ordre d'architecture grecque, le plus ancien, et le plus simple.

DORSAL

Tapisserie, ou draperie qu'on suspendait dans les arcades ou baies entourant le chœur d'une église pour se préserver des courants d'air.

DORTOIR

Dans les monastères, le dortoir est souvent situé au premier étage, à proximité de l'église : on peut ainsi descendre du dortoir dans un bras du transept.

DOSSERET

Bout de mur en saillie sur un autre mur et servant de jambage à une ouverture ou de pied-droit à un arc.

DOUBLEAU

Arc transversal saillant sous l'intrados d'une voûte en berceau, concentrique à cette voûte et qui la double. Il a plusieurs effets : il brise les lignes et atténue à l'œil les déformations de la voûte ; il soulage le berceau, le soutient et le renforce.

DOUCINE

Moulure composée de deux quarts de cercle, un convexe et un concave. Employée surtout pour le couronnement d'une corniche, elle peut être unie ou décorée.

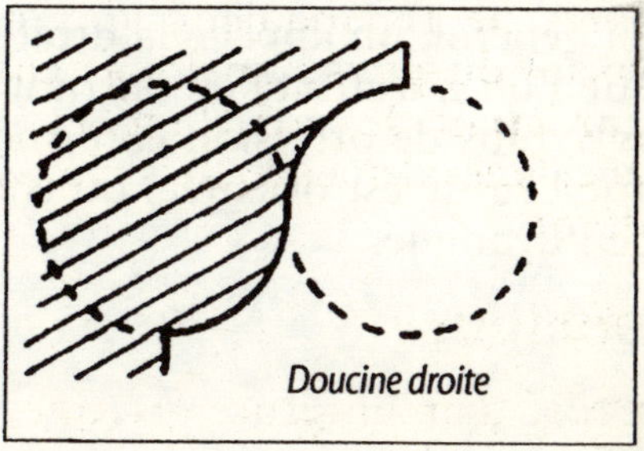

DOUELLE

Surface courbe d'un arc. On réserve généralement ce nom à la surface du dessous ou intrados.

DRAGON

Le dragon était un animal fantastique de la mythologie païenne : le jardin des Hespérides, la Toison d'or, la fontaine de Castalie étaient gardés par des dragons, gardiens du monde infernal. Dans l'art chrétien, cet animal symbolise souvent le diable, dont il est l'allié ou le serviteur. C'est un reptile ailé aux replis tortueux qui emprunte des pattes soit au cheval, soit au lion ; quelquefois il est armé des serres puissantes d'un oiseau de proie. Sa tête et son corps sont hérissés de crêtes ; il foudroie de son regard ; sa gueule vomit des flammes ; enfin, il empeste l'air de son haleine fétide. Saint Georges et saint Michel, en le terrassant, libèrent ses puissances terrestres, telluriques, vers le Ciel. Elles se transmettent par la lance plantée par ces saints (patrons de la chevalerie) dans la gueule du monstre.

DROITE

En général, on appelle la droite la partie de l'église que l'on a à droite en entrant par le fond. On dit avec plus de précision côté sud et côté nord, lorsque l'église est orientée, ou côté de l'Épître et côté de l'Évangile.

SITES À VISITER

DORDOGNE (24)

BEAUMONT
Bastide fondée en 1272 par les Anglais. Église fortifiée du XIIIe siècle.
BRANTÔME
Abbaye fondée par Charlemagne. Clocher roman du XIe siècle.
CADOUIN
Vestiges d'une abbaye cistercienne du XIIe siècle.
CENAC
Église romane Saint-Julien.
CHANCELADE
Site préhistorique : découverte à la fin du XIXe siècle d'un squelette magdalénien. Église romane du XIIe siècle. Vestiges d'une abbaye du XIIe siècle.
DOMME
Bastide du XIIIe siècle.
EYZIES-DE-TAYAC-SIREUIL (LES)
La « capitale » de la préhistoire. Sites paléolithiques. Musées. Église fortifiée des XIe et XIIe siècles.
HAUTEFORT
Château du XVIIe siècle.
LASCAUX
Grotte paléolithique riche en peintures animales.
MERLANDE
Église romane Saint-Jean.
PÉRIGUEUX
Cité des Gaulois Pétrocores, puis ville gallo-romaine dont il reste des vestiges de remparts, la Tour de Vésone et un amphithéâtre. Cathédrale Saint-Étienne du XIIe siècle. Cathédrale Saint-Front du XIe siècle, restaurée XIXe siècle. Maisons anciennes. Musée de la Préhistoire.

Rouffignac
Site préhistorique. Grotte avec peintures rupestres (Magdalénien).
Saint-Astier
Église du XVe siècle avec des parties romanes.
Saint-Cyprien
Église du XIIe siècle.
Sarlat-la-Canéda
Cathédrale Saint-Sacerdos des XVIe et XVIIe siècles. Édifices gothiques et Renaissance.

DOUBS (25)

Arc-et-Senans
Site célèbre pour la saline royale édifiée par l'architecte Nicolas Ledoux entre 1774 et 1779 : nourri de la philosophie des Lumières, il voulait y établir une « cité idéale », mais ne put mener à bien ses ambitions.
Baume-les-Dames
Vestiges d'une abbaye bénédictine du VIIIe siècle.
Besançon
Cité des Gaulois Séquanes, occupée par César, elle fut, sous Charles Quint, une ville importante de son empire. Capitale de la Franche-Comté, elle fut fortifiée par Vauban après son rattachement à la France. Palais Granvelle du XVIe siècle. Cathédrale Saint-Jean des XIe-XVIIIe siècles. Demeures des XVIe et XVIIIe siècles.
Montbéliard
Forteresse romaine. Château des XVe et XVIIIe siècles.
Montbenoît
Abbaye du XIIe siècle.
Ornans
Maisons des XVe et XVIIe siècles.
Pontarlier
Ancienne villa romaine. Chapelle des Annonciades et église Sainte-Benigne (avec portail gothique flamboyant du XVe) du XVIIe siècle.

DRÔME (26)

AIGUEBELLE
Notre-Dame d'Aiguebelle, abbaye cistercienne fondée au XIIe siècle, a été un haut lieu religieux jusqu'à la Renaissance. Elle fut pillée pendant les guerres de Religion.

CREST
Donjon du XIIe siècle.

DIE
Capitale des Gaulois Vocantes, colonie romaine, puis évêché médiéval. Site gallo-romain. Vestiges du IIIe siècle. Église romane (restaurée au XVIIe siècle). Musée de la Préhistoire.

DONZÈRE
Musée de la Préhistoire.

GARDE-ADHÉMAR (LA)
Église romane Saint-Michel.

GRIGNAN
Lieu de villégiature de la marquise de Sévigné. Château et église du XVIe siècle.

HAUTERIVES
Palais du facteur Cheval.

PEGUE (LE)
Musée de la Préhistoire.

MONTÉLIMAR
Château du XIIe siècle, restauré, et transformé en prison.

ROMANS-SUR-ISÈRE
Abbatiale Saint-Barnard des XIIe et XIVe siècles (abbaye fondée au IXe siècle).

SAINT-PAUL-TROIS-CHÂTEAUX
Ancienne cathédrale romane des XIe et XIIe siècles.

SAINT-RESTITUT
Église romane.

SUZE-LA-ROUSSE
Château féodal réaménagé Renaissance. Maisons gothiques.

VALENCE

Colonisée par les Romains en 121 av. J.-C., puis centre de civilisation romane. Cathédrale romane Saint-Apollinaire des XIe et XIIe siècles.

VASSIEUX-EN-VERCORS

Site et musée préhistoriques.

E

ÉBRASEMENT

Évasement d'une baie, qui provient de ce que les parois latérales s'écartent vers un parement, en général vers l'intérieur. Ne pas confondre avec **embrasure** (voir ce mot).

ÉCAILLE

Ornement sculpté de formes diverses, mais affectant plus particulièrement la forme d'écailles de poisson. Ornement souvent employé dans les architectures romane, byzantine et ogivale.

ÉCHAUGUETTE

Bout de tourelle posé sur un mur, un contrefort, etc., pour loger une sentinelle.

Petite guérite placée en encorbellement soit au sommet des tours, soit sur les courtines, principalement aux angles. Certaines portes de ville avaient aussi des échauguettes. Primitivement, elles étaient en bois ; mais à partir du XIe siècle, elles furent en maçonnerie, et formèrent de véritables tourelles.

ÉCHINE

Ce terme, dérivé d'un mot grec qui signifie châtaigne, paraît avoir désigné primitivement les oves peintes ou sculptées sur un quart-de-rond, puis le quart-de-rond lui-même. Aujourd'hui, on appelle plutôt échine une moulure convexe qui est le contraire de la **scotie** (voir ce mot), ou bien le corps du chapiteau dorique.

ÉCHIQUIER

Voir **Damier.**

ÉCLISSE

Les éclisses sont des planchettes de bois ou des bandes de métal entre lesquelles on maintient par le serrage un membre de construction que l'on craint de voir éclater.

ÉCOINÇON

L'écoinçon est l'encoignure d'une embrasure, l'angle saillant formé par cette embrasure et le parement intérieur. L'écoinçon est aussi le triangle entre deux arcs tangents, entre un arc et la colonne tangente.

ÉCOLES D'ARCHITECTURE RELIGIEUSE ROMANE

Le fractionnement politique de la France par la féodalité, le mauvais état des chemins, la difficulté des communications et des transports découpaient le pays en provinces, qui s'ignoraient presque et dont chacune avait un art de bâtir spécial.

Par un phénomène inverse, l'extension du pouvoir royal, aux XIIe et XIIIe siècles, concourut à la diffusion de l'église gothique, architecture de l'Île-de-France.

Dans cette société divisée, les grands ordres religieux privilégiaient certains modèles d'églises. Les architectes clunisiens faisaient volontiers une abside sans déambulatoire, au bout d'un chœur profond, lequel communique avec les chœurs des absidioles : on a ainsi trois, cinq et jusqu'à sept absides et absidioles inégalement saillantes. Les Cisterciens, qui visaient à la simplicité, ont fait des transepts développés, sur lesquels s'ouvrent de simples chapelles carrées, voûtées en berceau ; ils ont réduit la décoration au minimum.

Il existe en France des centaines de petites familles d'édifices religieux : on a pris le parti de fondre ces familles en des groupes, que l'on a baptisé écoles régionales.

Dans chacune de ces écoles prédomine un type, qui est caractérisé principalement par la coupe en travers sur la nef (rapports d'équilibre de la maîtresse voûte avec les voûtes latérales ; nature de l'une et des autres), par le plan du chevet (présence ou absence du déambulatoire), et enfin par d'autres particularités secondaires (tour centrale, forme des piliers, type du clocher, style de la décoration, etc.).

La qualité des matériaux, les relations économiques, la proximité des voies de pèlerinage, les conditions climatériques et la luminosité du ciel sont des facteurs importants dans la constitution des écoles. On peut, dans l'ensemble, diviser la France en quatre grandes régions : la vallée du Rhône conserve les fenêtres, plus petites en Provence, plus grandes et accompagnées d'un faux triforium en Bourgogne ; dans le Plateau Central, la force de la tradition maintient le triforium, mais les fenêtres sont sacrifiées ; l'Ouest supprime le triforium et les fenêtres ; le Nord les garde, renonce à construire sur la nef des voûtes romanes et trouve la formule gothique.

Chacune de ces grandes régions se subdivise en école. Vous trouverez ci-dessous les caractéristiques des principales écoles romanes.

École provençale

• Plan : ni déambulatoire, ni chapelles rayonnantes ; très souvent, nef unique.

• Voûtement : nef en berceau sur doubleaux à ressauts ; bas-côté en demi-berceau.

• Ordonnance intérieure de la nef : pas de triforium ; très petites fenêtres.

• Piliers, etc. : piliers à pilastres, très découpés, allongés dans le sens de l'axe ; arcades larges.

• Décoration : intérieurs sobres ; influences antiques, lombardes, etc. ; nervures simulées sous les culs-de-four.

École poitevine

• Plan : déambulatoire et chapelles rayonnantes.

• Voûtement : nef en berceau sur doubleaux ; bas-côtés : berceau ou arêtes.

• Ordonnance intérieure de la nef : ni triforium ni fenêtres.

• Piliers, etc. : grosses colonnes, puis piliers en quatre-feuilles ; flèches coniques renflées.

• Décoration : façades très riches ; porte sans tympan.

École auvergnate

• Plan : déambulatoire, et chapelles rayonnantes, quelquefois de nombre pair.

• Voûtement : nef en berceau, plein-cintre lisse ; bas-côté : arêtes ; tribunes : demi-berceau.

• Ordonnance intérieure de la nef : triforium ; pas de fenêtres dans la nef.

• Piliers, etc. : piliers, colonnes engagées, sans objet ; clocher octogonal sur transept ; ordonnance magnifique à l'extérieur du chevet et du transept.

• Décoration : intérieurs sévères ; marqueterie dans les parements.

École périgourdine

• Plan : pas de déambulatoire ; travées carrées ; pas de bas-côtés.

• Voûtement : coupoles sur pendentifs.

• Ordonnance intérieure de la nef : pas de triforium.

• Piliers, etc. : piliers carrés et massifs, ou piliers à colonnes engagées.

École bourguignonne

• Plan : souvent pas de déambulatoire ; quelques avant-nefs très développées.

• Voûtement : nef en berceau brisé sur doubleaux, ou arêtes ; bas-côtés : arêtes.

• Ordonnance intérieure de la nef : arcades brisées ; faux triforium ; fenêtres.

• Piliers, etc. : piliers à pilastres ; clocher central.

• Décoration : flore grasse, statuaire maigre, pilastres cannelés.

École rhénane

• Plan : pas de déambulatoire ; absides au bout des bras du transept et même au fond de la nef.

• Voûtement : nef et depuis le XIIe siècle voûtes d'arêtes bombées ; bas-côtés ; arêtes.

• Ordonnance intérieure de la nef : grandes arcades simples, plein-cintre ; pas de triforium ; fenêtres.

• Piliers, etc. : clocher central ; flèches de charpente à 4 pans, dont les arêtes répondent au sommet des pignons élevés sur les 4 faces des tours.

• Décoration : caractère rude ; influences lombardes ; arcatures lombardes, galerie extérieure en haut des absides.

École normande

• Plan : pas de déambulatoire ; le bas-côté du chœur ne contourne pas l'abside.

• Voûtement : nef sans voûte, quelquefois arcs transversaux ; bas-côtés : arêtes ; tribunes : pas de voûte.

• Ordonnance intérieure de la nef : grandes arcades plein-cintre ; large triforium ; fenêtres en avant desquelles court une galerie.

• Piliers, etc. : quelquefois piliers alternés ; tour lanterne carrée.

• Décoration : décoration géométrique ; invention pauvre ; chapiteaux à godrons.

École française

• Plan : déambulatoire et chapelles rayonnantes.

• Voûtement : nef sans voûte ; bas-côtés : arêtes ; tribunes : pas de voûte.

• Ordonnance intérieure de la nef : grandes arcades en plein-cintre ; triforium ; fenêtres.

• Décoration : décoration pauvre.

ÉCOLES D'ARCHITECTURE RELIGIEUSE GOTHIQUE

Lorsqu'on étudie l'école gothique d'une province, il faut distinguer entre les églises de style local et les églises de style importé.

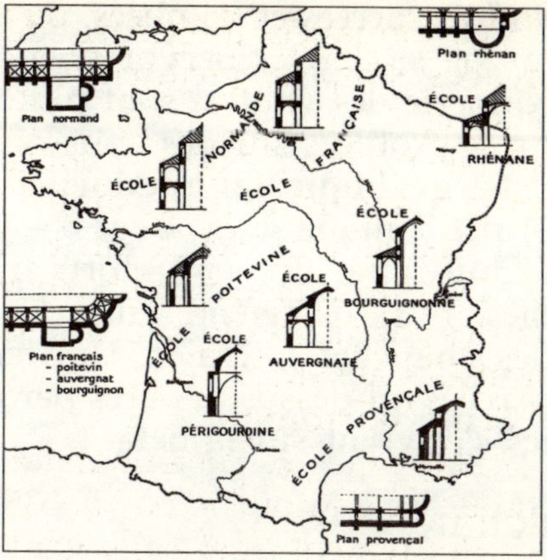

Après la période romane, les foyers d'influence artistique se sont déplacés ; mais dans les types gothiques régionaux, on retrouve, réalisée par des moyens nouveaux, l'idée première des vieux types des écoles romanes.

L'école normande a produit de vastes églises à déambulatoire, avec une tour-lanterne sur le carré du transept et des clochers souvent remarquables ; mais les lignes montent trop, les arcs sont parfois suraigus, les tailloirs, ronds et mous, et l'ornementation, trop uniformément géométrique.

Les écoles champenoise et **bourguignonne** ont élevé des édifices nerveux, un peu secs. Des chemins de ronde intérieurs, placés au niveau des fenêtres, sont abrités par des formerets profonds ou par des dalles qui reposent, d'un côté sur le formeret, de l'autre sur le mur. Les piliers sont quelquefois alternés et les voûtes champenoises peuvent être à cinq, six ou huit branches d'ogives.

Le gothique angevin – et **poitevin** – a couvert l'Ouest d'églises appartenant à deux types et qui ont une double origine : église à une nef couverte de voûtes sur plan carré et bombées, qui procède de l'église à coupoles ; église à trois nefs de hauteur à peu près égales, sans fenêtre ni triforium dans le vaisseau central et qui représente dans ses grandes lignes l'église romane poitevine. Dans les voûtes carrées et bombées, on multiplie les liernes au XIIIe siècle ; les nervures, engagées dans la maçonnerie des voûtes, sont plutôt de simples moulures profilées sur des voussoirs saillants.

Le gothique languedocien a laissé des églises à nef unique très larges – jusqu'à 23 mètres – épaulées par des contreforts très saillants, véritables murs de refend, entre lesquels sont rangées des chapelles latérales. Des fenêtres rondes sont percées au-dessus des arcs par lesquels ces chapelles s'ouvrent sur la nef.

ÉCRAN

Barrière ajourée en bois ou en pierre, qui entoure le chœur ou le sanctuaire d'une église, d'une chapelle ou d'un tombeau.

ÉGLISE

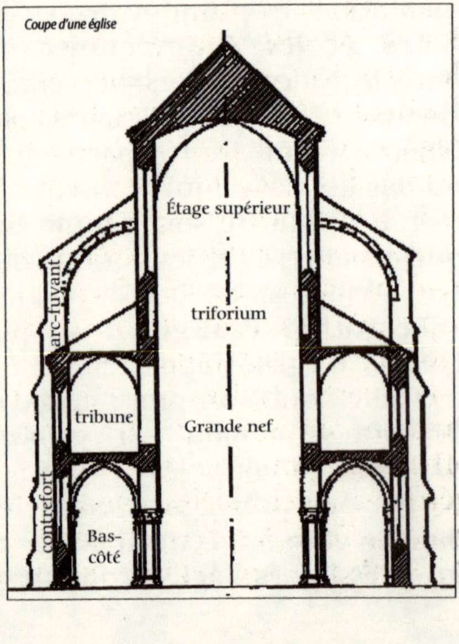

L'église abbatiale est celle d'une communauté soumise à un abbé ; l'église cathédrale est desservie par un chapitre de chanoines qui forme le conseil d'un évêque ; l'église collégiale est desservie par un chapitre de chanoines autre que le chapitre cathédral ; l'église paroissiale est affectée au service d'une paroisse ; l'église pricurale est l'église d'une communauté régulière dirigée par un prieur. L'église cathédrale est métropolitaine si elle est le siège d'un archevêque, et primatiale si elle est le siège d'un primat.

L'église occupe de préférence un emplacement élevé. Le pavé des vieilles églises est souvent en contrebas, parce que le sol extérieur s'exhausse, environ de 0,30 m par siècle dans les villes ; mais le droit canon demande que le monument soit posé sur une éminence. L'église est *orientée* : le chevet, qui est la tête de l'édifice, est dirigé approximativement vers le Levant. Le côté de l'Évangile est donc le côté nord et le côté de l'Épître est le côté sud. On appelle *droite* et *gauche* de l'autel la droite et la gauche du crucifix placé sur cet autel.

Les matériaux de l'église et son emplacement sont sacrés. C'est pourquoi les églises sont réédifiées sur le même point et il est de règle qu'on doit faire entrer dans l'œuvre nouvelle les débris de l'édifice ancien. Une coutume, qui souffre d'ailleurs de nombreuses dérogations, veut que l'église, quand elle est importante, ait en plan la forme d'une croix. L'axe est souvent brisé, surtout à la rencontre de la nef et du chevet et, suivant une opinion répandue, les architectes avaient voulu rappeler ainsi l'attitude du Christ expirant, la tête penchée sur l'épaule. Cette explication est contestable.

Les vastes églises ont été construites sur le produit des aumônes, des legs, des deniers à Dieu, des offrandes pour les dispenses, etc. On excitait la générosité des fidèles par des concessions d'indulgences. Dans les derniers siècles qui précédèrent la Révolution, un régime s'élabora qui, pour les églises paroissiales, mit le chevet à la charge du clergé, la nef à la charge des fidèles, enfin les chapelles latérales à la charge des seigneurs à qui elles appartenaient.

Les premières églises ont emprunté leurs dispositions principales à divers édifices : **basiliques** civiles (voir ce mot), qui étaient des portiques plus ou moins clos, offrant un abri aux promeneurs, aux plaideurs, etc., thermes, maisons particulières. De très bonne heure, l'église comprit une **abside** (voir ce mot), qui était, sauf de rares exceptions, semi-circulaire et qui pouvait s'emboîter dans un massif carré ou polygonal à l'extérieur. L'abside était réservée au clergé : les chantres se tenaient en avant, entre l'abside et le carré du transept, dans une travée, chorus psallentium, le chœur.

Le **transept** (voir ce mot), très fréquent en France depuis les Carolingiens, est une nef transversale, dont la toiture coupe à angle droit la toiture de la nef ; il comprend deux bras et le *carré du transept*, qui est la travée placée à l'intersection, c'est-à-dire la travée commune à la nef et au transept. Depuis le IXe siècle, l'usage se répandit de placer une absidiole sur chaque bras du transept.

La nef était souvent précédée, à l'ouest, soit d'un **atrium**, cour entourée de portiques, soit d'un **narthex** (voir ces mots), galerie qui était plaquée contre la façade. À l'intérieur de l'église latine, des divisions étaient marquées par des parapets à hauteur d'appui, formés de dalles décorées et dressées de champ, que l'on appelle les *chancels*.

L'église romane est beaucoup plus massive que l'église latine, à cause de l'emploi des voûtes : les murs, plus épais, se garnissent de supports à l'intérieur, de contreforts à l'extérieur. L'abside est quelquefois polygonale sur les deux faces. Abside et chœur sont fréquemment enveloppés d'un bas-côté tournant, avec lequel l'un et l'autre communiquent par une série d'arcades et qui s'ouvre, d'autre part, sur des chapelles rayonnantes ; ce bas-côté tournant, dont les plus anciens exemples connus remontent aux dernières années du Xe siècle, s'appelle le **déambulatoire** (voir ce mot). On trouve aussi des chevets sans déambulatoire, dans lesquels des chapelles rayonnantes débouchent sur l'abside. Le chœur roman s'allonge. Le transept prend de l'importance : quelquefois chaque bras a un bas-côté sur une face, sur deux ou sur les trois. Dans bien des églises romanes, le constructeur a ménagé sur la façade devant la nef un porche, ouvert sur le dehors, ou une avant-nef qui, dans un petit nombre de cas, atteignait les dimensions d'un édifice. Quelques grandes églises romanes ont quatre bas-côtés.

L'église gothique est plus dégagée. On délaisse dans les absides et les absidioles le plan circulaire pour le plan polygonal. Les contreforts deviennent tellement saillants qu'on y loge des chapelles latérales. Les porches en avant des églises se font rares.

Pendant la Renaissance et même après, l'église ne change guère dans ses grandes lignes ; mais le plan s'encombre à nouveau de piliers massifs ; l'édifice redevient lourd ; absides et absidioles peuvent reprendre leur forme ronde. Quelques églises, notamment des églises gothiques de l'ordre de Saint-Dominique, sont à deux nefs. D'autres, beaucoup plus nombreuses, ont une nef unique, avec ou sans abside, avec ou sans transept. Lorsque les bras du transept sont arrondis, la tête de l'église ressemble en plan à un trèfle. Cette forme, qui est très ancienne, s'est perpétuée dans quelques spécimens jusqu'à l'époque moderne.

Enfin les églises peuvent être sur le plan rayonnant ; au lieu de se développer en longueur, elles rayonnent autour d'une travée centrale. Il y en eut, sous Charlemagne, toute une lignée qui procédait de l'église Saint-Vital de Ravenne (Italie), polygonale à bas-côtés. L'église de Germigny-les-Prés, construite vers 805 ou au plus tard vers 900, est carrée avec quatre absidioles. Des églises ont été édifiées sur plan circulaire, à l'imitation de l'église du Saint-Sépulcre de Jérusalem. Voir **Basilique.**

ÉLÉGIR

Rendre plus léger d'aspect par exemple, à l'aide d'une moulure.

ÉLÉMENTS

Les 4 éléments traditionnels sont le *Feu*, la *Terre*, l'*Air* et l'*Eau*. Ils sont représentés dans l'art chrétien par les quatre évangélistes entourant le Christ en gloire : un homme, un taureau, un lion et un aigle.

EMBRASURE

C'est dans un percement biais, la partie qui est délimitée sur les flancs par l'ébrasement.

ENCORBELLEMENT

Saillie obtenue à l'aide d'un ou de plusieurs corbeaux superposés. Construction (balcon, corniche, tourelle...) en saillie sur un mur, soutenue par des **corbeaux** (voir ce mot).

ENFEU

Caveau funéraire placé sous le chœur d'une église, et qui affectait la forme d'une grande niche. Les évêques étaient enterrés par *droit d'enfeu* dans des sépultures de ce genre.

ENTABLEMENT

Couronnement d'une ordonnance architecturale. Dans les monuments classiques, l'entablement complet est formé de l'**architrave**, de la **frise** et de la **corniche** (voir ces mots).

L'entablement le plus exemplaire est le dorique. Les triglyphes, avec leurs deux canaux et leur demi-canaux, coupent la frise ; c'étaient apparemment, à l'origine, les têtes des poutres. Les métopes sont simplement des dalles de remplissage. Les gouttes paraissent être un souvenir des clous ou des chevilles de l'assemblage.

Il arrive aux architectes du XVIe siècle de supprimer les triglyphes et à ceux du siècle suivant de les séparer par des métopes d'une longueur inusitée dans les ordres antiques.

Quant aux maîtres d'œuvre du Moyen Âge, ils sacrifièrent l'entablement et ils n'en conservèrent que la corniche, qui, en effet, couronne utilement le mur. Il faut noter, à ce propos, que l'architecture classique a placé des corniches au-dedans des édifices, parce qu'elle a transporté à

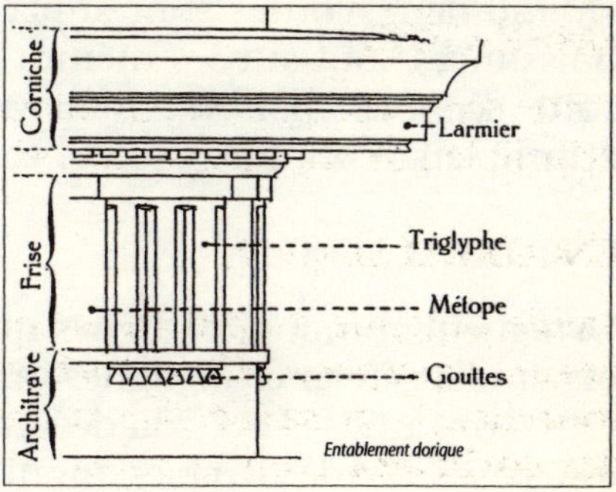

Entablement dorique

l'intérieur toute l'ordonnance, entablement compris ; l'architecture du Moyen Âge, au contraire, n'a fait des **corniches** (voir ce mot) qu'au dehors.

ENTAILLEUR

Ce terme, au Moyen Âge, était synonyme de graveur et de ciseleur sur métaux, et même de sculpteur sur pierre ou sur bois ; mais, dans cette dernière acception, on disait aussi et plus ordinairement tailleur-folliagier.

ENTRE-COLONNEMENT

Espace entre deux colonnes. Suivant le vide existant entre les colonnes d'un temple, celui-ci est nommé *aérostyle, diastyle, eustyle, systyle et pycnostyle* ; généralement, dans les monuments de l'Antiquité, quel que soit l'entre-colonnement adopté, l'espace compris entre les deux colonnes faisant face à la porte du monument était plus large que l'entre-colonnement d'à côté.

ENTRECOUPE

Quand deux voûtes sont superposées et que leurs naissances sont sur les mêmes murs, si ces voûtes sont séparées par un intervalle, ce dernier est appelé entrecoupe.

ENTRELACS

Ornement composé de lignes qui s'entrelacent. Ces ornements, formés de lignes ou de feuilles entrelacées, sont utilisés pour la décoration des bandeaux, des frises ou de diverses moulures ; les méandres sont des entrelacs, les postes ou autres dessins courants sont également appelés entrelacs.

ENTRE-MODILLONS

Espace compris entre deux **modillons** (voir ce mot) ; cet espace est régulier, souvent décorés de motifs variés ; dans les styles roman et Renaissance, des arcatures relient souvent entre eux les modillons.

ENTRETOISE

Pièce de bois, de fer, etc., qui s'assemble du bout dans deux autres pièces et en maintient l'écartement.

ÉPAULER

Soutenir contre le renversement.

ÉPERON

Renfort de maçonnerie formant une saillie triangulaire en avant d'une tour, d'une pile de pont, etc. Ne pas faire de ce mot un synonyme de **contrefort** (voir ce mot).

ÉPI

On appelle épi un ornement que l'on pose sur les poinçons des croupes, sur les toits.

ÉPIGRAPHIE

L'épigraphie, science des inscriptions, peut permettre de dater les édifices par l'étude de la forme des inscriptions qui y sont gravées.

ÉPURE

Dessin grandeur d'exécution, sur lequel l'appareilleur découpe le panneau qu'il applique ensuite sur les pierres.

ÉQUERRE

Outil du bâtisseur, comme le compas, le niveau ou la règle…, et emblème de l'apôtre Thomas.

ESCALIER

L'escalier le plus simple est l'*escalier droit*, qui monte, sans se détourner, depuis le point de départ jusqu'au point d'arrivée. L'*escalier brisé* est à deux ou plusieurs volées, l'une dans un sens, l'autre dans un sens différent. L'*escalier à vis* s'élève en décrivant une hélice, et présente des avantages multiples : il est plus facile à loger et il se prête à l'ouverture de portes dans toutes les directions et à toutes les hauteurs.

Les escaliers droits se font surtout à l'extérieur : on les construit contre un rempart, contre une façade, dans une cour, etc. ; on les a logés quelquefois dans une muraille.

Les escaliers brisés, fréquents dans les amphithéâtres antiques, étaient connus du Moyen Âge. Parfois, deux montées opposées se réunissent à un palier, d'où part une montée unique.

Les escaliers à vis existaient chez les Romains, qui en ont placé un, par exemple, dans la colonne Trajane ; mais c'est la période gothique qui les a le plus fréquemment et le plus heureusement utilisés. Les escaliers à vis de l'époque romane étaient couverts d'un berceau également en hélice, qui tournait avec l'escalier.

Lorsque l'escalier était large, il devenait impossible de tailler dans le même bloc marche et noyau ; le noyau était monté séparément.

À partir du XIVe siècle, on a fait des escaliers sans noyau, dont le limon tourne autour d'un vide.

L'escalier à vis a pris place quelquefois dans l'épaisseur des fortes murailles d'une tour ou d'un château. La combinaison la plus ordinaire consiste à l'enfermer dans une tourelle. Ces tourelles peuvent être engagées dans la façade ou dans un angle. Le XIVe siècle perfectionna notablement la construction des grands escaliers à vis. Il en fit, comme plus tard le XVIe siècle, où deux montées sont encloses dans une tourelle unique, soit que l'une tourne autour de l'autre, soit que l'une monte au-dessous de l'autre.

ESCARPE

Paroi, talus du fossé, qui est sise du côté de la place et fait face à la contrescarpe.

EST

Autre nom de l'Orient où naît la lumière. Nombre d'édifices religieux sont « orientés » dans sa direction.

ÉTAI

Terme générique servant à désigner les pièces de bois employées à soutenir provisoirement une construction.

ÉTANÇON

« Pièce de bois posée verticalement dans une construction pour arrêter un écrasement » (Viollet-le-Duc).

ÉTRÉSILLON

Pièce qui maintient l'écartement de deux parties d'une construction, comme les deux montants d'une baie, deux arcs concentriques, etc.

ÉVÊQUE

Responsable d'un diocèse. Dans les premiers temps de l'Église, on les nommait *presbuterioi* (vieillards), eu égard à leur âge et à leur sagesse.

EXÈDRE

Salle en forme de grande niche, munie d'un banc adhérant à la paroi.

EXTRADOS

Surface courbe convexe d'un arc ou d'une voûte ; c'est la face supérieure, extérieure.

SITES À VISITER

ESSONNE (91)

ARPAJON
Dans cette ville célèbre pour sa foire aux haricots, des halles datent du XVIIe siècle.

CERNY
Site préhistorique.

CHAMARANDE
Église des XIIe-XIIIe siècles. Château XVIIe siècle de Mansart, jardins de Le Nôtre.

CORBEIL-ESSONNES
Cathédrale Saint-Spire des XIIe-XVe siècles.

DOURDAN
Halles et château (donjon) du XIIIe siècle.

ÉTAMPES
Plusieurs conciles se tinrent dans la ville, importante cité médiévale. Église Sainte-Basile (portail roman) des XIe-XVIe siècles. Collégiale Notre-Dame du Fort romane (fortifiée) des XIe-XIIIe siècles. Église Saint-Martin des XIe-XIVe siècles. Tour de Guinette (donjon) du XIIe siècle.

ÉTIOLLES
Site préhistorique magdalénien.

FERTÉ-ALAIS (LA)
Église Notre-Dame romano-gothique des XIe-XIIe siècles.

LONGJUMEAU
Église Saint-Martin des XIIIe-XIVe siècles, avec portail gothique flamboyant du siècle suivant.

LONGPONT-SUR-ORGE
Église romane Notre-Dame des XIIe-XIIIe siècles.

MILLY-LA-FORÊT
Halles en bois du XVe siècle.

MONTLHÉRY
Vestiges (tour) d'une forteresse du Xe siècle.

EURE (27)

Bec-Helloin
Abbaye bénédictine du XIe siècle, haut lieu spirituel au Moyen Âge. Bâtiments rajoutés au XVe, XVIIe, et XVIIIe siècles.

Bernay
Abbaye bénédictine fondée en 1033. Forteresse du XIIe siècle. Un trésor (vaisselle d'argent d'avant la période romaine) fut exhumé en 1830 dans les environs.

Broglie
Église romane Saint-Martin.

Château-Gaillard
Vestiges du château-fort érigé par Richard Cœur de Lion et gagné, bien « qu'imprenable », par Philippe Auguste après 8 mois de siège. Henri IV fera démanteler la forteresse qui aura servi de prison aux épouses infidèles des rois maudits Louis X le Hutin et Charles le Bel. À proximité, aux Andelys, église Notre-Dame, des XIIIe et XVIIe siècles.

Conches-en-Ouche
Église Sainte-Foy des XVe-XVIe siècles.

Évreux
Cité des Gaulois Éburovices, ville gallo-romaine ravagée par les Normands, puis pendant la guerre de Cent Ans. Ruines de remparts gallo-romains. Église Notre-Dame des XIIe-XVIIe siècles. Église Saint-Taurin (premier évêque d'Évreux) des XIVe-XVe siècles.

Gisors
Château des XIe-XIIe siècles. Collégiale Saint-Gervais-et-Saint-Protais des XIIIe-XVIe siècles.

Louviers
Église Notre-Dame des XIIIe-XVe siècles.

Pont-Audemer
Église Saint-Ouen des XIe-XVe siècles.

Vernon
Restes de remparts du XIIe siècle. Église Notre-Dame du XIIe siècle.

EURE-ET-LOIR (28)

ANET
Château du XVIe siècle, édifié par Henri II pour sa maîtresse Diane de Poitiers, sur les ruines d'une forteresse médiévale.

BONNEVAL
Vestiges de l'abbaye Saint-Florentin, fondée au IXe siècle, pillée par les Normands, puis, pendant la guerre de Cent Ans, par les Anglais et détruite au XVIe siècle par le prince de Condé.

CHARTRES
Anciennement Autricum, capitale des Gaulois Carnutes. La cathédrale Notre-Dame est un chef-d'œuvre de l'art gothique, construite au XIIIe siècle.

CHÂTEAUDUN
Sur l'oppidum des Gaulois Carnutes, Château-donjon du XIIe siècle. Église de la Madeleine du XIIe siècle.

ÉPERNON
Église et celliers du XIIIe siècle. Maisons du XVe siècle.

NOGENT-LE-ROI
Église Saint-Sulpice en gothique flamboyant.
Maisons Renaissance.

NOGENT-LE-ROTROU
Château Saint-Jean des XIe-XIIIe siècles. Église Notre-Dame et église Saint-Hilaire du XIIIe siècle. Hôtel-Dieu du XVIIe siècle.

YRON
Église romane Notre-Dame.

F

FAÎTE

Ce mot désigne tantôt la poutre faîtière, sur laquelle s'assemblent les chevrons et tantôt l'angle supérieur du toit.

FAUTEAU

Machine de guerre du Moyen Âge ; c'était un bélier suspendu à une tour, dont on utilisait le balancement pour battre en brèche les murs et enfoncer les portes.

FENESTRAGE

Ensemble d'une fenêtre, encadrement et meneaux compris, ou de plusieurs fenêtres.

FENÊTRE CIVILE

La fenêtre civile du Moyen Âge n'est pas comparable, dans son utilité et son usage, à la fenêtre des églises : elle doit être d'un accès facile, pour qu'on puisse l'ouvrir et regarder dans la rue ; elle comporte un ou plusieurs châssis ouvrants ;

enfin, elle est souvent sous plancher au lieu d'être sous voûte, ce qui a entraîné d'importantes différences dans la construction.

La fenêtre se divise, dans le sens de l'épaisseur du mur, en deux parties : l'une en façade, qui est le *tableau* ou la fenêtre proprement dite, l'autre à l'intérieur, qui est l'*embrasure*.

L'une et l'autre sont séparées par la *feuillure*, dans laquelle s'encastrent les panneaux servant à fermer la baie. L'embrasure descend jusqu'au plancher ; entre l'appui de la baie et le plancher, le mur est donc plus mince : c'est l'*allège*.

Des bancs sont fréquemment disposés à droite et à gauche dans l'embrasure : on peut arriver près de la fenêtre, s'y tenir et de l'intérieur voir au dehors. Ainsi est résolu le premier point du programme.

La présence des vitraux ouvrants et le fait que les fenêtres sont sous plancher entraînent des conséquences plus sensibles : la forme propre des fenêtres civiles est rectangulaire ; la baie est couverte d'un linteau. Mais les linteaux un peu longs se seraient brisés sous la charge des maçonneries supérieures ; on fut donc amené à placer dans l'ouverture un ou plusieurs montants en pierre de forme variable.

En arrière du tableau, sur l'embrasure, on bandait un arc, qui pouvait être très plat. Cet arc traversait parfois le mur ; dans ce cas, il apparaissait sur le parement extérieur et formait un arc de décharge, qui protégeait le fenestrage.

Dès le XIIIe siècle, un type nouveau apparut, plus simple et plus rationnel ; c'est la fenêtre à croisée de pierre, dans laquelle un montant et une traverse se croisent, de façon à diviser la baie en quatre parties également larges, les deux parties supérieures étant sensiblement plus petites en hauteur.

La croisée forme un châssis de pierre avec feuillure. Traverse et montants sont fréquemment moulurés sur leur face extérieure : les moulures sont plus grasses pendant la période du gothique rayonnant, plus sèches durant la gothique flamboyant.

La Renaissance garda l'idée générale de la croisée gothique, puis elle en modifia le style : on fit les montants et la traverse plus épais, au risque d'arrêter le jour ; l'encadrement prit une importance inconnue, avec pilastres, cariatides, etc.

On cessa, au cours du XVIe siècle, de bâtir des croisées de pierre : le XVIIe siècle le logeait plus dans ses grandes baies que dans des châssis de bois. L'encadrement, quand il y en avait, était délibérément classique et comportait un fronton triangulaire ou courbe, ou encore rompu ; mais dès le XVIIe siècle et au XVIIIe, nombre de fenêtres civiles se présentent très simplement.

Bien des fenêtres n'étaient pas closes pendant les premiers siècles du Moyen Âge. On les fermait de tentures ou de tissus épais.

À toutes les époques, pour boucher les baies sans se priver complètement de la lumière, on a pu se servir de toile et, depuis que le papier est connu, de papier huilé. Les volets, pleins ou ajourés, étaient fréquents. Quelquefois, surtout dans le Midi, la fenêtre n'a pas d'autre fermeture ; plus souvent le volet est à l'intérieur d'un châssis vitré. Volet et châssis battaient dans une feuillure. C'est seulement vers le XVe siècle qu'on a logé, dans les feuillures de la maçonnerie, des châssis dormants de menuiserie, sur lesquels étaient montés soit les volets de bois, soit les châssis ouvrants des vitrages sur plomb.

FENÊTRE D'ÉGLISE

Une fenêtre est une baie ouverte pour amener du jour ou de l'air dans une salle, quelquefois pour permettre de voir au dehors. La lumière introduite par une baie atteint plus ou moins loin vers l'intérieur suivant que la baie a plus ou moins de surface ; en conséquence, pour éclairer une salle vaste, il faut de grandes fenêtres, que de petites fenêtres plus nombreuses ne remplaceraient pas. Dans les pays méridionaux, les ouvertures sont de dimensions plus faibles, parce que la lumière du jour a un pouvoir plus éclairant et aussi parce qu'il est nécessaire de ne pas laisser entrer la chaleur. Pour aérer, il faut que les châssis soient mobiles. Si la fenêtre doit servir à regarder dans la rue, ce qui n'est guère le cas pour les fenêtres d'église, il est indispensable qu'elle soit près du sol et qu'elle s'ouvre aisément. Enfin, les

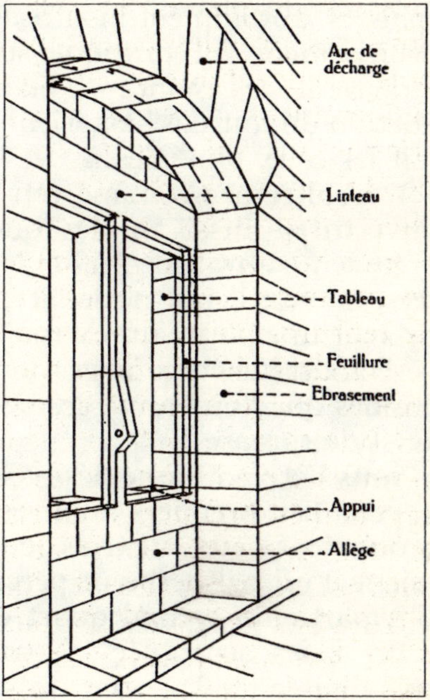

fenêtres basses doivent être disposées de façon à ne pas donner accès aux assaillants et aux voleurs.

Il est de tradition que les fenêtres des édifices chrétiens soient couvertes d'au moins un arc simulé percé dans un linteau. Les fenêtres carrées appartiennent à l'architecture civile.

Pendant le haut Moyen Âge, les fenêtres des églises étaient de bonnes dimensions, assez hautes, larges et généralement garnies, soit de dalles ajourées, soit de châssis de bois vitrés. Elles étaient quelquefois ébrasées, c'est-à-dire qu'elles s'élargissaient, surtout vers l'intérieur, afin de laisser entrer plus de lumière.

Cet ébrasement fut de règle à l'époque romane ; des baies moyennement grandes et percées à angle droit auraient été, à travers ces murailles épaisses, absolument insuffisantes. Souvent, même l'ébrasement fut pratiqué sur les deux faces : à l'intérieur, les montants biais facilitaient l'introduction du jour ; à l'extérieur, l'appui incliné rejetait les eaux pluviales.

L'architecture romane rétrécit les fenêtres : des ouvertures aussi amples que celles de l'époque précédente auraient affaibli les constructions voûtées. Le Nord, qui ne jetait pas de voûte sur ses nefs, et une partie du Centre et de l'Ouest conservèrent des fenêtres larges. C'est surtout dans les absides que l'on trouve les belles et riches fenêtres de style roman.

Sous l'ère gothique, les baies augmentèrent peu à peu. Les premiers maîtres d'œuvre gothiques groupaient deux ou trois fenêtres et les surmontaient d'un œil-de-bœuf percé dans le mur.

À partir du second quart du XIIIe siècle, on voit à ces baies accouplées se substituer une grande baie divisée en deux par un meneau ; vers le haut de la baie, les meneaux s'incurvent pour dessiner des arcs brisés. L'armature métallique concourt à maintenir le tout.

Le dernier quart du XIIIe siècle orna le haut des fenêtres de triangles et de losanges ; dans ces triangles et ces losanges, et dans les petits arcs, furent inscrits des lobes à pointes aiguës.

Les maîtres d'œuvre gothiques modifièrent l'encadrement extérieur des fenêtres : de bonne heure, ils convertirent les colonnettes en des tores adhérant aux pieds-droits.

Depuis le milieu du XIIIe siècle environ, des architectes ont monté au-dessus des baies un gâble. Celui-ci ne tarda pas à prendre de l'importance : puis, il fut ajouré à l'excès ; vers la fin du style flamboyant, ses rampants dessinaient des courbes en accolade.

Les fenestrages gothiques sont souvent des chefs-d'œuvre de coupe de pierre. La Renaissance, fidèle à son esprit, revint à des lignes plus simples.

Les XVIIe et XVIIIe siècles ont, dans maints édifices, percé de très larges baies sans meneau, où les châssis de pierre sont remplacés par les châssis de fer. Bien plus, on a, dans des chapelles annexes ou au Panthéon et à la Madeleine de Paris, supprimé les fenêtres elles-mêmes et pris le jour à travers les voûtes. Les fenêtres peuvent être accompagnées de frontons, de colonnes, de clefs saillantes, de guirlandes, de motifs empruntés au répertoire de la décoration classique.

FER-À-CHEVAL

Arc de cercle plus développé que le plein cintre. Certains auteurs appellent arc outrepassé celui qui est plus développé que le plein cintre et réservent le nom de fer-à-cheval à celui dans lequel les retombées sont à peu près rectilignes et ne continuent pas la courbe du demi-cercle.

FERME

La ferme est, dans une charpente, l'ensemble des pièces (arbalétrier, poinçon, etc.) qui sont disposées dans un plan vertical et transversal.

FERRONNERIE

Il est difficile de dater avec certitude les œuvres les plus anciennes de ferronnerie. À l'âge roman, on a fait en ferronnerie des grilles, surtout des pentures, pièces de fer clouées sur le vantail et qui le suspendent au gond, et de fausses pentures. Les forgerons romans avaient un outillage très imparfait, mais du fer ductile et une merveilleuse dextérité. Très souvent, après avoir battu la barre et l'avoir aplatie, ils découpaient, le long des côtés, des brins plus ou moins larges qu'ils recourbaient en volutes.

Les forgerons gothiques perfectionnèrent les procédés ; ils se servaient de feuillages étampés pour terminer les tiges ou dissimuler les raccords. Vers le XVe siècle, ils firent largement usage du fer plat, de la tôle : les panneaux de tôles étaient repoussés, forés d'ajours, ou bien des morceaux plus petits étaient découpés en forme de feuilles et martelés, modelés au marteau. On employait aussi des baguettes tordues en spirales. Lorsque la ferronnerie fine devait être appliquée sur le bois, on interposait entre le fer et le bois une peau peinte au minium qui arrêtait la rouille et qui faisait valoir les découpures du métal.

Du XVIIe siècle, il nous reste notamment des balcons dont les panneaux sont garnis de feuillages opulents et encadrés de motifs géométriques, le XVIIIe siècle nous a légué d'admirables grilles et portes en fer forgé. La diffusion de la fonte ruina, au début du XIXe siècle, la ferronnerie.

FESTONS

En architecture, les festons ou les contre-arcatures découpées sont de petits arcs en ogive ou subtribolés, des lobes et des dentelures qui décorent l'*intrados* des arcs ; les festons font leur apparition au XIIIe siècle.

On désigne sous le même terme des guirlandes de feuilles ou composées de fleurs et de fruits qu'on emploie dans la décoration.

FEUILLAGE

Presque tous les styles d'architecture ont utilisé les feuillages dans leur décoration. L'Antiquité a employé les feuilles d'acanthe, de palmier, de laurier, d'olivier, de lierre... Le roman, le byzantin et le style ogival ont utilisé comme feuillage ornemental la vigne, le chêne, le chou frisé, le quinte feuille, la fléchière, les aroïdées, le persil, le mahonia, le bouillon blanc, le chardon... On a décoré de feuillages les chapiteaux, les archivoltes, les bandeaux, les corniches, les frises ; et l'on a formé avec eux des crosses, des amortissements, des clochetons... Voir **Végétal**.

FEUILLE DE REFEND

Feuille dont les bords sont refendus, entaillés de découpures profondes.

FEUILLURE

Entaille à deux plans pratiquée pour recevoir l'arrête d'une autre pièce. La feuillure est triangulaire ; quand l'entaille est rectangulaire ou carrée, c'est plutôt une rainure. Voir **Fenêtre**.

FILET

Synonyme de **listel** (voir ce mot). Petite moulure ronde ou rectangulaire qui en sépare deux autres plus saillantes et plus grandes ; le filet sépare encore les cannelures des colonnes.

FLAMBOYANT (STYLE)

Style d'architecture du XVe siècle ainsi nommé parce que les meneaux et réseaux des fenêtres des monuments de cette partie de l'époque ogivale sont tourmentés comme des flammes véritables.

FLANQUÉ

Ce terme a deux sens : dans une fortification, un point est flanqué lorsqu'il est battu de flanc par un ouvrage voisin ; d'autre part, flanqué signifie garni ou accompagné sur les flancs.

FLANQUEMENT

Tracé étudié pour que les défenseurs d'un fort puissent prendre l'assaillant en écharpe. Aussi longtemps qu'a duré l'usage de préserver le flanc gauche de l'homme par un bouclier, on disposa le tracé

Flanquement : crémaillère et redent

de façon à battre le flanc droit, qui était plus vulnérable. On obtenait le flanquement de plusieurs manières. Le plan des murailles décrit parfois des sinuosités, la ligne rentrant sur les points les plus accessibles et les points les mieux défendus formant saillants. Ou bien, la ligne est brisée, à *crémaillères*. Ou bien encore elle pousse une pointe en dehors, un *redan* (ou redent). Le procédé le plus habituel de flanquement consiste à élever des tours le long des fronts.

FLÈCHE

Aiguille, pyramidale ou conique, généralement en bois ou en pierre, qui couronne un toit ou un clocher.

En architecture, hauteur de la clef de voûte. En géométrie, perpendiculaire abaissée du milieu d'un arc sur la corde qui sous-tend cet arc.

FLEURON

Pignons et **gâbles** (voir ces mots) portent souvent à leur sommet un ornement végétal en forme de bouquet : c'est le fleuron. Petite rose épanouie, placée au centre du tailloir des chapiteaux de certains ordres d'architecture. On donne le même nom à des panicules de feuillage qui couronnent les archivoltes des XIIIe et XIVe siècles ou qui surmontent des clochetons.

FLORE ARCHITECTURALE

Plantes et fleurs ont été fréquemment employées pour l'ornementation des édifices. Avec la tige et les racines, les feuilles, les fleurs, les fruits ou les graines ont concouru à la décoration. Les fleurs, dont les fidèles apportaient des bouquets, symbolisent la promesse de moissons terrestres ou spirituelles, l'amour et la beauté.

Dans l'art roman, les sculptures de fleurs sur les chapiteaux peuvent avoir un « pouvoir » guérisseur identique à celui attribué à leurs tisanes et décoctions. Voir **feuillage** et **végétal**.

FONTAINE

Construction ou système hydraulique destiné à fournir de l'eau. Dans l'Antiquité, où les sources et les fontaines naturelles furent l'objet d'un culte religieux, on en construisit autour de nombreux édifices.

FONTS BAPTISMAUX

Sorte de cuve élevée au-dessus du sol servant à administrer le baptême par aspersion. Primitivement, on baptisait par immersion dans les piscines, comme Clovis et les Francs de sa suite qui se convertirent le furent à Reims.

FORÊT

Ce terme sert à désigner les énormes charpentes des combles de cathédrales, à cause de la grande quantité des pièces de bois qui entrent dans leur construction.

FORTIFICATIONS

Durant la longue paix romaine, les villes de la Gaule n'étaient pas fortifiées ; ainsi s'explique la facilité avec laquelle les Barbares traversèrent le pays au IIIe siècle. Pour résister aux invasions futures, on réduisit l'étendue des villes et on les enferma dans des murailles faites de débris des édifices renversés.

Arriva le Moyen Âge. La France fut divisée en une foule de petites seigneuries indépendantes et ennemies ; les places de peu d'importance se multiplièrent. C'est le temps des châteaux forts, des maisons fortes. Dans les villes, on arma les quartiers l'un contre l'autre et même des maisons urbaines furent munies de défenses contre la rue.

Après l'époque romaine et jusque vers le XIe siècle, les fortifications étaient légères et il n'en reste à peu près rien. L'art de l'ingénieur militaire profita, pendant les croisades, des leçons de l'Orient. Enfin, l'attaque et la défense des places se perfectionnèrent sous l'action des grands hommes de guerre du temps : le duel épique engagé, à la fin du XIIe siècle, entre Philippe Auguste et Richard Cœur de Lion, marque dans l'histoire de l'architecture une date mémorable.

Les progrès du pouvoir royal devaient fatalement amener la ruine des petites places : au XVIIe siècle, les châteaux furent démantelés, détruits. On ne protégea que les villes, les villes frontières surtout, ou les positions stratégiques importantes. Il faut toutefois compter avec les exceptions : sur le littoral méditerranéen, par exemple, les populations durent avoir, jusqu'à la prise d'Alger en 1830, des lieux de refuge pour se défendre contre les pirates barbaresques.

La fortification a un double rôle, passif et actif : elle est un obstacle à l'attaque et elle met en valeur la défense. Lorsque l'ennemi ne pouvait pas forcer la porte ou l'enlever par surprise, ni atteindre les remparts à l'aide d'échelles, il investissait la place. Un siège en règle comprenait, de la part de l'assiégeant, une double ligne : *contrevallation* pour résister aux assiégés, *circonvallation* pour faire front du côté de la campagne aux armées de secours. Ainsi couvert, l'assaillant menait ses travaux.

Dans certains cas, il construisait des **beffrois**, tours roulantes munies d'un pont-levis à leur partie supérieure et revêtues de peaux fraîches. Il poussait le beffroi sur le fossé préalablement comblé et abaissait sur les murs le pont-levis, par lequel s'élançait la colonne d'assaut.

Parfois, on faisait brèche dans les murailles, soit en les sapant, soit en ébranlant les maçonneries. Le mineur et le pionnier avançaient : le premier sous terre, le second sous une galerie de madriers ou sous un abri quelconque ; ils attaquaient le mur, étayant par des poteaux enduits de matières inflammables, et ils mettaient le feu : le mur croulait. Pour ébranler et ruiner les maçonneries, on se servait du **bélier** (voir ce mot) ou des machines de trait. Le bélier était une grosse poutre armée d'une tête de métal ; cette poutre était logée dans un abri mobile et suspendue à son faîte ; on la ramenait en arrière à la force des bras et on la poussait violemment contre la muraille.

Quand aux machines de trait, elles étaient de plusieurs systèmes. Les unes avaient une longue flèche, terminée d'un bout par une fronde, de l'autre par un contrepoids. Dans le *trébuchet*, le contrepoids était articulé ; dans le *mangonneau*, il était fixe et une équipe en augmentait la force par une traction vigoureuse. Trébuchet et mangonneau lançaient surtout des boulets de pierre. Le grand inconvénient de ces deux engins consiste en ce qu'ils ne pivotent pas ; le plan du tir est invariable.

D'autres machines étaient à ressort : dans la *pierrière* ou *baliste*, l'extrémité libre de la verge était façonnée en cuiller, sur laquelle on posait un boulet de pierre ; à la suite du déclic, la verge heurtait avec force un butoir et le boulet continuait suivant sa trajectoire. *L'arbalète à four* était simplement une arbalète de fortes dimensions, montée sur affût et lançant de gros traits. La *catapulte* avait un ressort en bois vert.

L'artillerie à feu ne réalisa pas d'abord de très sensibles progrès : les boulets en pierre, dont la portée était fort médiocre, se brisaient contre les parements. La substitution des projectiles en fer aux projectiles en pierre, à la fin de la guerre de Cent Ans, fut autrement importante que l'emploi de la poudre à canon comme moyen de propulsion.

Le XVIe siècle imagina les tourbillons, qui facilitent le pointage, et l'affût sur roues, qui donne à l'artillerie plus de mobilité. Il fallut dès lors changer les dispositifs de la défense.

Dans les armes portatives de trait, *l'arc*, plus léger et beaucoup plus rapide, lançait des flèches empennées, à la volée ou de plein fouet ; *l'arbalète*, que l'on bandait avec une mécanique, tirait des carreaux ; *l'arquebuse* fut en usage dès le XVe siècle et le mousquet depuis le XVIIe siècle. Ces engins servaient à la défense, aussi bien qu'à l'attaque.

On choisissait pour les forteresses une assiette défendue par des obstacles naturels, rivières, pentes abruptes, etc., et qui dominait les environs. On garnissait cette position d'une enceinte que l'on protégeait par des ouvrages avancés, destinés à briser l'élan des assaillants, à les tenir le plus longtemps possible sur un terrain découvert, exposés aux coups de la garnison.

Les fossés, pleins ou secs, *revêtus*, c'est-à-dire maçonnés, ou non revêtus, avaient, en outre, pour but de rendre plus difficiles les travaux de mine. On appelle *escarpe*, le talus des fossés du côté de la place et *contre escarpe*, le talus opposé. Un chemin de ronde était fréquemment ménagé entre l'escarpe et le pied du mur et sur l'arête de l'escarpe on plantait une barrière, appelée *lices*. Ce nom s'étendit au chemin de ronde lui-même. On fit d'autres barrières en avant du corps de la place, de même que des terrassements et des ouvrages maçonnés.

Mais il fallait prévoir que l'ennemi, emportant ces lignes successives, s'approcherait de la muraille et donnerait l'assaut. Le tracé était étudié pour qu'à ce moment décisif les défenseurs pussent prendre l'assaillant en écharpe ; c'est le **flanquement** (voir ce mot). La **courtine** (voir ce mot) est la portion de mur, dans une fortification, comprise entre les tours. Les tours peuvent être carrées ou rondes. *La tour carrée*, plus en faveur dans le Midi, donne prise au bélier ; de plus, elle défend mal ses angles et elle est mal défendue par les courtines. *La tour ronde* souffre moins du choc des béliers : sous les coups, les blocs, qui sont taillés suivant les rayons de la courbe, se coincent et ne se disloquent pas. Les feux divergents de la tour couvrent les approches. Enfin, l'angle mort est plus réduit.

À l'arrière, les tours peuvent s'ouvrir ou non sur la place ; on dit, suivant le cas, qu'elles sont ouvertes à la gorge ou fermées à la gorge. La tour fermée à la gorge a cet avantage que, si l'ennemi fait brèche dans la tour, il est néanmoins arrêté par le mur de fond et, même s'il est maître de la place, la tour peut résister encore.

Les ouvrages avancés sont les *barbacanes*, les *châtelets*, les *bastilles*. La barbacane est une tour ou une moitié de tour, basse, large, qui couvre un point faible, comme une porte ou la tête d'un pont. Les *souterrains* facilitaient la sortie des assiégés ou, au contraire, leur retour dans la place.

Jusqu'au XVIe siècle, il est de règle que l'intérieur commande l'extérieur : si l'ennemi parvient à forcer une première ligne, il reste sous les coups de la ligne suivante.

Pendant longtemps, on entoura les places secondaires non pas de murs, mais de fortifications non maçonnées, épaulements de terre, palissades. En général, ces moyens de défense sont réservés pour couvrir les abords du front, le corps de la place étant ceint d'une muraille. Cette dernière est épaisse : le sommet présente, pour l'assiette des machines de guerre et la circulation des défenseurs, un terre-plein qui est abrité par un parapet. En arrière de la muraille circule la rue du rempart, laquelle est ordinairement au-dessus du niveau de la campagne.

Les deux parements de la muraille sont de maçonneries soignées. Les joints sont fins, notamment au XIIIe siècle, afin que le pic y morde plus difficilement. Quant à la masse du mur, elle peut être assurée contre l'ébranlement par un chaînage de poutrelles noyées dans l'épaisseur. L'emploi des tours roulantes obligea les ingénieurs du XIIIe siècle à faire des murailles plus élevées.

Le parapet était crénelé. On appelle **créneau** (voir ce mot) le vide découpé dans la partie haute du mur. Les créneaux sont quelquefois remplacés par des baies qui n'atteignent pas le sommet du mur et qui peuvent être fermées par un volet s'ouvrant du bas. Depuis le XIIe siècle, des *archères* ou **meurtrières** (voir ce mot) étaient pratiquées dans le merlon : c'étaient des rainures permettant le tir de l'arc ou de l'arbalète. Les meurtrières des fortifications romaines sont de larges baies, pareilles à des fenêtres.

Il était, malgré tout, impossible d'atteindre sans se découvrir un ennemi placé au pied du mur. Il fallait pour cela un tir vertical. On l'obtint en reportant le parapet un peu en avant de la muraille : entre celle-ci et celui-là, on laissait béants des vides ou **mâchicoulis** (voir ce mot), par où tombaient les projectiles ; suivant leur éloignement du mur, les projectiles pouvaient heurter un empattement en talus et ricocher, battant une zone en avant du pied de la muraille.

Les premiers parapets en saillie furent de bois et démontables : des trous et des corbeaux étaient disposés pour établir, en cas d'alerte, des galeries de charpente, qui sont les **hourds** (voir ce mot), ils furent en usage dès le XIe siècle.

Les fenêtres étaient rares sur le dehors, étroites et haut placées. Quant aux meurtrières, on les répartissait à tous les niveaux et dans tous les sens, de telle sorte que les défenseurs eussent des vues sur tous les abords. Le bas de la fente s'élargit pour augmenter l'angle du tir ; la plongée, surtout dans les archères hautes, est très inclinée. Depuis le début du XIVe siècle, l'habitude s'introduisit d'échancrer ces rainures non plus seulement en bas, mais en haut et au milieu. L'échancrure du milieu servait pour tirer de but en blanc et celle du haut pour tirer à la volée : la flèche montait, puis descendait brusquement suivant une ligne presque verticale et avec une grande force de pénétration.

Ces meurtrières étaient précédées, du côté intérieur, par une niche où le tireur se plaçait mais qui affaiblissait beaucoup la construction.

Les moyens de défense sont particulièrement accumulés dans les **tours** (voir ce mot), les tours de flanquement, les tours-réduits que l'on appelle les **donjons** (voir ce mot).

Les tours sont creuses, à cela près que l'on a fait parfois le rez-de-chaussée massif. Ces rez-de-chaussée pleins résistent mieux à la mine ; par contre, ils rendent plus malaisées les manœuvres de contre-mine. D'autre part, on a utilisé les sous-sols des tours pour y loger des caves, des citernes, des latrines, quelquefois des glacières ou des cachots : les *oubliettes*, où l'on aurait abandonné les prisonniers, paraissent être un mythe.

Même dans les tours rondes, les salles sont souvent carrées ou polygonales, parce que ces plans se prêtent mieux à la construction des niches et des voûtes. En effet, elles sont de règle dans les étages bas, depuis le XIIe siècle environ.

Quelques tours s'ouvraient sur le dehors par des poternes, qui servaient aux sorties. On accédait plutôt dans les tours, soit des courtines, soit de l'intérieur de la place, par une porte élevée au-dessus du sol et que desservait une échelle à main. On ne montait pas toujours directement d'un étage de la tour à un autre. Il est des tours divisées en deux dans le sens de la hauteur, la moitié haute communique avec une partie de la forteresse – par exemple, le rempart – et la moitié basse avec une autre partie, – comme la rue du rempart ou une cour.

Les escaliers pouvaient aussi être brisés : la personne qui montait ou descendait devait à mi-hauteur de la tour, traverser une salle de garde et se faire reconnaître. Ou bien les escaliers conduisaient à des culs-de-sac, à des précipices où l'assaillant emporté par son élan devait se jeter.

La couverture est tantôt une terrasse, tantôt une toiture conique plus ou moins aiguë, qui, depuis le XIVe siècle, peut être posée non pas directement sur la tour elle-même, mais sur une tourelle plus étroite qui continue la tour.

Les **échauguettes** (voir ce mot) sont des bouts de tourelle plantés sur un contrefort, sur un angle. Les échauguettes concourent à la surveillance et au flanquement. Quant aux *bretèches*, ce sont des logettes accolées à un mur, posées sur des corbeaux et percées de meurtrières sur les faces, de mâchicoulis par en bas. Elles ont surtout pour fonction de défendre l'accès des portes.

Les portes, en effet, ont été l'une des préoccupations de l'ingénieur militaire du Moyen Âge. Les Romains s'attachaient moins à les défendre qu'à les embellir. Les portes des villes gallo-romaines ont une grande baie ou deux, et quelquefois des baies plus petites pour les piétons ; au-dessus, une galerie correspond aux terre-pleins des courtines. Le tout est souvent d'architecture soignée, avec ordres et pilastres. Les portes du Moyen Âge se présentent sous un aspect rude. Elles consistent en un couloir bas, étroit, coupé par des chaînes, par de vigoureux vantaux de bois, par des herses et battu par des mâchicoulis qui traversent la voûte.

Sur le fossé est jeté un pont-levis, qui, en se relevant, ferme l'ouverture extérieure. Il est souvent à bascule depuis le XIVe siècle. Si le fossé est large, ce pont-levis se raccorde à un pont fixe, que l'on peut faire sauter au besoin. À droite et à gauche, deux tours très fortes. Elles sont reliées par un ou deux étages de salles, dans lesquelles se tiennent les équipes chargées de manœuvrer la herse et le pont-levis et de servir les mâchicoulis. Tours et corps central sont couronnés d'un crénelage continu. Le tout constitue une forteresse, qui peut tenir encore lorsque le reste de la place a été emporté. Des portes de ville ont un four en prévision des sièges.

Des portes moins défendues traversent une tour carrée ; le passage est quelquefois coudé. Les abords des portes sont étudiés. C'est ainsi que le chemin d'accès longe les murs de préférence à droite, pour que l'assaillant prête aux coups le côté qui n'est pas protégé par le bouclier.

Du jour où l'artillerie à feu devint redoutable, on s'en servit pour la défense aussi bien que pour l'attaque. Sur les terrasses, on installa des batteries à feu plongeant ; dans quelques tours casematées, on logea des pièces pour le tir rasant.

Cette combinaison offrait de multiples inconvénients : les casemates s'emplissaient de fumée ; les batteries hautes, à l'étroit, très exposées, ébranlaient les maçonneries. Les ingénieurs prirent le parti d'enfoncer dans le sol les ouvrages, qui reçurent des aménagements nouveaux : en avant des fossés, on disposa des terrassements en glacis, qui masquaient les murailles, d'ailleurs épaisses et résistantes. Ces dernières dessinaient, aux angles, des tours basses, larges et rondes ; sur les fronts, devant les portes, etc., étaient des boulevards à éperon, également peu élevés. Des échauguettes convenablement placées et des casemates, avec des embrasures pour la couleuvrine, enfilaient les fossés.

Tel est le type du très curieux château de Salses (Pyrénées-Orientales) qui fut commencé en 1497. Dans ce remarquable ouvrage, le parapet, devenu plus épais, se relève par places pour abriter les défenseurs contre les coups partis d'une hauteur voisine.

Puis, on rempara les murailles, c'est-à-dire qu'on les soutint en arrière par des épaulements de terre qui fournissaient aux canons une large plate-forme. Les tours basses étaient trop étroites pour loger un nombre suffisant de pièces ; après des essais, on leur substitua les bastions : on maintint en avant des courtines, des ouvrages détachés qui sont appelés suivant leur tracé, des ravelins, des demi-lunes, des tenailles, etc.

Le **bastion** (voir ce mot) a deux faces et deux flancs : l'avant de chaque face est enfilé par le flanc du bastion voisin ; le pied de chaque flanc est battu par le flanc opposé. Le feu des faces est dirigé sur la campagne ; le feu des flancs attend la colonne d'assaut dans le fossé.

Quelquefois la face dépasse l'alignement du flanc et couvre celui-ci d'une avancée, qui est l'orillon. Enfin, on dispose sur les remparts des levées de terre, des cavaliers pour donner plus de commandement aux batteries de la place, des traverses pour arrêter les coups d'enfilade.

Ce système du front bastionné, imaginé durant la seconde moitié du XVIe siècle, fut appliqué et perfectionné par Vauban (1633-1707) dans les nombreuses fortifications qu'il construisit sur nos frontières pour Louis XIV.

Mais l'assiégeant, à l'abri dans ses tranchées, approchait assez pour prendre à dos les défenseurs des bastions. Un officier de cavalerie, le marquis de Montalembert, proposa, vers le milieu du XVIIIe siècle, de supprimer les bastions et d'assurer le flanquement par des ouvrages bas, placés dans les fossés et que l'on appelle des *caponnières*. Le front débarrassé des bastions devenait un polygone, d'où le nom de *tracé polygonal*. Le système polygonal ne fut adopté qu'à la Révolution.

FOUET

Au Moyen Âge, on nommait *flagellum* ou *tymbalum* une sorte de carillon à main composé de clochettes attachées à des baguettes de fer auxquelles elles étaient suspendues chacune par un anneau. Quand on secouait l'instrument, ces clochettes produisaient une sonnerie.

FOUILLES

En archéologie, ensemble des opérations visant à mettre au jour des vestiges enfouis dans le sol, des ruines ensevelies.

FOYER

Le foyer est proprement la partie de la cheminée qui est en avant de l'âtre, en dehors des jambages.

FRESQUE

Peinture appliquée sur un enduit frais. Ne pas donner indistinctement ce nom à toutes les peintures murales.

FRETTE

Ornement qui consiste en deux séries d'éléments : les uns longitudinaux posés suivant deux lignes parallèles ; les autres transversaux reliant deux à deux les premiers, le tout décrivant une ligne brisée.

FRIGIDARIUM

Chez les Romains, salle pour les **bains** froids (voir ce mot).

FRISE

Dans l'architecture classique, la frise est l'assise de l'entablement qui est entre l'architrave et la corniche. Par extension, on appelle de ce nom une bande horizontale, unie ou décorée et assez large. *Cheval de frise* (de Frise, province flamande) : pièce de bois ou de métal hérissée de pointes, placée à l'avant des retranchements.

FRONTISPICE

Principale façade d'édifice. Portail décoratif d'une façade.

FRONTON

La rencontre de la façade et du toit détermine, dans l'architecture gréco-romaine, un triangle. Ce triangle est délimité par la corniche horizontale posée sur la frise et par les deux corniches obliques : il s'appelle le fronton. L'architecture romaine et la Renaissance ont déformé le fronton et l'ont employé à des usages non prévus par les Grecs. Les frontons modifiés peuvent être arrondis, ou brisés avec des tronçons terminés en volute. Le fronton est, au XVIIe siècle, devenu un motif d'ornementation que l'on accroche partout, sur les niches, sur les baies, etc. L'intérieur se nomme **tympan** (voir ce mot).

FRUIT

Obliquité du parement extérieur, par suite de laquelle le mur s'amincit en montant. Une obliquité analogue sur le parement intérieur s'appelle *contre-fruit*. Des auteurs donnent le nom de contre-fruit au surplomb.

FÛT

Corps de la colonne, compris entre la base et le chapiteau.
Les **cannelures** (voir ce mot), sans être aussi constantes que chez les Grecs, sont aussi de règle chez les Romains, qui les ont garnies de ciselures. Les cannelures permettent à l'œil de mieux apprécier la forme circulaire de la colonne. Les fûts du Moyen Âge sont habituellement lisses. Au XVIe siècle, Philibert Delorme imagina l'ordre français, dans lequel les colonnes sont faites de tambours cannelés ainsi que d'autres tambours non cannelés et de plus fort diamètre.

SITES À VISITER

FINISTÈRE (29)

BARNENEZ
Site préhistorique : cairn, dolmens à couloirs.

BRENNILIS
Site mégalithique.

BREST
Château du XIIe siècle élevé sur l'emplacement d'une citadelle romaine.

BRIGOGNAN-PLAGE
Site monolithique de Men-Marz.

CHATEAULIN
Chapelle Notre-Dame du XIIIe siècle.

CONCARNEAU
Remparts du XVe siècle, restaurés par Vauban.

DAOULAS
Église romane et cloître roman de l'ancienne abbaye.

FOLGOËT (LE)
Église Notre-Dame en gothique flamboyant du XVe siècle.

FORÊT-FOUESNANT (LA)
Église en gothique flamboyant du XVIe siècle. Site mégalithique de Kerleven.

LANDERNEAU
Église du XVIe siècle.

LANDIVISIAU
Église Saint-Thivisiau du XVIe siècle.

LOCRONAN
Église Saint-Ronan du XVe siècle. Chapelles du XVe et du XVIe siècle.

LOCTUDY
Église romane du XIIIe siècle.

MORLAIX
Église en gothique flamboyant Saint-Mélaine.

PLEYBEN
Enclos paroissial du XVe siècle. Église Saint-Germain Renaissance, ossuaire gothique flamboyant.
PLOMEUR
Site mégalithique.
PLOUESCAT
Vestiges gallo-romains. Halles du XVIIe siècle.
PLOUHINEC
Site mégalithique.
PONT-CROIX
Église Notre-Dame des XIIIe et XVe siècles.
PONT-L'ABBÉ
Château et église Notre-Dame-des-Carmes des XIVe et XVIIe siècles.
QUIMPER
Ville gallo-romaine, puis évêché. Église romane Notre-Dame-de-Locmaria. Cathédrale gothique Saint-Corentin des XIIIe et XVe siècles.
QUIMPERLÉ
Église romane Sainte-Croix, église gothique Notre-Dame-et-Saint-Michel des XIIIe et XVe siècles.
ROSCOFF
Église gothique flamboyant du XVIe siècle. Maisons des XVIe et XVIIe siècles.
SAINT-GUÉNOLE
Site mégalithique et musée.
SAINT-THÉGONNEC
Enclos paroissial Renaissance.

G

GÂBLE

Le gâble est un mur léger, triangulaire comme le pignon, mais qui ne répond pas à la coupe transversale d'un toit. Il est posé au-dessus d'une baie, qu'il enveloppe et dont il affirme l'importance, tout en donnant peu de mouvement dans les lignes de l'édifice.

Les premiers gâbles sont romans. Au XIIIe siècle, on décore les gâbles de trèfles ou d'autres figures, après 1250, on les ajoure. Le gothique finissant a fait des gâbles très compliqués, dont les rampants prennent parfois des formes infléchies. Les gâbles sont percés de rosaces, flanqués de clochetons, surmontés d'une statue… ; leur ornementation, fort riche, les distingue des simples **pignons** (voir ce mot).

GAINE

La gaine est une sorte de pilier s'amincissant vers le bas et qui porte soit un chapiteau, soit une statue incomplète : le haut du corps à partir du ventre ; le buste avec ou sans bras ; la gorge et la tête, ou la tête ; les pieds apparaissent quelquefois au bas de la gaine. Comme les cariatides et les atlantes, les gaines ont été systématiquement abandonnées durant le Moyen Âge ; mais le XVIe siècle et les siècles suivants en ont produit. L'Empire a fait, dans l'ameublement, un grand nombre de gaines. Elles peuvent servir de piédestal, de balustre, supporter un balcon, flanquer une porte, etc.

GALBE

Ensemble des contours, de la silhouette d'un membre d'architecture, principalement du fût de la colonne. C'est aussi le chantournement d'un vase, d'une console, d'un balustre.

GALBÉ (ÉE)

Ce terme a deux sens distincts : il signifie qu'un objet n'est pas rectiligne, ou qu'il est simplement ébauché. Le fût d'une colonne est galbé quand il est renflé dans son milieu ; une feuille, une crosse sont galbées si elles ne sont qu'ébauchées, ou si leurs contours sont fortement accusés.

GALERIE

Lieu couvert, beaucoup plus long que large. Sorte de tribune située au-dessus des bas-côtés et qui a des baies sur la nef.

GALLO-ROMAIN

En 125 avant Jésus-Christ, les Romains, appelés par les habitants de Marseille, occupèrent le pays entre les Cévennes et les Alpes ; la conquête de l'ensemble de la Gaule par César se place entre 58 et 53. La paix romaine *(pax romana)* couvrit la Gaule d'édifices innombrables. Vers la fin du IIIe siècle, à la suite d'une première invasion barbare, les provinces de l'intérieur, jusqu'alors mal défendues, se hérissèrent d'enceintes et de forteresses ; les villes se resserrèrent à l'abri des murailles construites avec des débris des palais et des temples. L'architecture de ce temps porte l'empreinte du génie de Rome, fait de force et d'esprit pratique. Les Romains étaient conquérants et organisateurs. Les Grecs avaient surtout élevé des temples ; les Romains firent des routes, des ponts, des aqueducs, des thermes, des amphithéâtres. Les premiers furent architectes et les seconds ingénieurs.

Les monuments romains témoignent d'une imposante grandeur. Ils attestent aussi d'une adaptation étonnante des moyens au but. Dans les thermes notamment, tout est disposé en vue de la commodité des services et pour la solidité de la construction : les petites salles sont utilisées et elles sont groupées autour des grandes, de façon à épauler les voûtes de ces dernières.

Enfin, l'art gallo-romain reflète l'organisation sociale : une forte centralisation, des ressources immenses en bras, grâce aux corvées et en matériaux, du fait de l'excellence des chemins.

Les Gallo-romains construisaient de vastes monuments avec un petit nombre de maîtres ouvriers, qui élevaient l'ossature ou dirigeaient le reste du personnel. On a pu comparer ces chantiers aux grands chantiers de chemin de fer ou de barrages : quelques ingénieurs appliquant des formules à peu près uniformes, une poignée d'ouvriers spécialisés, enfin des chefs d'équipe commandant à de très nombreux manœuvres.

Une pareille organisation entraînait une extrême division du travail : les uns construisaient, les autres décoraient. Ainsi les Romains furent poussés à séparer ces deux aspects de l'art de bâtir ; la décoration consistait en des revêtements plus ou moins luxueux, sous lesquels ils dissimulaient la construction fruste. Cette conception permettait d'élever d'immenses édifices en matériaux qu'il était facile de transporter, de tailler et que l'on habillait ensuite de placages.

GALONS

Ornement d'architecture qui imite une bandelette d'étoffe, une bande garnie de perles. Les galons forment toujours des entrelacs.

GARGOUILLE

Ce nom s'applique particulièrement aux dégorgeoirs formés d'une pierre saillante et qui rejettent les eaux pluviales recueillies dans les chéneaux, notamment gothiques.

Pendant l'époque ogivale, les visages grotesques des gargouilles étaient destinés à repousser à l'extérieur de l'édifice les énergies néfastes.

GAUCHE

Dans un édifice traditionnel orienté vers l'est, ce qui est du côté gauche, au nord, est lunaire. C'est le lieu de l'enseignement et du baptême. À partir de la Renaissance, cette disposition orientée selon la marche de la lumière n'est plus respectée.

Symboliquement, la main gauche reçoit et la main droite donne. À gauche est la connaissance et à droite l'activité. Voir **Droite**.

GIRON

Face horizontale d'une marche d'escalier. C'est la face sur laquelle on pose le pied. Partie horizontale d'une marche. Le pan vertical est appelé *contre-marche*.

GLACIS

Voir **Talus**.

GLOIRE

Soleil en bois doré qui décore des fonds d'autels, de chœurs... Auréole qui entoure la tête des saints, dans l'art chrétien (voir **nimbe**).

GODRON

Ornement en relief, sorte de renflement ressemblant à un œuf allongé et qui est posé verticalement ou de biais. Dans l'architecture romane, les godrons sont des troncs de cône, droits ou obliques, la base en haut, et groupés en faisceau.

GOND

Pièce coudée fixée dans la muraille et sur laquelle la porte pivote par le moyen de la penture. Tantôt la penture se termine par un œil dans lequel s'engage l'extrémité du gond, et tantôt c'est le gond qui est perforé et le bout de la penture qui est en saillie.

GORGE

Moulure courbe concave, creusée en demi-cercle, unie ou décorée...

GOTHIQUE (ART)

Gothique vient de *Goth*, qui désigne une tribu germanique du VIe siècle ; les érudits de la Renaissance, férus d'antique, baptisèrent ainsi cet art qu'ils considéraient comme *barbare*.

L'architecture gothique s'élabora dans l'Île-de-France ; sa propagation est due en partie, comme celle du français, à la suprématie de la royauté.

La direction des chantiers avait changé de mains ; l'architecture romane correspond à l'apogée des ordres religieux ; elle est donc plutôt monastique. Les grandes cathédrales gothiques, contemporaines des communes, ont été bâties par des maîtres d'œuvre laïcs.

L'âge roman a surtout laissé des églises régulières ; l'âge gothique, des églises séculières. L'homme qui a le plus fait pour le succès de la formule nouvelle était un moine, du nom de Suger, abbé de Saint-Denis, et conseiller écouté de Louis VI le Gros.

On appelait les arcs qui portaient la voûte des *arcs ogifs*, des *ogives*, du mot *augere*, qui signifie augmenter, renforcer. Les ogives entrecroisées formaient la *croisée d'ogives*.

Les ogives constituaient une ossature, sur laquelle on posait des panneaux de remplissage en pierres minces et légères. Les poussées étaient diminuées ; de plus, elles étaient reçues par l'ossature, qui les transmettait à des organes de butée : piles et contreforts, convenablement répartis et consolidés.

Les ogives et les piliers sont l'armature de l'édifice gothique ; les autres maçonneries, assimilables à des tentures, servent à clore l'édifice, mais non pas à en assurer la stabilité. Le constructeur

Voûte d'ogives

peut les percer ou même les supprimer et transformer le vaisseau de pierre en une cage de verre. L'ogive s'adapte avec une souplesse précieuse aux combinaisons les plus diverses ; certaines voûtes de bas-côtés tournants sont sur trois branches d'ogives ; des travées de nefs champenoises ont des voûtes à huit branches…

On en vint parfois à combiner les ogives avec des voûtes plates, des plafonds, qu'elles soutenaient.

L'un des principaux avantages de la croisée d'ogives, c'est que la poussée n'est pas diffuse ; elle suit les **nervures** (voir ce mot), d'où il résulte que le constructeur la maîtrise avec une facilité relative.

Les clefs des croisées d'ogives étaient habituellement décorées de feuilles, de petits personnages, de blasons. Des angelots, la tête en bas, semblent quelquefois descendre le long de la clef, qu'ils tiennent de leurs mains. Les clefs pendantes très développées sont fréquentes dans les croisées d'ogives des XVe et XVIe siècles.

À la rencontre des voûtes, surtout de deux voûtes pareilles entre elles, les poussées contraires se résolvent en une pesée verticale. Ainsi s'explique l'extraordinaire élancement de certaines colonnes gothiques : étant uniquement soumises à une force de compression et non pas à une force de renversement, ces colonnes peuvent avoir un très petit diamètre, à condition qu'elles soient de pierre très dure.

Lorsque la poussée atteint un mur, le constructeur la neutralise au moyen d'organes de butée, de contreforts. Tandis que, dans les édifices romans, le mur est épais et le contrefort plat, dans les constructions gothiques, le mur est mince et le contrefort très saillant.

Les contreforts romans se terminent d'ordinaire en un glacis, d'une pente plus ou moins raide. Les contreforts gothiques ont plutôt un couronnement à deux versants ; vers la fin de cette période gothique, le haut du contrefort est souvent de section triangulaire, de façon à éviter les ombres portées qui tombaient sur les vitraux.

Quand il s'agissait d'épauler la voûte d'un vaisseau bordé de bas-côtés, des contreforts saillants appliqués contre les parois de ce vaisseau auraient encombré les bas-côtés. On rejetait donc les contreforts à l'extérieur de ces bas-côtés ; puis, entre le mur à contenir et le contrefort, on bandait un **arc-boutant** (voir ce mot), qui neutralisait ou qui transmettait au contrefort les poussées de la voûte.

Pour empêcher le chaperon oblique de l'arc-boutant de glisser et de tomber, on ménage à la naissance un arrêt horizontal et on le leste d'un **pinacle** (voir ce mot). L'arc-boutant concourt à l'évacuation des eaux de pluie. La corniche gothique est équipée d'un chéneau ; elle est creusée, par-dessus, en un canal qui recueille les eaux des toitures ; ces eaux sont conduites dans une rigole qui suit le chaperon des arcs-boutants et elles arrivent à une **gargouille** (voir ce mot) qui les rejette loin du parement. Ces chutes d'eau, incommodes pour les passants, dangereuses pour les maçonneries voisines, qu'elles dégradaient, ont été souvent supprimées par la suite.

L'arc brisé, en usage dès la fin de l'époque romane, voit son emploi se généraliser à l'époque gothique. On le retrouve aux fenêtres, par exemple. Il est plus ou moins aigu. Ses variantes sont surtout décoratives : ainsi l'*arc trilobé* ou *tréflé* et l'*arc en accolade*. Voir **Arc**.

L'emploi de la croisée d'ogives eut des conséquences importantes : les édifices furent plus vastes et plus clairs. Les murs pleins firent place à des arcs, **et arcs d'encadrement des fenêtres**. S'il était aisé de faire les murs courbes, il était moins facile de conduire des arcs suivant ce même plan ; on substitua donc aux tracés courbes, aux salles rondes, aux absides semi-circulaires, des tracés polygonaux, des salles et des absides à pans coupés.

GOTHIQUE (PÉRIODES DE STYLE...)

Gothique primitif (1140-1200) : fréquemment voûtes sexparties sur la nef ; construction un peu massive ; tribune ample ; fenêtres petites ou à remplages maçonnés ; motifs de décoration en partie romans ; feuillages gras ; sculpture large, ferme. Noyon, Laon, Sens, Paris.

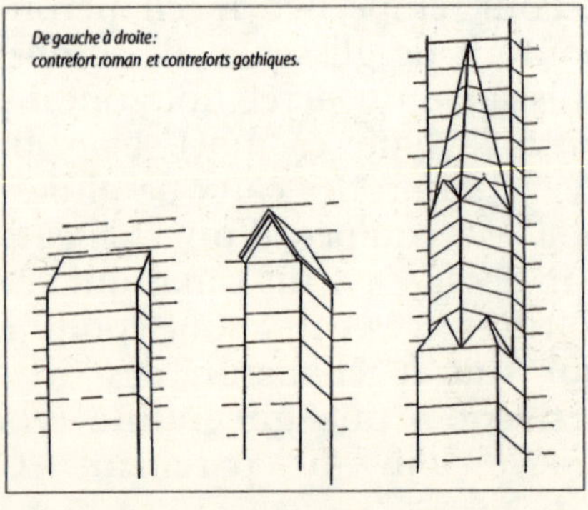

Gothique à lancettes (1200-1250) : exagère les

hauteurs ; triforium réduit ; fenêtres importantes, à remplage plus léger ; sculpture plus fouillée. Chartres, Reims, Amiens, Beauvais, Sainte-Chapelle de Paris.

Gothique rayonnant (1250-1400) : proportions moins élancées ; piliers plus découpés ; remplage plus compliqué ; gâbles ; sculpture moins monumentale. Sées, Metz, Strasbourg, Bordeaux, Saint-Ouen de Rouen.

Gothique flamboyant : nefs et fenêtres plus larges ; le triforium disparaît ; voûtes à nervures secondaires et à clefs pendantes ; arcs à quatre centres et arcs en accolade ; chapiteaux souvent supprimés ; profils secs, prismatiques ; feuillages épineux, flétris ; statuaire réaliste.

Les grandes cathédrales gothiques de France

Certains de ces édifices sont aussi cités dans les monuments romans, car les styles, au hasard de leurs lentes constructions et des rénovations, ont pu évoluer. Il n'est pas rare de trouver dans une bâtisse romane un autel gothique, ou dans une église gothique des origines romanes... Voici la liste établie par L. Cloquet en 1914 :

- **AGEN • AIX • ALBI • AMIENS • AUCH • AUXERRE**
- **BAYEUX • BAYONNE • BAZAS • BEAUVAIS • BELLEY BÉZIERS • BORDEAUX • BOURGES**
- **CARCASSONNE • CARPENTRAS • CHÂLONS-SUR-MARNE CHAMBÉRY • CHARTRES • CLERMONT-FERRAND COUTANCES**
- **DAX / DIGNE / DIJON / DOLE**
- **ÉVREUX**
- **GAP • GRENOBLE**

• Laon • Laval • Lavaur • Limoges • Lisieux • Le Mans • Lodève • Lyon
• Mantes • Meaux • Mende • Mirepoix Montpellier • Moulins
• Nantes • Narbonne • Noyon
• Orléans
• Pamiers • Paris • Perpignan
• Quimper
• Reims • Rodez • Rouen
• Saint-Brieuc • Saint-Claude • Saint-Dié • Saint-Flour • Saint-Malo • Saint-Omer • Saint-Pol-de-Léon • Sées • Senlis • Sens • Soissons
• Tarbes • Tréguier • Troyes • Toul • Toulouse Tours • Tulle
• Vannes • Vienne • Viviers

GOUJON

Tige de métal, de bois, etc., dont les deux extrémités s'engagent dans deux pièces, de façon à les maintenir.

GOUSSET

Pièce de bois placée diagonalement entre deux maîtresses pièces dans une enrayure. *Placer en gousset* équivaut à placer diagonalement dans un angle.

GOUTTEROT/GOUTTEREAU

Mur qui reçoit la gouttière du toit ; plus spécialement, la partie haute du mur perpendiculaire aux fermes.

GOUTTES

Petits ornements en forme de troncs de cône ou de troncs de pyramide qui sont sculptés sous le plafond de la corniche ou sous les triglyphes dans l'entablement dorique (voir ci-dessous).

GRADIN

Marche formant étagère, sur un autel. Escalier menant au temple. Degré servant de sièges dans les théâtres et amphithéâtres.

GRAIN D'ORGE

Moulure qui a en creux le profil que le listel biais présente en saillie. C'est une cannelure triangulaire.

GRAVIER

Voir **Sable**.

GRECQUE

Voir **Méandre**.

GRIFFE

Ornement placé sur l'angle supérieur du socle et qui relie cet angle au tore inférieur de la base. Des auteurs lui donnent le nom de patte.

Ornement roman. Ce sont des griffes, des pattes, des feuilles enroulées qui décorent les angles des bases des colonnes et des soubassements.

GRIFFON

Quadrupède fabuleux, ailé, à tête d'aigle, avec le corps d'un lion.

GRISAILLE

Peinture grise et, par extension, vitrail blanc qui porte des dessins de cette couleur.

GROTESQUE

Figures bizarres, monstrueuses, comiques ou hideuses et parfois obscènes, que les artistes du Moyen Âge plaçaient sur les façades des églises. Ils en sculptèrent sur pierre, mais aussi sur bois, pour des stalles de chœur, pour des menuiseries et des boiseries d'intérieur.

GROTTE ARTIFICIELLE

On a exploré, notamment en Champagne, des grottes sépulcrales néolithiques taillées dans des roches tendres à l'aide de pics en pierre ou en corne. Ces grottes artificielles ressemblent moins aux cavernes naturelles qu'aux **dolmens sous tumulus** (voir ce mot), avec leur couloir d'accès et leur chambre funéraire.

Quelquefois un corps féminin est grossièrement sculpté en bas-relief sur l'une des parois. Les bas-reliefs dont il s'agit ne sont pas sans rapport avec les **menhirs-statues** (voir ce mot). On a même cru saisir un lien de parenté entre ces productions de l'art néolithique et des figures primitives modelées par des potiers de la Grèce archaïque. Il ne faut pas confondre les grottes artificielles avec les souterrains-refuges plus récents.

GROTTE DÉCORÉE

Les grottes sont des excavations naturelles, que l'on attribue au travail des eaux souterraines. L'homme préhistorique choisissait de préférence celles qui s'ouvraient à proximité des cours d'eau et il installait son foyer à l'entrée : c'est là que l'on retrouve les débris de cuisine, les outils, les armes, les vestiges de la vie journalière.

Quelquefois dans le nord de la Gaule, plus fréquemment dans le Centre et le Midi, les grottes ont reçu des sépultures. Cependant, devant le petit nombre de corps qui y ont été découverts, on est porté à conclure que l'inhumation dans les grottes a été une exception.

Les grottes n'étaient pas seulement des refuges et des cimetières ; elles devaient encore servir de temples. Elles abritaient, avec les vivants et les morts, les dieux et leurs mystères. Ainsi s'explique que les peintures des cavernes sont habituellement éloignées de l'entrée : à Niaux, dans l'Ariège, elles sont à 800 mètres du jour, comme si on avait voulu les soustraire aux regards des profanes.

Ces ornementations de cavernes se ressemblent entre elles et ressemblent aux gravures sur os de la même époque. Les grottes à parois décorées actuellement connues sont réparties surtout dans le sud-est et sud-ouest de la France, et dans le nord-ouest de l'Espagne.

Les figurations ont pour objet les animaux de la faune quaternaire : mammouth, bison, renne, cheval… dont on vivait alors. Quelques-unes portent au flanc une flèche ou l'empreinte plus ou moins défigurée d'une main. Rapport avec l'envoûtement ? En figurant le gibier, l'artiste quaternaire pensait lui donner une existence factice ; il le multipliait, il le capturait en effigie. L'art se mêlait à des rites magiques.

La peinture pouvait être associée à la gravure : le trait gravé arrêtait les contours. On choisissait parfois une bosse du rocher, un accident naturel formant une silhouette, que l'on coloriait ensuite. La palette était pauvre, mais suffisante pour représenter les pelages : jaune, rouge et noir. Exceptionnellement, les artistes ont recouru au pointillé ; ils ont presque toujours appliqué des teintes plates. Le coloris est simple ; le dessin est sobre, stylisé.

L'art de l'époque quaternaire est, comme tous les arts primitifs, réaliste. Si la figure humaine est mal réussie, les animaux sont traités avec justesse, sens du mouvement et de la vie. On est saisi que l'homme préhistorique, avec si peu de moyens, ait pu tailler dans l'ivoire avec pour tout instrument un morceau de silex, ou représenter de tels chefs-d'œuvre sur les parois des cavernes. Cet art paléolithique disparaît sans laisser de traces avant l'époque de la pierre polie, dont les générations ne savent plus dessiner les animaux et recourent à une décoration d'un style plus primitif et d'un caractère tout différent. Voir **Caverne** et **Préhistoire**.

GUETTE

Tour la plus élevée d'un château, ainsi nommée parce qu'elle servait à faire le guet.

GUICHET

Petite porte percée à côté d'une grande ou dans le vantail d'une grande.

GUILLOCHIS

Ornements de sculpture qu'on nomme aussi grecques, méandres, bâtons rompus. En orfèvrerie, un ornement en forme de réseau.

GUIRLANDE

En ornementation, ce terme, synonyme de **rinceau** (voir ce mot), désigne aussi des festons attachés avec des bandelettes et composés de feuilles, de fruits et de fleurs (voir **Festons**). Le XVIe siècle a fait des guirlandes plus légères que les guirlandes classiques : des bouquets plus ou moins espacés s'égrènent sur un cordon. Le style Louis XIV y mit fréquemment des feuilles de chêne et de laurier. Les guirlandes Louis XV ont des fleurs, notamment des roses, et les guirlandes Louis XVI peuvent être accompagnées de rubans à plis nombreux. Le XVIIIe siècle a fait aussi des pseudo-guirlandes, formées d'un morceau d'étoffe accroché, les bouts pendants.

SITES À VISITER

GARD (30)

AIGUES-MORTES
Port fondé par Saint Louis en 1246 pour concurrencer Marseille, d'où il s'embarqua pour ses malencontreuses croisades. Remparts du XIIIe siècle.

ALÈS
Haut lieu de l'histoire du protestantisme.

ANDUZE
Cité dite la Porte des Cévennes, à cause des deux rochers qui dominent la ville. Haut lieu protestant pendant la guerre des Camisards.
Château du XVIe siècle.

BEAUCAIRE
Ville de foires du XIIe au XVIIIe siècle, à l'emplacement d'un castrum romain sur la voie qui reliait Nîmes à Rome. Château des XIIIe-XIVe siècles.

GARD (PONT DU)
Aqueduc romain restauré sous Napoléon III.

NÎMES
Cité des Volsques, puis ville romaine qui subit les annexions successives des Vandales, Wisigoths, Francs, Sarrasins, croisés anti-cathares... Nombreux vestiges romains (arènes, Maison carrée, tour Magne). Cathédrale Notre-Dame-et-Saint-Castor du XIe siècle.

ROQUEMAURE
Ruines de châteaux médiévaux. Église du XIIIe siècle.

SAINT-GILLES-DU-GARD
Église romane du XIe siècle.

SOMMIÈRES
Vestiges romains. Restes d'une forteresse du VIIIe siècle.

UZÈS
Donjon du XIe siècle, tour du XIIe. Cathédrale du XVIIe siècle avec une tour romane du XIIe.

VILLENEUVE-LÈS-AVIGNON
Église gothique Notre-Dame et fort Saint-André du XIVe siècle.

HAUTE-GARONNE (31)

Aurignac
Grotte préhistorique (aurignacien) découverte au XIXe siècle. Musée archéologique.
Montmaurin
Sites préhistorique et gallo-romain.
Montréjeau
Sites préhistoriques (Gargas).
Montsaunes
Église romane Saint-Christophe.
Saint-Bertrand-de-Comminges
Cité gauloise dans laquelle Pompée déporta des populations révoltées. Vestiges gallo-romains. Évêché médiéval et centre de pèlerinages. Cathédrale romano-gothique.
Saint-Gaudens
Vestiges de l'abbaye cistercienne de Bonnefont du XIIe siècle. Collégiale romane.
Toulouse
Ville gauloise, puis gallo-romaine, puis wisigothe… La croisade anti-cathare eut raison des comtes de Toulouse, et la ville fut rattachée au royaume au XIIe siècle. Basilique romane Saint-Sernin. Cathédrale Saint-Étienne des XIIe-XIIIe siècles. Église gothique des Jacobins (XIIIe siècle). Église Notre-Dame de la Salbade du XVIe siècle. Capitole du XVIIIe siècle.

GERS (32)

Auch
Ancienne Elimberris, devenue Augusta sous les Romains. L'église Saint-Cricq (ruines) fut bâtie sur un temple d'Apollon.
Cathédrale Sainte-Marie du XVe siècle, avec stalles et vitraux Renaissance, et des orgues du XVIIe siècle.

Condom
Cathédrale gothique restaurée au XVIe siècle.
Eauze
Anciennement Élusa, capitale gallo-romaine de la Novenpopulamie, dans la province d'Aquitaine. Cathédrale Saint-Luperc des XVe-XVIe siècles. Maisons anciennes.
Gimont
Bastide du XIIIe siècle. Église gothique du XIVe siècle.
Lialores
Église romane Saint-Antoine.
Mirande
Église du XVe siècle.
Montréal
Vestiges de fortifications du XIIIe siècle.
Mouchan
Église romane.

GIRONDE (33)

Bazas
Cité des Gaulois Vasates, et ancien évêché. Maisons anciennes à arcades. La cathédrale Saint-Jean, gothique, ne fut achevée qu'au XVIIe siècle.
Blaye
Citadelle de Vauban
Bordeaux
Fondée au IIIe siècle avant J.-C. par les Gaulois Bituriges, devenue Burdigala sous les Gallo-Romains, Bordeaux, capitale des ducs de Gascogne, puis d'Aquitaine, est, tout au long de son histoire, un important port de commerce, notamment avec l'Angleterre. Nombreux témoignages architecturaux des XVIIe-XVIIIe siècles. Cathédrale Saint-André du XIIe siècle, achevée au XVIe. Palais de Rohan (hôtel de ville) du XVIIIe siècle. Musée d'Aquitaine, avec département préhistoire.

CASTELVIEL
Église romane Notre-Dame.
LANDAUX
Site préhistorique : grotte des Haurets (périgordien).
LANDE-DE-FRONSAC (LA)
Église romane Saint-Pierre.
LIBOURNE
Hôtel de ville du XVe siècle.
MARCAMPS
Grotte préhistorique de Pain-Non-Pair.
RÉOLE (LA)
Vestiges d'une forteresse médiévale. Église Saint-Pierre XIIIe-XVe siècles.
SAINT-ANDRÉ-DE-CUBZAC
Église romane.
SAINTE-FOY-LA-GRANDE
Château du XIIIe siècle.
SAINT-ÉMILION
Remparts du XIIIe siècle. Église monolithe du XIe siècle. Collégiale des XIIe-XIVe siècles.
SAINT-GERMAIN-LA-RIVIÈRE
Site préhistorique : abri de Pillebourse.
SAINT-MACAIRE
Bourg médiéval. Église romano-gothique.
SAUVE (LA)
Abbatiale romane du XIIe siècle. Église gothique Saint-Pierre du XIIIe siècle.

H

HERSE

Grille en fer servant de contre-porte, qui glissait dans les rainures verticales d'une baie ; elle était suspendue à une chaîne qu'on lâchait pour fermer un passage. Au Moyen Âge, on les nommait *portes sarrasines*. Sorte de râtelier, suspendu ou sur pieds, sur lequel on alignait des cierges.

HIPPOCERF

Animal fantastique de la mythologie chrétienne, moitié cheval et moitié cerf.

HIPPODROME

Arène pour la course des chevaux et des chars, par opposition au *stade*, qui servait à la course à pied.

HIPPOGRIFFE

Animal fabuleux de la mythologie du Moyen Âge ; il fendait les airs avec une grande facilité et beaucoup de célérité, car il était moitié cheval et moitié griffon.

HOSTIE

Victime, à Rome, sacrifiée comme offrande.

Rondelle de pain eucharistique, donnée aux fidèles lors de la communion. Désigne aussi le pain consacré.

HOTTE

C'est, dans une cheminée, la partie du tuyau qui est immédiatement au-dessus du manteau.

HOURD

Galerie volante, en bois, que l'on établissait au sommet et à l'extérieur des murs de défense. Les hourds servaient de chemins de ronde. À partir du XVe siècle, ils sont remplacés par des **mâchicoulis** (voir ce mot) en pierre, donc moins inflammables lors des assauts ennemis.

HOURDIS

Maçonnerie légère à bain de mortier ou de plâtre ; enduit de plâtre. Ne pas confondre avec *hourdage,* qui désigne un ensemble de hourds.

HUTTE NÉOLITHIQUE

Les Gaulois et les peuples qui les ont précédés avaient pour habitations des cabanes de branchages, de clayonnages revêtus de terre ; ces cabanes s'enfonçaient dans le sol. Le type dura jusqu'à la conquête romaine.

Les riches Gaulois avaient des demeures plus étendues et plus compliquées ; mais rien, avant les Romains, ne rappelle dans nos pays l'importance de ces palais que l'on a exhumés dans les îles de l'archipel grec.

HYPÈTHRE

Se dit des temples antiques qui prenaient jour à travers le toit.

HYPOCAUSTE

Fourneau souterrain pour le chauffage de bains ou d'appartements. L'antiquité romaine nous a laissé de nombreux hypocaustes, c'est-à-dire des salles chauffées par un foyer souterrain. Les hypocaustes sont restés en usage pendant une partie du Moyen Âge. Ils n'étaient pas particulier aux établissements de bains. Certains étaient simplement destinés au chauffage des appartements. Pour construire un hypocauste, on disposait d'abord un sol bétonné, qui pouvait être carrelé et que l'on inclinait vers l'entrée du foyer : la flamme, qui tend à monter, circulait plus facilement et les liquides provenant de la condensation des gaz de combustion revenaient à l'extérieur. Sur le sol ainsi préparé, on montait en même temps que les murs divers petits supports ; ce sont habituellement des petites piles de briques qui mesurent 0,15 m à 0,20 m de côté. Par-dessus, on posait une brique un peu plus large. Les piles étaient espacées d'environ 0,60 m d'axe en axe ; on les réunissait par de grandes et fortes briques, dont le côté répondait à cet espacement, de sorte que ces dernières briques formaient un carrelage continu. Ce carrelage portait un lit épais de 0,35 m ou plus de béton : c'est la *suspensura*, laquelle était, à son tour, recouverte d'un dallage, d'une mosaïque, d'un pavage quelconque. Le foyer se trouvait à l'une des extrémités. Un même foyer pouvait chauffer deux ou plusieurs salles, qui étaient alors de températures inégales. Il arrive que le foyer ne s'arrête pas à l'entrée de l'hypocauste ; il empiète sur la chambre de chauffe, à l'intérieur de laquelle il forme un couloir plus ou moins allongé. On y brûlait du bois. La flamme chauffait la *suspensura* ; la fumée s'échappait par des conduits placés verticalement dans le mur et qui contribuaient au chauffage. D'autres conduits enfermés dans les murailles n'étaient pas ouverts sur l'hypocauste et ne portaient pas de suie ; c'étaient, non plus des cheminées, mais des conduits d'air chaud.

HYGIÈNE

Personne n'ignore que les Romains se baignaient fréquemment et qu'ils ne reculaient devant aucun sacrifice pour se procurer de l'eau en abondance. Le Moyen Âge garda quelque chose de ces habitudes : les établissements de bains, les *étuves* ont laissé leur nom à certaines rues dans bien des villes. On retrouve ces préoccupations d'hygiène dans les détails de construction ; c'est ainsi que les architectes multipliaient les sièges de latrines. À cet égard, le XVIe et le XVIIe siècle marquent un grave recul.

Le Grand Siècle ignorait à peu près l'usage des bains chauds et dans ses palais il ne mit pas de latrines. Parmi nos rois les plus célèbres, certains étaient d'une saleté repoussante.

HYPOGÉE

Bâtiment placé au-dessous du niveau du sol, et, par extension, un caveau funéraire.

HYPOSTILE

Salle de grande dimension dont la toiture repose sur des colonnes.

SITES À VISITER

HÉRAULT (34)

AGDE
Ville fondée au VIe siècle avant J.-C. par les Phocéens. C'était le seul comptoir grec sur la côte languedocienne (avant sa colonisation romaine). Cathédrale du XIIe siècle.
BÉZIERS
Oppidum gaulois devenu romain au Ier siècle avant J.-C., ville importante de la Gaule narbonnaise. Cathédrale saint-Nazaire des XIIIe-XIVe siècles dans laquelle les croisés anti-cathares de Simon de Montfort massacrèrent la population qui s'y était réfugiée.
CLERMONT-L'HÉRAULT
Ruines de château médiéval. Église fortifiée (gothique) Saint-Paul.
ENSÉRUNE
Cité grecque du VIe siècle avant J.-C., détruite par les Celtes, ou par Hannibal, et abandonnée sous les Gallo-Romains. Sur son oppidum découvert au début du XXe siècle, des vestiges et une nécropole du IVe siècle avant J.-C.
FERRIÈRES-LES-VERRERIES
Dolmen.
FRONTIGNAN
Église romane du XIIe siècle, restaurée au XIVe en style gothique.
LAMALOU-LES-BAINS
Église romane Saints-Pierre-et-Paul.
LATTÈS
Musée archéologique.
LODÈVE
Cathédrale Saint-Fulcran des XIIIe-XIVe siècles. Musée préhistorique.

Marsillagues
Musée préhistorique.
Matelles
Musée préhistorique.
Minerve
Site préhistorique. Église fondée au Ve siècle, restaurée aux XIe-XIIe siècles.
Montpellier
Ville universitaire médiévale. Cathédrale gothique du XIVe siècle restaurée.
Pézenas
Hôtels Renaissance.
Saint-Guilhem-du-Désert
Restes de remparts du XIIe siècle. Maisons romanes. Église romane Saints-Sauveur-et-Guillaume.
Saint-Pons-de-Thomières
Abbatiale du XIIe siècle. Musée préhistorique.

I

ICONOGRAPHIE

Étude et description des différentes représentations figurées d'un sujet (statues, images et bas-reliefs, bustes, médailles...).

ICONOGRAPHIE MÉDIÉVALE

Les personnages et les scènes étaient traités suivant des conventions traditionnelles, qui aident à les reconnaître et dont l'ensemble constitue l'iconographie. Les arbres sont réduits à une tige et une touffe de feuilles ; une ville, à une porte percée dans une tour ; des lignes ondulées indiquent l'eau ou des nuages et le geste de porter la main à la joue exprime la douleur. Quand un vitrail, un tympan, etc., renferment plusieurs sujets, il faut généralement les lire de bas en haut. Pendant les premiers siècles, les motifs antiques se conservèrent avec un sens nouveau : Orphée figura le Christ ; Icare devint l'âme d'un enfant montant au ciel. La pensée chrétienne était ainsi enveloppée dans les formules du paganisme, comme sur les sarcophages de la Gaule. Plus tard, l'iconographie s'épura et se fixa : à chaque personnage on attacha un ou plusieurs attributs, une ou plusieurs caractéristiques.

Les règles iconographiques ne sont pas immuables : elles changent au cours des époques et suivant les contrées. Durant le Moyen Âge, le Dieu créateur est représenté sous les traits de Jésus-Christ, car suivant les docteurs, c'est le Verbe qui a créé le monde ; depuis la Renaissance, le Créateur est Dieu le Père.

Le Christ en croix était d'abord habillé, puis juponné jusqu'aux genoux, le corps raide, la tête droite, les deux pieds cloués séparément ; depuis le XIIIe siècle, le Crucifié peut être plus dévêtu, contourné, la tête tombante, les deux pieds attachés par un seul clou.

Les temps romans, pour figurer la Résurrection, montrent les saintes femmes devant le tombeau vide ; l'époque gothique a maintes fois sculpté le Christ sortant glorieux du Sépulcre. Le couronnement de la Vierge devient fréquent au XIIIe siècle. Saint Jean l'Évangéliste est, en France, un jeune homme imberbe ; il est barbu dans l'iconographie byzantine et allemande.

ICONOGRAPHIE RENAISSANCE ET CLASSIQUE

Après le XIIIe siècle, l'iconographie entre dans une nouvelle voie ; l'art paraît être descendu des cieux sur la terre, il devient plus humain et plus matériel. Le fond resta d'abord le même : c'est l'expression qui était différente, l'artiste recourait à des images inédites, à de nouveau moyens d'émotion.

Le succès de l'ordre franciscain est l'une des causes de ce changement : les religieux de Saint

François s'adressaient alors au cœur plus qu'à la raison. Il semble bien, d'autre part, que les mystères, qui mettaient sur la scène les faits de la Bible, ont exercé une double influence : le déroulement de l'action dramatique habituait les spectateurs à des épisodes jusqu'alors négligés, par exemple, dans la Passion, la descente de Croix et la Vierge de Pitié, qui tient sur ses genoux le corps inanimé de son fils ; de plus, la mise en scène fixa certains détails dans le costume, dans les accessoires et dans les décors.

Puis l'évolution fut plus profonde : dès la fin du Moyen Âge, elle atteignit l'esprit même de l'art et les sources d'inspiration. Ce n'est plus seulement le cœur que l'on visait, mais les nerfs : la sensibilité fit place à un sensualisme mystique et douloureux, auquel les affres de la guerre de Cent Ans n'ont pas dû être étrangères. Les sculpteurs cherchèrent à représenter la mort dans son horreur. Ils perdirent en même temps cette aversion que les vieux maîtres éprouvaient pour le nu.

L'art avait vécu de la foi et de l'imagination. Pour remplacer l'idée et la légende, chassées par le réalisme et par le rationalisme, l'humanisme demanda au monde païen le culte de la forme et la mythologie. Le XVIe siècle, entre l'antiquité sacrée et l'antiquité profane, entre les prophètes et les philosophes, représenta Dieu sous les traits de Jupiter : Jésus-Christ descendant aux Limbes y est reçu par Pluton, Cerbère et Proserpine ; quand il ressuscite, il est, pareil à Ganymède, porté sur un aigle.

Attributs, trophées et motifs divers, héritages de l'Antiquité, prennent de l'importance à partir du XVIe siècle.

Les attributs peuvent être groupés en trophées. Tantôt ils ont une origine païenne, comme les **bucranes** (voir ce mot), têtes de bœuf décharnées qui rappellent les sacrifices, tantôt ils sont d'inspiration militaire : épées, casques, cuirasses, boucliers de diverses formes, rond, ovale, échancré... Les attributs eurent sous Louis XV un caractère de galanterie futile : amours, instruments de musique, etc. ; ils furent précieux sous Louis XVI, froids et secs pendant l'Empire. C'est le temps des réminiscences égyptiennes et aussi de ces grands casques nus que les romantiques retiennent pour caractériser le style *pompier*. Le XIXe siècle a usé largement des attributs, qu'il a, d'ailleurs, en partie renouvelés et adaptés aux idées modernes. Certains attributs peuvent fournir des indications chronologiques : la cordelière et le porc-épic figurent sur des œuvres du temps de Louis XII ; la salamandre, de François Ier ; le croissant, d'Henri II ; le soleil, de Louis XIV ; les abeilles et l'aigle, de Napoléon.

IMAGIER

Artiste peintre, sculpteur ou graveur qui faisait des images, des statues, des bas-reliefs.

IMBREX

Tuile faîtière de forme demi-cylindrique (creuse). Renversée, elle était utilisée pour faire des canalisations ou des rigoles.

IMBRICATION

Ornement qui reproduit la disposition des tuiles plates ou des écailles de poisson. Ne pas confondre avec l'emploi des assises de briques dans la maçonnerie.

IMPOSTE

Partie supérieure fixe d'une croisée. Tablette saillante qui couronne un pilier.

INCRUSTATION

Sur une dalle de pierre ou d'argile cuite, on obtient en creux un dessin que l'on remplit soit d'une matière ductile (ciment, mastic, plomb fondu) soit d'une matière dure (carreau émaillé, verre, pierre de couleur) : c'est l'incrustation. On peut distinguer au moins deux procédés d'incrustation : l'incrustation sur une pierre creusée au ciseau, et celle réalisée sur un carreau d'argile dans lequel le creux est obtenu par l'impression d'une matrice en relief.

Des églises romanes, comme les cathédrales de Lyon et de Vienne, offrent des frises d'incrustation et des ornements obtenus par le même procédé sur des marches, des socles, des tailloirs, des chapiteaux ou des colonnettes. Les ornementistes gothiques firent des carrelages en pierres incrustées. Tantôt on réservait le motif et on creusait le fond, que l'on garnissait d'une incrustation, et tantôt c'était le motif que l'on gravait en respectant le fond. D'après cette formule, la période gothique a dessiné de remarquables effigies funéraires. Les incrustations sur terre cuite se rencontrent à partir du XIIIe siècle. On prend un carreau qui n'est pas cuit ; si on désire que le fond soit noir, on passe sur l'argile une couche de terre noircie. Noirci ou non, pendant que le carreau est encore mou, on appuie sur l'argile un moule en relief qui s'y dessine en creux ; on y fait alors entrer une engobe, généralement une terre blanchâtre ; le tout est badigeonné d'un sel de plomb et mit au four. Le sel de plomb forme, après la fusion, un vernis jaunâtre. Il faut noter que l'image se renversait à l'impression, de sorte que des personnages sont gauchers.

Les dessins n'étaient pas de contours bien arrêtés. Chacun des carreaux portait un motif complet, ou bien il fallait les grouper par quatre ou par seize pour constituer un motif.

Les carreaux étaient quelquefois accompagnés de pierres unies, qui formaient bordure. Au XIIIe siècle, les dessins sont plus simples et plus fermes qu'au XIIe siècle ; aux XIVe et XVe siècles ils sont plus secs, plus maigres ; ils peuvent représentés des inscriptions ou des initiales.

Le XVe siècle introduit dans les carrelages des tons verts ou bleu clair. Le XVIe fabrique également des carreaux de faïence peinte et d'un coloris plus faible. Après le XVIe siècle, on abandonne en France les carrelages céramiques.

INTAILLE

Pierre gravée en creux ; le contraire du *camée*, qui est gravé en relief.

INTRADOS

Partie intérieure de l'**arc** (voir ce mot) ou de la voûte (par opposition à l'**extrados**, voir ce mot).

IONIQUE

Ordre architectural grec, avec des chapiteaux ornés de deux volutes latérales.

SITES À VISITER

ILLE-ET-VILAINE (35)

Antrain
Église romane Saint-André-et-Saint-Louis.

Combourg
Le château féodal du XIe siècle (restauré au XIVe et XVe siècle) appartint à la famille Du Guesclin, puis au père de Chateaubriand.

Dol-de-Bretagne
Cathédrale gothique Saint-Samson des XIIe-XIIIe siècles.

Fougères
Forteresse féodale du XIIe siècle. Église Saint-Sulpice en gothique flamboyant du XIVe siècle.

Mont-Dol
Site préhistorique (paléolithique). Église avec des fresques du XIIe siècle.

Redon
Abbatiale romano-gothique Saint-Sauveur.

Rennes
Condate, capitale des Gaulois Redones. Ses comtes devinrent ducs de Bretagne et y installèrent leur Parlement. Un incendie au XVIIIe siècle détruisit la ville. Palais du Parlement du XVIIe siècle. Église en gothique flamboyant Saint-Germain des XVe-XVIe siècles.

Retiers
Site mégalithique de la Roche-aux-Fées.

Saint-Aubin-du-Corbier
Ruines d'un château du XIIIe siècle.

Saint-Malo
Cité fondée par saint Maclou au VIe siècle. Remparts des XIIe-XIVe siècles. Cathédrale Saint-Vincent des XIe-XVIIIe siècles.

Vitré
Ville médiévale. Château des XIe-XIVe siècles. Église Notre-Dame des XVe-XVIe siècles.

INDRE (36)

ARGENTON-SUR-CREUSE
Cité gauloise puis gallo-romaine (Argentomagus). Site gallo-romain. Église des XIIe-XIVe siècles.
CHÂTEAUROUX
Cité bâtie autour d'une forteresse (château-Raoul, du nom du fondateur) érigée au Xe siècle. Église des Cordeliers du XIIe siècle. Église Saint-Martial des XIIe-XVe siècles.
CHÂTILLON-SUR-INDRE
Église romane Notre-Dame (avec chapiteaux sculptés) du XIe siècle.
DÉOLS
Ruines de l'abbaye Notre-Dame, fondée au Xe siècle, détruite pendant les guerres de Religion.
DONZÈRE
Ruines d'enceinte médiévale. Église romane du XIIe siècle.
GARGILESSE-DAMPIERRE
Église romane Notre-Dame.
ISSOUDUN
Donjon du XIIe siècle. Vestiges gallo-romains.
SAINT-BENOÎT-DU-SAULT
Restes de remparts et d'un cloître bénédictin du XIe siècle.

INDRE-ET-LOIRE (37)

AMBOISE
Cité gallo-romaine. Le château-fort qui surveillait la Loire fut modifié par Charles VIII (où il mourut en heurtant du front une poterne) en ouvrage « Renaissance ». François Ier s'y maria.
AZAY-LE-RIDEAU
Château Renaissance sur une forteresse médiévale. Église romane Saint-Symphorien.

Château-Renault
Donjon du XIe siècle, chapelle du XIIe siècle.
Chenonceaux
Château chef-d'œuvre Renaissance occupé tour à tour par Diane de Poitiers, maîtresse de Henri II, et Catherine de Médicis, où elle organisa des fêtes somptueuses.
Chinon
Place forte gallo-romaine, puis des comtes d'Anjou. Ruines du château du XIe siècle. Église Saint-Mexme des Xe-XIe siècles. Église Saint-Maurice des XIIe-XIVe siècles. Église gothique flamboyant Saint-Étienne.
Drache
Site mégalithique (pierre percée).
Grand-Pressigny (Le)
Site préhistorique (taille de silex) et musée. Château (musée de la Préhistoire) des XIV-XVIe siècles.
Île-Bouchard (L')
Église Saint-Léonard du XIe siècle. Église romane Saint-Gilles des XIe-XIIe siècles.
Langeais
Château du XVIe siècle bâti sur les ruines d'une forteresse médiévale, dont il subsiste le donjon du Xe siècle.
Loches
Remparts du XIIIe siècle. Église Saint-Ours du XIIe siècle. Château-prison de Louis XI du XIe siècle, restauré aux XIVe et XVIe siècles.
Luynes
Château des XIIIe-XVe siècles.
Marmoutier
Vestiges du monastère fondé en 372 par saint Martinet reconstruit au XIe siècle.
Montbazon
Ruines d'un château du XIIe siècle.
Montrésor
Château du XVe siècle.

PARAY-MESLAY
Grange du XIIIe siècle.
PLESSIS-LES-TOURS
Ruines du château que Louis XI avait fait construire et où il mourut.
SAINTE-MAURE-DE-TOURAINE
Restes d'un château du XIVe siècle. Église romane du XIe siècle.
SAINT-ANTOINE-DU-ROCHER
Allée couverte de la Grotte des Fées de Mettray.
TOURS
Centre religieux sous les Mérovingiens, centre culturel sous les Carolingiens, centre industriel sous les Capétiens.
Cathédrale gothique Saint-Gratien des XIIe-XVe siècles. Église Saint-Julien des XI-XIIIe siècles.

ISÈRE (38)

CHARTREUSE (LA GRANDE-)
Monastère de l'ordre des Chartreux, fondé au XIe siècle. Les bâtiments actuels datent du XVIIe siècle.
CRÉMIEUX
Place forte des Dauphins. Château du XIIe siècle.
Église du XIVe siècle.
GRENOBLE
Cularo, cité des Gaulois Allobroges, puis bourgade gallo-romaine, évêché médiéval. Cathédrale Notre-Dame du XIIe siècle. Église Saint-André du XIIe siècle. Église Saint-Laurent du XIe siècle (avec une crypte du VIe siècle).
LA BALME
Grotte préhistorique.
PALADRU (LAC DE)
Site archéologique (village immergé) dit aussi de Charavines.

Saint-Pierre-d'Allevard
Église romane Saint-Pierre.
Vienne
Cité des Gaulois Allobroges, capitale de province romaine, foyer du christianisme, évêché. Vestiges gallo-romains (temple, théâtre...). Église Saint-Pierre des VIe-XIIe siècles. Église romane Saint-André-le-Bas et cloître roman du XIIe siècle.

J

JAMBAGE

Synonyme de pied-droit ou de montant vertical des ouvertures (portes, fenêtres...). Le Moyen Âge a plaqué contre des jambages des statues raides et droites ; mais il a délaissé les **cariatides**, statues féminines qui font effort pour porter une charge et les **atlantes**, statues masculines qui jouent le même rôle (voir ces mots). On les a repris au XVIe siècle. La mode des cariatides et des atlantes a duré jusqu'au XIXe siècle.

JAMBETTE

Dans une **ferme** (voir ce mot), pièce oblique qui soulage le pied de l'arbalétrier ou du chevron et qui s'assemble du haut dans l'un ou l'autre et du bas dans l'entrait ou le blochet.

JOINT

Intervalle entre deux pierres juxtaposées ou superposées. Construire à *joints vifs*, c'est construire sans mortier.

JOUÉE

En général, face latérale d'un objet. Dans une baie, face des montants qui correspond à l'épaisseur du mur.

JUBÉ

Clôture portant tribune entre le chœur et la nef. Cette construction en pierre plus ou moins sculptée, élevée à l'entrée du chœur d'une église, a remplacé l'**ambon** (voir ce mot). Le nom de jubé est tiré de la formule que récite le diacre, installé sur le jubé, avant l'Évangile : *Jube Domine benedicere (Daignez bénir, Seigneur)*. Le jubé servait à des lectures ou à des chants ; il est orné du crucifix, comme la **poutre de gloire** (voir ce mot). Les jubés se rattachaient d'ordinaire aux clôtures latérales du chœur. À partir du XIIIe siècle, ils furent magnifiquement ouvragés. Mais ils avaient l'inconvénient d'encombrer la nef et de couper les perspectives. Ils ont été enlevés presque partout.

SITES À VISITER

JURA (39)

Arbois
Cité réputée pour ses vignobles, elle fut la résidence des ducs de Bourgogne (château de Bontemps). Église Saint-Just du XIIe siècle (dôme du XVIe).

Clairvaux-les-Lacs
Église romane avec des stalles sculptées du XVe siècle. À ne pas confondre avec Clairvaux (Aube), abbaye fondée par saint Bernard.

Dole
Collégiale gothique Notre-Dame du XVIe siècle.

Lons-le-Saunier
Église Saint-Désiré sur une crypte du XIe siècle.

Nozeroy
Vestiges de la cité féodale. Église du XVe siècle.

Poligny
Église romane de Mouthiers-Vieillard du XVIe siècle. Collégiale Saint-Hippolyte du XVe siècle.

Saint-Claude
Cathédrale Saint-Pierre du XVe siècle.

Salins-les-Bains
Église du XIIIe siècle.

L

LABYRINTHE

Ligne compliquée obtenue par une combinaison du pavement dans certaines églises. Les grandes cathédrales possédaient jadis un labyrinthe dans leur nef. Peu ont survécu, mais on les admire encore à Chartres et à Amiens.

Le labyrinthe, ou maison de Dédale est d'origine antique ; le Moyen Âge y rattachait des souvenirs de pèlerinage et des pratiques de piété. Des fidèles suivaient à genoux les sinuosités de cette longue ligne, que l'on appelait quelquefois la *lieue*.

LACUSTRE (CITÉ)

Dite aussi *palafitte*, de l'italien *palafitti*, cité, station bâtie sur pilotis. La cité lacustre est groupée sur une plate-forme, elle-même montée sur pilotis au-dessus d'un lac ; elle communiquait avec la terre par une passerelle.

Le centre des palafittes est la Suisse et la Savoie ; il en a été aussi découvert dans les îles Britanniques. On construisit des palafittes pendant la période de la pierre polie et jusqu'au début de l'âge du fer. Cette disposition répond à une préoccupation défensive. Les cités lacustres mettaient à l'abri d'un coup de main, sinon les demeures, au moins les greniers. Peut-être n'étaient-elles pas habitées constamment ; on s'y réfugiait en cas d'alerte, après quoi on coupait la passerelle.

Une *terramare* est, dans la haute Italie, un village également assis sur plate-forme et pilotis, mais au-dessus du sol ferme et non pas au-dessus de l'eau.

LAMBRIS

Revêtement en bois ou en pierre très mince (marbre ou stuc) ; menuiserie formant fausse voûte ou plafond au-dessus d'un vaisseau.

LANCÉOLÉ

En forme de lancette.

LANCETTE

Arc brisé aigu, en forme de fer de lance. Fenêtre haute et étroite.

LANTERNE

On appelle tour-lanterne une tour posée sur un édifice, ajourée du bas et percée de fenêtres, de façon à éclairer l'édifice inférieur.

LANTERNE DES MORTS

Édicule creux de forme élancée, généralement cylindrique, quelquefois carrée ou de forme polygonale, qui servait de fanal dans des cimetières. On le nommait également *tournielle, phare, lam-*

pier et *fanal*. Les lanternes des morts remontent aux XIIe et XIIIe siècles.

LARMIER

Le larmier ou *coupe-larmes* est en saillie et mouluré de façon à rejeter en avant du parement les eaux pluviales. Il est tantôt uni, tantôt décoré de riches sculptures. Le larmier classique est l'une des parties de la corniche ; le larmier gothique est placé sous les fenêtres, sur la face antérieure des contreforts, etc., partout où il est utile.

LATTE

Bois refendu très mince.

LAYE

Outil de tailleur de pierre en forme de marteau à un ou deux tranchants, unis ou dentelés.

LEVÉES (PIERRES)

Synonyme de **menhirs** (voir ce mot).

LÉZARDE

Crevasse dans la maçonnerie.

LIBAGE

Pierre grossièrement taillée sur les joints, employée dans les fondations.

LICE

Barrière, mur secondaire en avant du mur principal d'une fortification ; zone comprise entre ces deux murs.

Un chemin de ronde était fréquemment ménagé entre l'**escarpe** (voir ce mot) et le pied des fortifications. Ainsi le nom de lice s'étendit au chemin de ronde lui-même.

LICORNE

Dans l'iconographie chrétienne, monstre fabuleux au corps de cheval avec une immense corne sur le front, symbole de chasteté et de puissance. Selon la légende, pour attraper une licorne, on lui présentait une jeune fille. Si elle était vierge, la licorne venait s'endormir sur son sein. Si elle ne l'était plus la licorne en furie lui transperçait le ventre de sa corne et prenait la fuite jusqu'au printemps suivant.

LIERNE

Nervure qui relie la clef de la croisée d'ogives, soit à la clef d'un doubleau ou d'un formeret, soit à la tête des tiercerons. Ce nom désigne aussi diverses pièces de charpente.

LIMON

Cours de pierre ou pièce de bois, l'un et l'autre rampants, dans lesquels les marches s'assemblent du côté du vide de l'escalier.

LINTEAU

Pièce posée horizontalement d'un jambage à l'autre au-dessus d'une baie qu'elle couvre ; elle est parfois décorée d'une frise.

LIS

Emblème de la royauté française.

LISTEL

Petite moulure saillante de section carrée ou rectangulaire.

LITRE

Bande armoriée peinte ou quelquefois sculptée sur les murs d'une église ou d'une chapelle.

LOBE

Contour qui dessine une courbe convexe. À partir de ces segments de cercle, on forme certains ornements, tels que roses, rosaces...

LUCARNE

Fenêtre percée dans un toit pour éclairer le comble. Le XIIIe siècle releva les toitures, qu'il fit plus élancées et plus aiguës, de sorte qu'on put placer dans les combles une ou plusieurs pièces habitables. De ce jour, il fallut imaginer un système de baies qui permît d'éclairer ces logements : c'est la lucarne. L'encadrement de la baie s'élève vertical sur le versant incliné de la toiture : deux petits pans de toit triangulaires qui se réunissent par le haut ferment le vide entre la baie et la toiture. Lorsque la lucarne est posée sur le toit, en arrière du mur, elle est en charpente ; elle est habituellement en pierre quand elle s'appuie sur la façade.

Les lucarnes en pierre sont fragiles et instables ; on a dû les assurer contre le renversement : c'est pourquoi elles sont plus larges du bas, elles sont flanquées de petits clochetons et consolidées au moyen d'arcs-boutants minuscules. Il en est résulté, vers la fin du gothique, d'excessives complications de lignes. Là encore, la Renaissance est revenue à plus de sobriété.

LUNETTE

Dans la voûte à pénétrations et dans la voûte d'arêtes, les lunettes sont les pénétrations transversales, qui correspondent habituellement à une baie.

LUTRIN

Pupître dans les églises où sont disposés les livres.

SITES À VISITER

LANDES (40)

Aire-sur-l'Adour
Église romane Sainte-Quitterie-au-Mas.
Brassempouy
Site préhistorique et musée (Vénus paléolithiques).
Dax
Site préhistorique et cité thermale gallo-romaine. Cathédrale Notre-Dame avec des parties gothiques du XIIIe siècle, rebâtie au XVIIe siècle.
Hagetmau
Crypte romane.
Saint-Sever-sur-Adour
Église romane.

LOIR-ET-CHER (41)

Blois
Ville historique ravagée par les Normands en 859, elle fut le séjour préféré de Charles d'Orléans, le prince-poète. Louis XII fait du château une résidence royale et Henri III y fait assassiner le duc de Guise. Le château, commencé au XIIIe siècle, a été achevé sous Louis XIII, au XVIIe. Cathédrale Saint-Louis des XVIe-XVIIe siècles.
Chambord (Château de)
François Ier fit édifier ce chef-d'œuvre de la Renaissance sur une forteresse féodale.
Chaumont-sur-Loire
Château du XVe siècle sur les ruines d'une forteresse démantelée par Louis XI. Diane de Poitiers, maîtresse de Henri II, dût l'accepter en échange du château de **Chenonceaux**, revendiqué par Catherine de Médicis, à la mort de son époux.

CHEVERNY
Château de style XVIIe siècle.
LAVARDIN
Vestiges d'une forteresse des XIIe-XVe siècles. Église romane Saint Genest.
MONTRICHARD
Vestiges d'une forteresse du XIe siècle. Églises romanes Sainte-Croix et Notre-Dame-de-Nanteuil (XIIIe siècle, avec façade en gothique flamboyant).
SAINT-AIGNAN
Collégiale des XIe-XIIe siècles. Maisons XVe siècle.
SAINT-JACQUES-DES-GUÉRÊTS
Église romane.
SELLES-SUR-CHER
Église romane Saint-Eucise.
VENDÔME
Église de la Trinité romano-gothique des XIe-XVIe siècles.

LOIRE (42)

CHARLIEU
Son abbaye, rattachée à Cluny, fut détruite sous la Révolution. Vestiges : un portail roman du XIIe siècle, un cloître du XVe siècle. Église Saint-Philibert du XIIIe siècle. Maisons gothiques.
LURIECQ
Dolmen.
MONTBRISON
Église gothique Notre-Dame-de-l'Espérance du XIIIe siècle. Musée préhistorique de la Diana.
ROANNE
Musée Déchelette de la Préhistoire.
SAINT-BONNET-LE-CHÂTEAU
Restes de fortifications. Maisons et églises gothiques du XVe siècle.
SAINT-ÉTIENNE
Église du XIVe siècle.

SAINT-GALMIER
Église en gothique flamboyant des XIVe-XVe siècles.
SAINT-GEORGES-EN-COUZAN
Site préhistorique : Manteau de Saint-Martin (pierres à cupules).
SAINT-JUST-SAINT-RAMBERT
Église Saint-André des XIe-XIIe siècles.
SAINT-ROMAIN-LE-PUY
Église romane.

HAUTE-LOIRE (43)

BRIOUDE
Cité gauloise, puis étape des pèlerins de Saint-Jacques de Compostelle. Ses fortifications ont été démantelées par Henri IV. Église romane Saint-Julien du XIIe siècle.
CHAISE-DIEU (LA)
Vestiges d'une abbaye bénédictine du XIe siècle. Église gothique Saint-Robert du XIVe siècle, renfermant des stalles sculptées et la célèbre tapisserie dite Danse macabre (XVe siècle).
LANGEAC
Église gothique du XVIe siècle.
MONASTIER/GAZEILLE
Église romane Saint-Chaffre.
POLIGNAC
Ancien oppidum gaulois. Ruines d'un château et donjon du XIVe siècle. Église romane du XIIe siècle.
PUY (LE)
Capitale des Gaulois Vellaves, centre de pèlerinage médiéval et capitale du Vellay. Cathédrale romane Notre-Dame-du-Puy du XIIe siècle. Église gothique Saint-Michel.
SAUGUES
Église gothique. Ruines de donjon du XIIe siècle.

LOIRE-ATLANTIQUE (44)

CHÂTEAUBRIANT
Vestiges du Vieux-Château : donjon du XIe siècle, chapelle du XIIe siècle. Église romane Saint-Jean-de-Béré du XIIe siècle.

CLISSON
Ruines de château médiéval (XIIIe-XIVe s). Halles du XVe siècle.

CROISIC (LE)
Église Notre-Dame-de-Pitié en gothique flamboyant des XVe-XVIe siècles.

DISSIGNAC
Site préhistorique : tumulus.

GUÉRANDE
Collégiale Saint-Aubin des XIIe-XVIe siècles.
Remparts du XVe siècle.

MACHECOUL
Ruines du château de Gilles de Rais du XIVe siècle.

MOUSSEAUX (LES)
Site préhistorique : dolmens.

NANTES
Cité des Gaulois Namnètes, capitale médiévale des ducs de Bretagne. Château gothique et Renaissance du XVe siècle, sur une forteresse du IXe siècle.
Cathédrale Saint-Pierre-Saint-Paul en gothique flamboyant, commencée au XVe siècle. Église Sainte-Croix du XIIe siècle.

NOZAY
Site mégalithique. Menhirs.

PONTCHÂTEAU
Site mégalithique. Abbatiale Saint-Gildas des XIIe-XIIIe siècles.

SAINT-PHILBERT-DE-GRAND-LIEU
Église romane.

LOIRET (45)

Bellegarde
Église romane. Donjon du XIVe siècle.
Cléry-Saint-André
Dans la basilique Notre-Dame (gothique flamboyant) est le tombeau de Louis XI, qui l'avait fait reconstruire.
Ferrières
Abbatiale Saints-Pierre-et-Paul du XIIe siècle.
Germiny
Chapelle romane.
Malesherbes
Église Saint-Martin des XIIe-XVe siècles. Château du XIVe siècle.
Orléans
Cenabum, cité gauloise des Carnutes détruite par César, résidence royale sous les Mérovingiens et les Carolingiens. Cathédrale gothique Sainte-Croix du XVIe siècle. Église Notre-Dame-de-Recouvrance, église Saint-Donatien du XVIe siècle. Église Saint-Aignan, église Saint-Euvert du XVe siècle.
Saint-Benoît-sur-Loire
Les druides s'y réunissaient. L'abbaye bénédictine fondée au VIIe siècle fut un grand centre de pèlerinage. Église romane du XIe siècle.
Vire
Église Notre-Dame des XIIIe-XVe siècles.

LOT (46)

Aynac
Église romane Saint-Genès.
Cabrerets
Site préhistorique de Pech Merle et musée.

Cahors
Cité de négoces sous les Gallo-Romains, puis place financière médiévale. Cathédrale Saint-Étienne (à coupoles) du XIe siècle. Pont Valentré (sa construction dura un demi-siècle) du XIVe siècle.
Capdenac-le-Haut
Site préhistorique.
Figeac
Étape sur la route de Saint-Jacques-de-Compostelle fondée par les Bénédictins. Abbatiale des XIe-XIVe siècles. Église romane Notre-Dame-du-Puy.
Gourdon
Village médiéval. Église fortifiée des XIVe-XVe siècles.
Puy-l'Évêque
Château et maisons du XIIIe siècle. Église des XIVe-XVe siècles.
Rocamadour
Basilique Saint-Sauveur des XIe-XIIIe siècles. Trois chapelles romanes. Chapelle Notre-Dame en gothique flamboyant contenant la Vierge noire, objet des pèlerinages médiévaux. Sites préhistoriques : Grotte des Merveilles et Abri Murat.
Saint-Céré
Église des XIIe-XIIIe siècles.
Souillac
Église romane Sainte-Marie du XIIe siècle.
Thémines
Site préhistorique : grotte du Roucadour.

LOT-ET-GARONNE (47)

Agen
Importante cité de l'Aquitaine romaine. Cathédrale Saint-Caprais (romane et gothique) du XIIe siècle.
Aubiac
Église romane Sainte-Marie.

Duras
Vestiges du château du XIVe siècle. Église du XIIe siècle.
Penne-d'Agenais
Vestiges de château et remparts médiévaux.
Trentels
Site préhistorique : grotte Cassegros.

LOZÈRE (48)

La Borie
Exposition préhistorique.
Langogne
Église romane Saints-Gervais-et-Protais.
Marvejols
Vestiges de fortifications du XIVe siècle.
Mende
Pont du XIIIe siècle. Cathédrale des XIVe-XVIIe siècles.
Saint-Alban-sur-Limagnole
Église romane.
Sainte-Énimie
Église romane.
Saint-Georges-de-Lavejac
Site préhistorique (grotte des Baumes Chaudes).

M

MÂCHICOULIS

Ouvertures carrées ou larges rainures pratiquées sur le sol d'un chemin de ronde construit en porte-à-faux ou en encorbellement et supportées par de grandes consoles. C'est entre celles-ci que sont pratiqués les mâchicoulis par lesquels on laissait tomber des pierres, de l'eau bouillante ou du sable brûlant sur les assaillants parvenus au pied du mur. On les nomme également **assommoirs** et **hourds** (voir ces mots).

MADRIER

Planche épaisse.

MAIN COURANTE

Barre d'appui qui couronne la rampe d'un escalier ou d'une balustrade.

MAISON MÉDIÉVALE

Les maisons du Moyen Âge, sauf exception, ne possédaient pas de cour intérieure ; le premier étage était quelquefois plus développé en hauteur, d'ordinaire plus richement conçu. Les maisons s'étendaient parfois en profondeur, perpendiculaires à la rue, sur laquelle elles avaient un pignon. Le rez-de-chaussée, plus sobre que les étages, renfermait des boutiques ou des celliers. Il pouvait être voûté et ces voûtes, même dans les maisons gothiques, étaient fréquemment romanes : voûtes en berceau, voûtes d'arêtes ont persisté longtemps dans l'architecture civile, aussi bien d'ailleurs que les arcs en plein cintre. Lorsque les voûtes étaient sur ogives, ces nervures avaient habituellement un profil très simple et un aspect archaïque et rude.

Le plafond de plâtre, si préjudiciable aux bois qu'il prive d'air, est une idée moderne ; on n'employait jadis cet enduit qu'entre les solives. Les plus anciens plafonds n'étaient que les planchers vus par-dessous et montrant, bien en valeur, les pièces dont ils étaient composés. Plus tard, on cloua sous les solives des plafonds de menuiserie ; à partir du XIVe siècle, on ajusta les bois en caissons, ou encore, dès le XVe siècle, on jeta d'une solive à l'autre un voûtain de briques.

Dès l'époque romaine, on a bâti des maisons de bois et l'on en a fait durant le Moyen Âge, principalement dans les provinces du Nord. Elles sont fragiles, inflammables et il n'en est guère qui remontent au-delà du XVe siècle.

Le rez-de-chaussée est souvent en pierre ; au-dessus, au lieu de murailles maçonnées, on a bâti une ossature de bois, formée de montants, de traverses et de pièces obliques ; on garnissait les intervalles de *hourdis*, qui est une maçonnerie de remplissage, ou de *pisé*. Sur le toit on pouvait poser un revêtement d'ardoises ou de bardeaux. Ces parois légères se prêtaient aux porte-à-faux : le premier étage surplombait donc souvent le rez-de-chaussée et le second s'avançait à son tour sur le premier. Cette architecture d'apparence fragile était ordinairement protégée par un toit très saillant.

MANDORLE

Nom donné à l'auréole. C'est dans une mandorle que se reconnaissent, sur les tympans romans, le Seigneur, Marie et quelques personnages d'une grande sainteté.

MANICORE

Dans l'iconographie médiévale, la manicore est un animal hybride à tête humaine, au corps globuleux terminé en serpent.

MANOIR

Habitation de quelque importance, château d'un propriétaire de fief du Moyen Âge, lequel propriétaire n'avait pas les droits seigneuriaux.

MANTEAU DE CHEMINÉE

Terme vague, qui désigne la partie immédiatement supérieure aux jambages, linteau ou plate-bande.

MANTELET

Couverture d'engin de guerre protégeant les soldats.

MARCHE

Dans les églises romanes, les marches sont en nombre impair. Pour monter à l'autel, ou pour accéder au porche, trois, cinq ou sept marches sont nécessaires.

MARMOUSET

Petite figure grotesque accroupie, couchée, ou debout, employée dans la décoration architecturale et qui a fait son apparition au XIIIe siècle.

MARQUETERIE

Assemblage de bois précieux, de pierres de diverses couleurs, mêlés avec des métaux. L'art de la marqueterie, pratiqué dans l'Antiquité, a connu son apogée avec les Italiens du XVe siècle (chapelle des Médicis, à Florence).

La marqueterie s'appelait chez les Romains *opus sectile* ; elle est faite de lames en pierre ou en terre cuite, découpées de façon à former des dessins de teintes assorties. Des artistes produisaient ainsi de vrais tableaux ; on se contenta généralement de figures géométriques en noir, en vert, en gris..., sur blanc.

Le XIIe siècle et les siècles qui suivirent préféraient les petits morceaux de terre cuite, débités en triangles, en carrés, en polygones, en cercles, etc., portant sur leur face une couverte en noir, jaune, rouge, vert foncé, etc. Viollet-le-Duc a publié de curieux carreaux où une fleur de lis en trois pièces est dans un champ de quatre pièces et d'autres où de petits ornements s'emboîtent dans un carreau percé de part en part pour les recevoir.

Ce procédé demandait des soins minutieux et du tour de main. Au XIIe siècle, les tons étaient soutenus, et ils tranchaient sur les peintures murales claires. Quand, au XIIIe siècle, les peintures devinrent plus foncées, aux carreaux noirs, dans lesquels l'argile portait une légère couche de terre fine noircie, on préféra les carreaux rouges où l'argile montrait sa couleur naturelle. En même temps, les procédés de fabrication furent modifiés et on abandonna les marqueteries pour les incrustations. C'est cependant en marqueterie que le XIIIe siècle dessina les **labyrinthes** (voir ce mot) de nos cathédrales. L'école romane recourut au mélange des pierres avec les briques ou des pierres blanches avec les pierres rouges ou noires, pour décorer les parements extérieurs (comme sur la façade de la cathédrale du Puy, où les laves du Massif central fournissaient un assortiment de matériaux polychromes).

MASCARON

Masque ; face d'homme ou d'animal employée pour décorer des clefs d'arc ou de voûte.

MÉANDRE

Ce mot, synonyme de **grecques**, désigne un ornement formé de lignes qui avancent et rétrogradent en décrivant des angles droits. Ce dessin d'ornement est ainsi nommé parce qu'il décrivait de nombreuses sinuosités, comme le fleuve Méandre. C'est un ornement très répandu.

MÉDAILLON

Bas-relief de forme circulaire.

MÉGALITHE

La période néolithique correspond à un progrès de l'état social : le chasseur se fait pasteur et agriculteur ; il consomme des céréales, écrase du blé, fabrique de la poterie. La population, plus dense et plus fixe, prend conscience de sa force ; l'association rend possibles des travaux qu'une collectivité organisée peut seule accomplir : les constructions de mégalithes.

On appelle mégalithes, c'est-à-dire grandes pierres, ou monuments mégalithiques des monuments faits de gros blocs bruts. On les confond parfois, à tort, avec les pierres branlantes, qui n'ont reçu aucune façon de la main de l'homme et relèvent de la géologie pure. En France, les plus anciens mégalithes ont été dressés par les hommes de la pierre polie ; les plus récents appartiennent à des périodes beaucoup plus rapprochées de nous.

La période néolithique laissa perdre l'art si remarquable de la période précédente. Y eut-il substitution d'une race à une autre ? C'est possible. Toujours est-il que l'homme de la pierre polie ne sait plus camper et dessiner les animaux : il se borne à quelques tracés géométriques, à quelques idoles déformées par une schématisation excessive (voir **Préhistoire**).

Des dolmens bretons portent des gravures, formées de traits parallèles ou concentriques, lesquels rappellent des empreintes digitales fort agrandies : on y voit aussi la hache, le manche de la hache, la spirale et quelques signes tellement simplifiés qu'on ne peut en définir l'objet : le bouclier, le peigne ou peut-être une barque montée, un joug ou encore une paire de cornes.

À cette ornementation se rattachent les cupules ou écuelles creusées sur les pierres d'un certain nombre de mégalithes. Ces écuelles, qui se retrouvent en des pays fort éloignés les uns des autres, sont parfois le résultat d'accidents naturels, souvent l'œuvre de l'homme. La tradition en a été conservée jusqu'en plein Moyen Âge. Les cupules peuvent être reliées par des petits canaux, par des rigoles.

Pour les *menhirs-statues*, la silhouette est ramenée vaguement à une forme humaine, et une sculpture peu profonde indique, ça et là, quelques détails : les yeux, les seins, les bras, les pieds, certaines parties du costume (ceinture, collier, etc.).

Les principaux types de monuments mégalithiques sont : les **menhirs**, les **cromlechs**, les **dolmens** (voir ces mots).

MÉGALITHIQUE

Période entre le paléolithique et le néolithique : – 12 000 à – 6 000.

MENEAU

Ce nom, qui désignait jadis, dans les croisées, les montants et les traverses en pierre, en bois ou en métal, est plutôt réservé présentement aux légers montants de pierre qui séparent les compartiments des fenêtres gothiques.

MENHIR

Grand bloc long, fiché en terre, sorte d'obélisque brut. Les menhirs, qui naguère étaient appelés *peulvans*, sont nombreux en Bretagne ; un historien du XIXe siècle, en a compté en France 6 192, dont 3 450 pour le seul département du Morbihan. Dans ce chiffre sont comprises les pierres des alignements et des cromlechs.

Le plus grand menhir connu est celui de Locmariaquer, qui est renversé et brisé ; il mesurait plus de 20 mètres de hauteur. La plupart sont plus petits. Quelques-uns sont enfouis sous tumulus. Ainsi en est-il du tumulus de Mané-Lud, à Locmariaquer, lequel renferme un dolmen à galerie et un cercle de petits menhirs, dont chacun supportait un crâne de cheval.

On ignore quelle était la destination des menhirs. Ils appartiennent, dans l'ensemble, à la même date que les dolmens ; toutefois on continua de planter des menhirs quand, depuis longtemps sans doute, on ne faisait plus de dolmens.

MENSOLE

Clef de voûte (voir ce mot).

MERLON

Dans le crénelage, partie pleine comprise entre deux créneaux.

MESURES

À partir du *pied* médiéval, dit *pied de Charlemagne*, (0,324 m) on obtient : 1 *toise* = 1,949 m ; 1 *pouce* = 0,027 m ; 12 pouces = 1 *pied* ; 6 pieds = 1 *toise*. Ces mesures variaient selon les régions et les époques. Autres unités : la *ligne*, qui est le diamètre d'un grain d'orge ; la **coudée** (voir ce mot), la *palme*, distance entre les extrémités de l'auriculaire et l'index d'une main écartée (= 12,4 cm, soit 55 lignes) ; l'*empan*, distance entre les extrémités de l'auriculaire et du pouce d'une main écartée (= 21 cm, soit 89 lignes) …

MÉTOPE

Dalle entre deux triglyphes dans la frise dorique.

MEURTRIÈRE

Fente longitudinale, petite fenêtre pratiquée dans des murs de fortifications, qui servait à lancer des traits et des projectiles sur les assaillants. Suivant les armes employées à la défense, les meurtrières ont des formes et des noms divers : par exemple, *arbalétrières* celles servant à tirer de l'arbalète. Synonyme d'**Archère** (voir ce mot).

MEZZANINE

Petit étage entre deux autres plus importants.

Fenêtre carrée, ou plus large que haute, pratiquée dans un étage plus bas placé entre deux étages plus élevés.

MISÉRICORDE

Planchette de bois dissimulée dans le fond des stalles qui servait de siège discret pour les moines fatigués par les longs offices.

Dague à lame mince, en usage à partir du XIIIe siècle. Sa faible longueur (pas plus de 20 cm) permettait de la cacher sous des vêtements.

MITRE

Chapeau triangulaire signalant, ainsi que la crosse, la dignité de l'évêque. Ornement d'architecture en forme de ce chapeau. Extrémité des tuyaux de cheminée, en poterie ou en terre cuite, en tôle ou en maçonnerie, qui les protège de la pluie et du vent.

MODÉNATURE

Ensemble des moulures, et style de ces moulures.

MODILLON

Ornement en forme de console renversée qu'on retrouve sous les larmiers de certaines corniches ; la plupart des différents styles d'architecture ont utilisé cet ornement. Voir **Corbeau**.

MOELLON

Terme que l'on oppose fréquemment à pierre de taille.

MODULE

Unité de mesure qui sert à fixer, dans une architecture classique, les dimensions des diverses parties.

MOISES

Pièces de bois jumelées entre lesquelles on serre d'autres pièces, que les moises entretiennent.

MONSTRANCE

Ce terme, dérivé du latin *monstrare* (montrer), désigne une pièce d'orfèvrerie en or, argent, vermeil ou cuivre doré ou argenté, qui représente souvent un soleil rayonnant, au centre duquel se trouve une lunule ou boîte en cristal dans laquelle on place une hostie. Les plus anciennes monstrances, nommées aussi *ostensoirs*, ne remontent pas au-delà du XIIe siècle.

MORTAISE

Entaille pratiquée dans une pièce pour recevoir le **tenon** (voir ce mot), dûment façonné au bout d'une autre pièce.

MORTIER

Pâte agglutinante faite de chaux et de sable et qui sert principalement à lier les matériaux de construction.

MOSAÏQUE

La mosaïque est un revêtement formé de petits cubes que l'ouvrier plante dans un enduit. Cet enduit est généralement, pour la mosaïque architecturale, un ciment à prise lente, dans lequel entre de la pouzzolane ou de la brique pilée. Les cubes, plus minces du bas afin que le ciment les saisisse mieux, sont de pierres naturelles ou de matières obtenues artificiellement, tels que terre cuite, verre, morceaux d'émail... Le mosaïste a, dans une boîte à compartiments, une provision de cubes ; il garde aussi à portée de la main divers outils, comme entre autres une *marteline* et un *coupoir* ; ce dernier présente, tournée vers le haut, une lame sur laquelle on pose le cube pour le couper avec la marteline et le ramener à la forme voulue.

Les Romains ont laissé un grand nombre de mosaïques, dont les sujets présentent une extrême variété, depuis les décors géométriques simples jusqu'aux scènes compliquées.

Dans les mosaïques historiées, le sujet est en rapport avec la destination de la pièce. La mosaïque peut donc aider à reconnaître les dispositions d'une villa : une scène de festin décorera la salle à manger ; des monstres marins seront représentés dans la piscine, etc.

Mérovingiens et Carolingiens ont conservé l'art de la mosaïque ; on en a retrouvé une dans la voûte en cul-de-four de l'abside à Germigny (Loiret). Les mosaïques romanes sont moins rares. On en fit notamment, vers 1140-1150, dans le chantier de l'abbatiale de Saint-Denis. On a peut-être utilisé pour les mosaïques de Saint-Denis des cubes de mosaïque gallo-romaine. L'art du mosaïste roman s'est, en effet, directement inspiré de l'Antiquité. Il n'est pas toujours aisé de savoir à laquelle des deux époques appartient une mosaïque.

Le XIIIe siècle délaissa ce mode de pavement, que l'on reprit beaucoup plus tard, sous l'Empire.

MOTTE

Éminence artificielle.

MOULURE

Ornement continu qui consiste en un profil saillant ou creux (en pierre, bois, stuc...). Les moulures peuvent être placées sur divers points des murs ; elles ont des profils différents suivant leur fonction. Le mur est, en général, plus épais du pied, du **soubassement** (voir ce mot). Le soubassement se relie au mur supérieur à l'aide d'un biseau ou de moulures courbes, qui varient selon les époques. C'est souvent un **tore** (voir ce mot) à l'époque romane et c'est souvent aussi, à l'époque gothique, une moulure plus compliquée.

Les moulures sont rectilignes ou curvilignes, saillantes ou creuses.

Moulures rectilignes saillantes : le *bandeau* ou *tænia* large moulure plate ; le *listel, filet* ou *réglet*, plus petite : il peut être posé de biais.

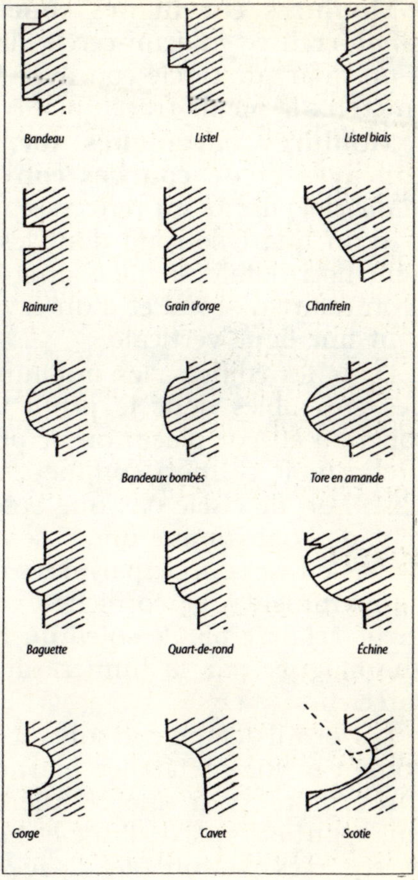

Moulures rectilignes rentrantes : la *rainure*, qui est en creux ce que le filet est en saillie ; le *grain-d'orge*, qui correspond au filet de biais et qui sert principalement à souligner la rencontre de deux plans. Le *chanfrein* et le *biseau* sont des bandeaux biais : certains réservent le terme de chanfrein aux biseaux inclinés à 45 °.

Moulures curvilignes convexes : le *tore* ou *boudin*, de profil circulaire ou mi-circulaire ; le *bandeau bombé* ; le *tore en amande*, qui projette une arête ; la *baguette*, qui est un tore de dimensions réduites ; le *quart-de-rond* ; l'*échine*.

Moulures curvilignes concaves : la *gorge* ou *canal*, creusée en demi-cercle ; le *cavet*, qui répond à un quart de cercle concave ; la *scotie*, qui offre en creux le même tracé que l'échine en relief.

Moulures curvilignes formées de courbes concaves et de courbes convexes combinées : la *doucine*, droite ou renversée, formée d'un cavet et d'un quart-de-rond dont les centres sont une ligne horizontale ; le *talon*, droit ou renversé, formé d'un quart-de-rond et d'un cavet dont les centres sont une ligne verticale.

Dans les édifices, les moulures se groupent en des ensembles dont le profil varie suivant leur fonction et leur place : on ne profile pas une **corniche** (voir ce mot) comme une base ; parmi les bases, on ne cisèle pas une base placée à la hauteur de l'œil comme une base destinée à être vue de bas en raccourci ; parmi les corniches, on trace différemment une corniche extérieure et violemment éclairée par le soleil du Midi et une corniche baignée par la lumière diffuse et rare d'un intérieur.

Les profils changent suivant les époques. L'âge roman a une préférence marquée pour les moulures simples : si une courbe concave succède à une courbe convexe, l'une et l'autre sont arrêtées et séparées par un filet. L'âge gothique, surtout depuis le XVe siècle, tend à supprimer ces filets et à réunir les courbes successives en une courbe sinueuse et compliquée.

Avant de pousser les moulures, l'ouvrier fait subir au bloc une première ébauche qui lui donne sa forme générale : c'est l'*épannelage*. Pendant l'époque romane et au début de l'époque gothique, l'épannelage des membrures, grandes arcades, doubleaux, etc., s'inscrit dans un rectangle ; durant le gothique avancé, il s'inscrit dans un triangle.

MOUTIER/MOUSTIER

Synonyme de *monastère*, désignant aussi une cellule de moine.

MOYEN ÂGE

Époque de transition entre Antiquité et Temps modernes.

MUR GAULOIS

Il existe en France un certain nombre d'enceintes fort anciennes, qui sont, d'ailleurs, mal connues. Les *oppida*, villes fortifiées, se multiplièrent sous la domination celtique. César eut à faire le siège de villes importantes entourées de remparts puissants : à Gergovie, les murailles, longues de 4 kilomètres, englobaient 75 hectares et abritaient 80 000 soldats, plus les non-combattants ; à Alésia, le développement des murs mesurait 4 à 5 kilomètres et la surface 97 hectares ; à Bibracte, 5 kilomètres et 135 hectares. Les enceintes de l'âge de pierre n'étaient pas toujours très redoutables : au point qu'on se demande si certaines enceintes n'étaient pas de simples emplacements pour les réunions religieuses. Les murailles sont en terre ou en blocs bruts et terre. En avant de ces murs, on trouve des fossés, sans doute creusés avec des pics en corne de cerf, et des terrassements.

Les Gaulois savaient édifier des murs d'enceinte très solides : ils étaient revêtus d'assez gros appareil ; dans la masse, qui était moins soignée que les parements, des treillis de poutres assemblées et clouées assuraient les murs contre le choc des béliers. Ces fortifications, qui ont admirablement tenu contre les armées romaines ont moins bien résisté au temps ; elles sont plus ruinées que certaines murailles **cyclopéennes** (voir ce mot) de l'époque antérieure.

On a signalé des vitrifications dans des murailles de quelques pays, notamment du centre de la France : tantôt elles sont locales ou superficielles et peuvent s'expliquer par l'emploi de scories dans la construction, par le voisinage d'un foyer, etc. ; tantôt elles atteignent l'ensemble et proviennent d'un incendie violent. Peut-être ces incendies ont-ils été parfois allumés intentionnellement, afin de transformer des maçonneries assez mal exécutées en masses compactes et plus résistantes.

MUTULE

Tablette saillante sous le larmier dorique.

SITES À VISITER

MAINE-ET-LOIRE (49)

ANGERS
Cité des Gaulois Andes, ville gallo-romaine (Juliomagus), puis ville-citadelle édifiée par Blanche de Castille pour surveiller la Bretagne. Cathédrale des XIIe-XIIIe siècles célèbre pour ses vitraux. Château du XIIIe siècle devenu le musée de la Tapisserie. Vestiges (églises, demeures) médiévaux et Renaissance.

BAGNEUX
Site préhistorique : grand dolmen de la Roche aux Fées.

CHENEHUTTE
Église romane Notre-Dame-des-Tuffeaux.

CUNAULT
Église romane Notre-Dame du XIIe siècle.

DURTAL
Vestiges d'enceinte du XVe siècle.

FONTEVRAUD-L'ABBAYE
Vestiges de l'abbaye fondée au XIIe siècle, où Henri II Plantagenêt et Aliénor d'Aquitaine furent enterrés. Ravagée sous la Révolution, elle fut une prison sous l'Empire et la République… Église romane Notre-Dame-du-Grand-Moutier.

MONTREUIL-BELLAY
Église Notre-Dame en gothique flamboyant. Château des XIIIe-XVe siècles (famille du poète).

MONTSOREAU
Église du XIIIe siècle.

PONT-DE-CÉ
Église gothique des XIIe-XVe siècles.

SAUMUR
Église romane Notre-Dame-de-Nantilly du XIIe siècle. Église romano-gothique Saint-Pierre.

MANCHE (50)

Barneville
Église romane Saint-Germain.
Bretteville-en-Saire
Site préhistorique de La Forge.
Bricquebec
Vestiges du château des ducs de Normandie.
Coutances
Cité gallo-romaine. Une première cathédrale, achevée en 1056, est détruite par le feu au XIIIe siècle. Sur ses vestiges est bâtie l'actuelle cathédrale gothique Notre-Dame.
Mont-Saint-Michel
Abbaye bénédictine romano-gothique des XIIe-XIIIe siècles, avec chœur des XVe-XVIe siècles. Remparts des XIIIe-XVe siècles.
Mortain
Église Saint-Évroult du XIIIe siècle.
Sainte-Mère-l'Église
Église du XIIIe siècle.
Saint-Lô
Église Notre-Dame avec des parties en gothique flamboyant.
Saint-Pair-sur-Mer
Église romane.
Saint-Sauveur-le-Vicomte
Église du XVe siècle reconstruite sur un édifice roman. Château du XIIe siècle.
Vierville
Site préhistorique de La Butte.

MARNE (51)

CHÂLONS EN-CHAMPAGNE
Anciennement Catalaunum, d'où les champs catalauniques, où Attila fut vaincu. Ville de foires médiévales, et évêché.
Cathédrale Saint-Étienne romano-gothique des XIIe-XIIIe siècles. Église Saint-Alpin et église Notre-Dame-en-Vaux du XIIe siècle (vitraux du XVIe siècle). Hôtel des gouverneurs du XVIIe siècle.
CHAMBON-SUR-VOUEIZE
Église romane Sainte-Valérie.
COIZARD
Site préhistorique : Hypogées-du-Razet.
CORROY
Église romane Notre-Dame.
ÉPINE (L')
Notre-Dame-de-l'Épine, gothique flamboyant du XVe siècle, haut lieu de pèlerinage : la basilique aurait été bâtie à l'endroit où la Vierge serait apparue dans un buisson ardent.
FORT-BÉVAUX
Site préhistorique : dolmen et coffres.
ORBAIS-L'ABBAYE
Vestiges d'une abbaye bénédictine du VIIe siècle. Église des XIIe-XIIIe siècles.
REIMS
Durocortorum, capitale des Gaulois Rèmes, centre gallo-romain important, lieu du couronnement des rois de France. Abbatiale pré-romane Saint-Rémi. Église romane Saint-Jacques du XIIe siècle. Cathédrale gothique Notre-Dame du XIIIe siècle (tours des XIVe et XVe siècles).
SÉZANNE
Église en gothique flamboyant Saint-Denis du XVIe siècle.
VERTUS
Église romane Saint-Martin du XIIe siècle.

HAUTE-MARNE (52)

ARC-EN-BARROIS
Site préhistorique : dolmens.
CHAUMONT
Calvus mons, ancienne forteresse gallo-romaine. Église gothique Saint-Jean-Baptiste des XIIIe-XVIe siècles.
CLEFMONT
Église romane Saint-Thibaut.
FARINCOURT
Site préhistorique.
FONTAINE-SUR-MARNE
Site préhistorique : menhir.
JOINVILLE
Château du XVIe siècle. Église Notre-Dame des XIIe-XIIIe siècles.
LANGRES
L'Andematunum gallo-romaine, capitale des Gaulois Lingones, devint un évêché médiéval, dont il reste les remparts (rénovés). Cathédrale Sainte-Mammès romano-gothique du XIIe siècle. Église Saint-Martin du XIIIe siècle.
NOGENT
Site préhistorique : dolmen de Pierre Tournante.
SAINT-DIZIER
Restes de remparts et de château. Église gothique.
WASSY
Église romano-gothique des XIIe-XVIIe siècles.

MAYENNE (53)

CHÂTEAU-GONTHIER
Église romane Saint-Jean-Baptiste.
ERNÉE
Allée couverte préhistorique.

LAVAL
Vestiges (pont, remparts, Vieux Château...) des XIIIᵉ-XIVᵉ siècles. Cathédrale romane Notre-Dame-de-la-Trinité. Église Notre-Dame-d'Avenières romano-gothique.
SAINTE-SUZANNE
Site préhistorique : dolmen.

MEURTHE ET-MOSELLE (54)

LAITRÉ-SOUS-AMANCE
Église romane Saint-Laurent.
LIVERDUN
Église romane Saint-Pierre.
LUNÉVILLE
Église Saint-Jacques style rococo du XVIIIᵉ siècle. Château XVIIIᵉ siècle.
NANCY
Ville fondée au XIᵉ siècle avec de nombreux édifices (cathédrale, église Notre-Dame-de-Bon-Secours, Place Stanislas...) élevés au XVIIIᵉ siècle. Église des Cordeliers du XVᵉ siècle. Palais ducal et Porte de la Citadelle du XVIᵉ siècle.
PONT-À-MOUSSON
Église Saint-Laurent et église Saint-Martin du XVᵉ siècle.
SAINT-NICOLAS-DE-PORT
Basilique en gothique flamboyant des XVᵉ-XVIᵉ siècles.
TOUL
Église gothique flamboyant (restaurée) Saint-Étienne du XVᵉ siècle. Église Saint-Gengoult des XIIIᵉ-XVIᵉ siècles.

MEUSE (55)

Bar-le-Duc
Cité médiévale, ancienne capitale du duché de Bar. Église du XVe siècle.

Mogneville
Église romane Saint-Rémy.

Saint-Mihiel
Édifices du XVIIIe siècle. L'église Saint-Michel a repris des éléments romans de l'abbatiale d'origine (abbaye bénédictine du IXe siècle).

Verdun
Oppidum gaulois, évêché médiéval, siège de plusieurs traités et batailles. Église Sainte-Catherine des XIVe-XVe siècles.

MORBIHAN (56)

Carnac
L'énigme des 3000 menhirs et des tombes-tumulus, qui, pendant 3000 ans, furent l'objet de tous les soins d'ancêtres néolithiques jusqu'à ce que vers 1500 avant J.-C., ils abandonnent le site. Musée archéologique Miln-Le Rouzic. Église Saint-Cornely du XVIIe siècle.

Elven
Vestiges du château de Kerlo (Renaissance) et d'une forteresse médiévale.

Faouët (Le)
Halles du XVIe siècle. Chapelle Saint-Nicolas (dans les environs) en gothique flamboyant.

Hennebont
Église en gothique flamboyant du XVIe siècle. Vestiges du XIIIe siècle.

Josselin
Église Notre-Dame-du-Roncier des XIIe-XVIe siècles. Château du XVe siècle.

Locmariaquer
Église romane Notre-Dame.
Ploërmel
Église Saint-Armel gothique flamboyant.
Plouhinec
Site mégalithique.
Pontivy
Château des Rohan du XVe siècle. Église Notre-Dame en gothique flamboyant.
Rochefort-en-Terre
Église Notre-Dame-de-la-Tronchaye des XIIe-XVe siècles.
Saint-Avé
Chapelle du XVe siècle.
Saint-Gildas-de-Rhuys
Abbatiale romane d'origine des XIe-XVIe siècles.
Saint-Pierre-Quiberon
Site mégalithique.
Vannes
Capitale des Gaulois Venètes. Remparts et cathédrale Saint-Pierre du XIIIe siècle. Musée archéologique.

MOSELLE (57)

Gorze
Église romane Saints-Pierre-et-Paul.
Marsal
Vestiges gallo-romains. Église romano-gothique Saint-Léger des XIIe-XIVe siècles.
Metz
Divodurum, capitale des Gaulois Mediomatrices, carrefour routier gallo-romain, capital de l'Austrasie mérovingienne. Église Saint-Pierre-aux-nonnains dont la première pierre remonte à l'an 300. Chapelle des Templiers du XIIe siècle. Cathédrale gothique Saint-Étienne des XIIIe-XVe siècles.

Phalsbourg
Fortifications de Vauban et bâtiments du XVIIe siècle.
Saint-Avold
Abbatiale du XVIe siècle.
Sierck-les-Bains
Ruines du château féodal des ducs de Lorraine et église du XVe siècle.
Thionville
Restes de remparts et de château des XIIIe-XIVe siècles. Maisons anciennes.

N

NAOS

Synonyme de **cella** (voir ce mot). Parfois employé pour des églises, ce terme signifie nef.

NARTHEX

Porche ou vestibule qui précédait les basiliques chrétiennes et qui correspondait au *pronaos* des basiliques romaines. Quand les églises possédaient deux narthex, l'un intérieur, l'autre extérieur, on nommait le premier *exonarthex* et le second *eso-narthex*. Un tympan sépare parfois le narthex de la nef. Voir **Porche.**

NATTE

Ornement fait à l'imitation d'une natte. La différence avec la **torsade** consiste en ce que, dans celle-ci, les brins sont simplement tordus, tandis que dans la natte, ils sont tressés.

NAUMACHIE

Combat naval ; mais ce terme, surtout en latin, ne désigne ordinairement qu'un spectacle, un simulacre de combat donné dans un lac artificiel, dans un édifice spécial également appelé *naumachie.*

NEF

Ce terme s'applique à tous les édifices vastes qui, par la figure de leur plan et la forme de leur voûte, ressemblent à la coque renversée d'un navire ; mais ce terme sert surtout à désigner le grand vaisseau d'une église, dans laquelle on distingue la *nef majeure ou centrale* et les *nefs mineures ou collatérales.*

NÉOLITHIQUE

– Néolithique ancien : *– 6000 à – 4500*
– Néolithique moyen : *– 4500 à – 3000*
– Néolithique final : *– 3000* à l'âge du bronze

NERVURE

Arêtes saillantes des voûtes ogivales, dont elles forment la « charpente », la carcasse.

NICHE

Enfoncement pratiqué dans un mur. Les niches sont rectangulaires ou cintrées à leur sommet, rectangulaires ou cylindriques. Les niches servent à meubler un parement trop nu. Elles sont fréquentes chez les Romains et chez nos classiques, seules ou surmontées d'un fronton ; elles sont généralement destinées à recevoir une statue.

NIMBE

Le nimbe, qui figure un rayonnement autour de la tête, est l'attribut des saints ; le *nimbe timbré d'une croix* est réservé aux personnes divines. Dans la statuaire, à partir du XIIIe siècle, le nimbe peut être attaché non pas à la tête du personnage, mais à ce qui est derrière la tête, à la niche, à la croix. L'*auréole*, nimbe agrandi qui enveloppe le corps entier, appartient à Dieu et à la Vierge. On appelle *Dieu de majesté* le Christ bénissant assis dans une auréole.

NORMAL

Une ligne est normale à une autre lorsqu'elle lui est perpendiculaire : un joint est normal à une courbe quand il est dans le sens du rayon de cette courbe. Une **norme** était une équerre (du latin *norma*) qui servait à tracer ou à mesurer des angles.

NOUE

Angle rentrant qui résulte de la rencontre de deux versants de toits.

NYMPHÉE

Sanctuaire ou édifice d'agrément, qui recouvrait une source ou des eaux amenées par un aqueduc.

SITES À VISITER

NIÈVRE (58)

CHARITÉ-SUR-LOIRE (LA)
Église romane Sainte-Croix début du XIe siècle. Elle faisait partie d'un monastère rattaché à Cluny.
CHÂTEAU-CHINON
Ancienne capitale du Morvan. Vestiges d'un oppidum gaulois (Castel-canum).
CHÂTILLON-EN-BAZOIS
Tour du XIIIe siècle.
CLAMECY
Ancienne cathédrale des XIIe-XIIIe siècles. Église gothique flamboyant Saint-Martin.
DÉCIZE
Église Saint-Aré du XIe siècle, sur une crypte mérovingienne.
ENTRAINS-SUR-NOHAIN
Site gallo-romain sur une cité gauloise : Intaranum.
NEVERS
Oppidum gaulois annexé par César devenu évêché médiéval.
Cathédrale Saint-Cyr-et-Sainte-Juliette romano-gothique. Église Saint-Étienne du XIe siècle.
Palais ducal Renaissance. Vestiges d'enceinte du XIIe siècle.
SAINT-PARIZE-LE-CHÂTEL
Église romane du XIIe siècle.
SAINT-PIERRE-LE-MOÛTIER
Église des XIIe-XIVe siècles.
VARZY
Église Saint-Pierre du XIIIe siècle.

NORD (59)

Bergues
Cité bâtie au VIIIe siècle, réputée pour ses draps. L'abbaye bénédictine de Saint-Winoc fut détruite sous la Révolution. Enceinte médiévale, restaurée par Vauban.

Cambrai
Cité des Gaulois Nerviens, puis fort romain, capitale d'un royaume franc et évêché. La cathédrale Saint-Géry, l'une des plus belles d'Occident, fut rasée sous la Révolution. Église Saint-Géry du XVIIIe siècle.
Cathédrale Notre-Dame du XVIIIe siècle.

Cappelebroeck
Église romane Saint-Jacques.

Condé-sur-l'Escaut
Château du XVe siècle. Vestiges de remparts du XVIIe siècle.

Douai
Duacum sous les Gallo-Romains, ville-frontière durant le Moyen Âge, fortifiée par Vauban. Église Notre-Dame des XIIe-XIVe siècles. Église Saint-Pierre des XVIe-XVIIIe siècles.

Lille
Ville des comtes des Flandres conquise par Louis XIV et fortifiée par Vauban. Église Saint-Maurice des XIVe-XVe siècles. Nombreux édifices du XVIIe siècle.

Loos
Ancienne abbaye cistercienne du XIIe siècle, actuellement prison.

Quesnov (Le)
Fortifications du XVIIe siècle.

Valenciennes
Église Saint-Géry du XIIIe siècle.

O

OBJETS DÉCORATIFS

En sculpture, les objets usuels ont fréquemment été motifs de décoration. Dans les écoles primitives, les travaux de vannerie et de corderie, par exemple, tiennent une place importante dans l'ornementation.

D'autres motifs sont en partie imités et en partie inventés. Ainsi en est-il des **phylactères** (voir ce mot), nombreux pendant la période gothique, et des **cartouches** (voir ce mot) qui prirent faveur à la Renaissance. Les phylactères sont inspirés de bandes d'étoffe ou de parchemin et servent de champ à des inscriptions. Les cartouches du XVIe siècle rappellent du cuir découpé et enroulé ; sous Louis XIV, les cartouches présentent des moulures, des frontons minuscules, des éléments d'architecture ; sous Louis XV, ils sont de formes plus molles et se

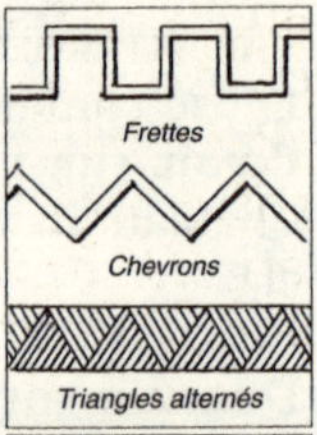

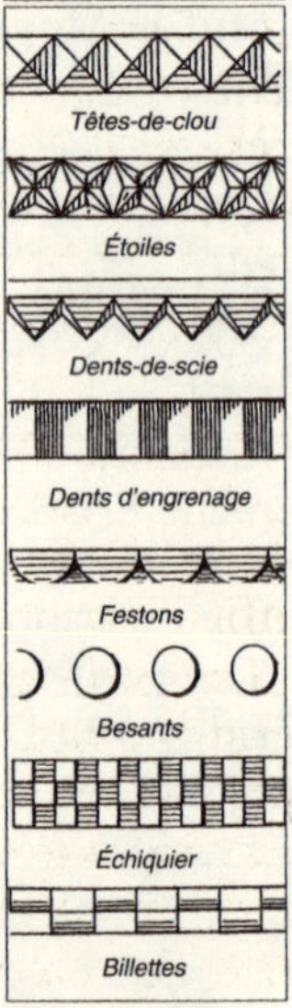

compliquent de roches ou de coquilles ; ils reprennent, sous Louis XVI, l'aplomb de leurs lignes et une gravité qui n'est pas sans quelque mièvrerie.

L'art roman a reproduit :

Des *nattes, câbles* ou *torsades* ; des *barils* ; des *rubans* plissés, de façon à présenter alternativement leurs deux faces ; des *entrelacs,* dont certains paraissent inspirés des treillis de vannerie ; quelquefois des *chaînes,* etc.

Parmi les motifs que les artistes ont tirés de leur imagination, citons : la *grecque* ; les *ondes,* sinuosités régulières ; les *postes,* qui paraissent courir l'une après l'autre ; les *denticules,* qui ont l'aspect de très petits **corbeaux** (voir ce mot) ; les *oves* ; les *rais-de-cœur* ;

les *perles,* les *olives,* qui sont des perles allongées, et les *piécettes,* qui sont des perles très plates vues de profil : perles, olives et piécettes peuvent être enfilées.

Les *godrons,* sont traités différemment dans le style classique et à l'époque romane.

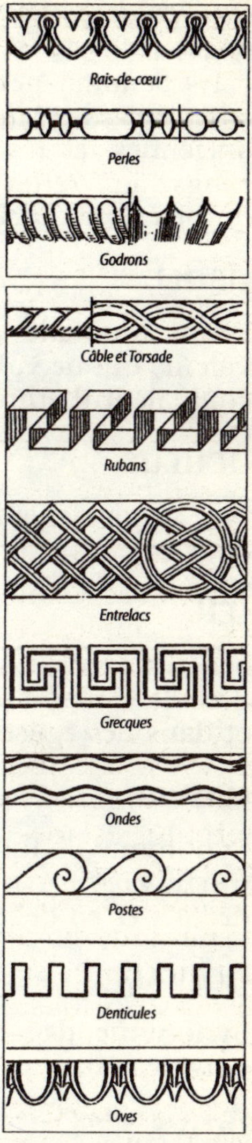

D'autres éléments décoratifs appartiennent en propre au Moyen Âge : les *têtes-de-clou,* petites pyramides carrées ; les *étoi-*

les ; les *dents-de-scie* ; les *plissés* ou *dents d'engrenage* ; les *festons* ;

les *besants*, petites pièces rondes et plates ; les *échiquiers* ; les *billettes* sur un rang, qui sont plus anciennes, et les billettes sur deux ou plusieurs rangs ; les *frettes crénelées* ; les *chevrons, zigzags* ; ou bien *tores brisés* ; les *triangles alternés.*

OBOLE

Petite monnaie grecque de cuivre, de peu de valeur, qui ne valait que 1/5 de drachme. Devenu équivalent d'aumône.

OCULUS

Baie ronde de petites dimensions (synonyme : *œil-de-bœuf*).

ŒIL

Fenêtre ronde, qu'on retrouve assez fréquemment dans le tympan du fronton des basiliques latines, et dans des églises du XIe siècle.

ŒUVRE

Synonyme de fabrique d'église, de chantier. *Dans œuvre, hors œuvre* se disent de la mensuration en dedans et en dehors des murs.

OGIVAL

Synonyme de *gothique* ; voir ce mot. L'époque ogivale commence à la fin du XIe siècle.

OGIVE

Nervure saillante sous les arêtes de la voûte gothique. Ne pas appeler de ce nom l'arc brisé.

OGIVES (CROISÉE D')

On désigne ainsi les nervures ou côtes saillantes qui se croisent et se coupent sur une voûte ogivale et y forment des compartiments courbes triangulaires.

OGIVETTE

Petite ogive.

OLIVE

En forme d'olive, de graine de laurier, et qui entre dans la composition de l'ornement dit **chapelet** (voir ce mot).

ONCIALE

Écriture dont les lettres, majuscules, ont des contours arrondis ; on distingue plusieurs variétés d'onciales : l'anguleuse, l'élégante, la tortueuse ; toutes ces écritures peuvent être à double et à simple trait, à trait plein ou à trait oblique.

ONDES

Ornement qui dessine des lignes sinueuses, imitant les flots. Le tore *ondulé* est aussi nommé *nébule*. Voir **Objets décoratifs.**

ONGLET

Assemblage, en menuiserie, de deux pièces, dont le joint apparent correspond à la bissectrice de l'angle.

OPPIDUM

Ville fortifiée (de nombreuses cités gallo-romaines et des châteaux-forts ont été érigés sur des oppidums gaulois) et, par extension, bâtiments qui occupaient l'extrémité d'un cirque et dans lesquels se trouvaient les loges pour les chars et les chevaux.

ORANT

Dans l'art chrétien, personnage en prière.

ORDRE

Ce mot désigne, dans les édifices classiques, les combinaisons diverses des éléments d'architecture, supports, entablement et fronton, ou bien l'ensemble de ces éléments. Dans le premier sens, on distingue les ordres dorique, ionique, corinthien, etc. ; dans le second sens, une façade peut présenter plusieurs ordres superposés.

ORIENTATION

Les églises chrétiennes étaient érigées sur un axe allant du levant au couchant du soleil. Chœur à l'orient, porche à l'ouest. Les églises romanes dédiées à Notre-Dame étaient orientées vers le point où le soleil se lève le 15 août, jour de la Vierge Marie.

OSSUAIRE

Vase de terre cuite, de pierre, de marbre, qui recevait les cendres d'un cadavre, ou bien une urne funéraire faite d'une matière de prix.

Bâtiment d'un cimetière, où les fossoyeurs déposaient les ossements lorsqu'ils nettoyaient d'anciennes tombes pour en aménager de nouvelles.

OSTENSOIR

Pièce d'orfèvrerie destinée à recevoir des hosties (voir **monstrance**).

OUBLIETTES

Cachots du Moyen Âge, dans lesquels on jetait des prisonniers condamnés à mort ou dont on voulait se défaire, afin de les y « oublier ». Les premiers archéologues ont parfois pris pour des oubliettes d'anciennes fosses d'aisances.

OVE

Ce terme, dérivé du latin *ovum*, désigne une moulure convexe formée par un quart de cercle, qui du fait de cette forme est nommée quart de rond ; l'échine du chapiteau dorique ; un ornement ayant la forme d'un œuf, avec des coques de chaque côté ; ces oves sont séparés par des culots ou par des dards. Voir **Objets décoratifs.**

OVICULE

Ove de faible dimension.

SITES À VISITER

OISE (60)

Beauvais
Capitale des Gaulois Bellovaques, Cæsaromagnus sous les Romains. Vestiges de remparts du IVe siècle. Église romane Saint-Étienne. Cathédrale Saint-Pierre gothique du XIIIe siècle, célèbre pour son chœur, le plus haut de France (48 m).

Bury
Église romane Saint-Lucien.

Chaalis (Abbaye de)
Ruines de l'abbaye cistercienne fondée au XIIe siècle et détruite sous la Révolution.

Chantilly
Château du XVIe siècle, sur des vestiges dont les premiers remontent à une forteresse gallo-romaine. Les Grandes Écuries sont du XVIIIe siècle.

Compiègne
Cité mérovingienne, puis résidence royale sous les Carolingiens et les Capétiens. Église Saint-Jacques des XIIIe-XVe siècles. Hôtel de ville gothique flamboyant du XVe siècle.

Crépy-en-Valois
Église Saint-Denis des XIIe-XVe siècles. Vestiges de l'abbaye Saint-Arnould du XIe siècle.

Noyon
Cité gallo-romaine où Charlemagne fut couronné roi des Francs. Vestiges gallo-romains. Cathédrale gothique Notre-Dame des XIIe-XIVe siècles.

Pierrefonds
Église Saint-Sulpice des XIe-XIIIe siècles, sur une crypte romane. Forteresse féodale du XIVe restaurée par Viollet-le-Duc.

Rethondes
Église du XIIe siècle.

SAINT-GERMAIN-DE-FLY
Église en gothique primitif du XIIe siècle.
SAINT-LEU-D'ESSERENT
Église en gothique primitif du XIIe siècle.
SENLIS
Restes de remparts gallo-romains. Cathédrale gothique Notre-Dame du XIIIe siècle.

ORNE (61)

ALENÇON
Spécialité de dentelles. Église Notre-Dame du XVIe siècle.
BELLÊME
Place forte des ducs de Normandie, démantelée par Blanche de Castille. Église et porte fortifiée du XVe siècle.
DOMFRONT
Église romane Notre-Dame-sur-l'Eau.
MORTAGNE-AU-PERCHE
Église en gothique flamboyant Notre-Dame du XVe siècle.
SÉES
Cathédrale gothique des XIIIe-XIVe siècles.

P

PALÉOLITHIQUE

Période du quaternaire :
– 2 000 000 à – 10 000.
– *Paléolithique inférieur* (ou ancien) : jusqu'à – 100 000
– *Paléolithique moyen* : – 100 000 à – 35 000
– *Paléolithique supérieur* : – 35 000 à – 10 000

PALIMPSESTE

Parchemin (voir ce mot) dont on a effacé (ou gratté) la première écriture pour pouvoir le réutiliser.

PALMETTE

Feuille stylisée employée pour la décoration.

PANACHE

Synonyme de pendentif.

PAN DE BOIS

Sorte de mur dont l'ossature, formée de pièces de bois, est garnie d'un remplissage de maçonnerie légère.

PANNE

Dans la charpente, pièces longitudinales qui relient les fermes et soutiennent les chevrons.

PANNEAU

Patron en zinc, carton, etc., que l'on applique sur la pierre à tailler pour y reporter le dessin de l'épure.

PARAPET

Garde-fou à hauteur d'appui.

PARCHEMIN

Peau d'animal (mouton, agneau, chevreau, veau…) spécialement préparée pour l'écriture ou la reliure. Les titres de noblesse étaient confirmés sur parchemin, ainsi que certains diplômes universitaires (d'où, par dérision, leur appellation familière de *peau d'âne*).

PAREMENT

Face vue d'un mur, d'une pierre. Quelquefois, revêtement, en pierres d'appareil, d'un mur de blocage.

PARLOIR AUX BOURGEOIS

Nom donné au Moyen Âge aux hôtels de ville, parce qu'ils comprenaient une pièce où les bourgeois venaient s'entretenir de leurs affaires et de celles de la commune.

PARVIS

Vestibule ou cour placée au-devant d'une église. Synonyme de **narthex** et de **porche** (voir ces mots). Aujourd'hui, on donne ce nom aux places devant les cathédrales.

PATENÔTRES

Ornements d'architecture en forme d'olives, de graines de laurier ou de perles, qui décorent des bandeaux et moulures, au-dessous des oves.

PATIN

Pièce de bois posée à plat, sur laquelle porte une charpente, un meuble, etc.

PATTE

Voir **Griffe**.

PAVAGE

Revêtement du sol au moyen de pavés, carreaux de terre cuite, mosaïques...

PAVEMENT

Formé à l'aide de tuileaux, de pierres concassées, de silex ou autres matériaux noyés dans une cendrée ou dans un mortier de ciment, le tout battu avec la dame.

PÉDICULE

Petit pilier servant de support, par exemple à un bénitier, d'où les expressions *monopédiculé* (à un seul pédicule) et *polypédiculé* (à plusieurs pédicules).

PEINTURE GALLO-ROMAINE

Les peintures, plus fragiles que les sculptures, nous sont parvenues en plus petit nombre ; il n'est pas rare cependant de trouver dans les ruines romaines des restes de peintures murales, notamment des teintes plates, bandes, panneaux, etc. Les couleurs dominantes étaient le rouge, le blanc, le vert d'eau, le jaune tendre et le gros bleu. Quand la décoration picturale était plus riche, elle comprenait des ornements, sans doute aussi des paysages, comme à Pompéi.

On recourait, pour appliquer les couleurs, à trois procédés : la détrempe, la fresque et l'encaustique. Pour la peinture à fresque, on posait, sur un mur dûment crépi, un dernier enduit très fin et on peignait pendant que l'enduit était encore frais ; la couleur le pénétrait et faisait corps avec lui. Lorsque l'on voulait faire de la peinture à l'encaustique, l'enduit comprenait des matières résineuses ; après avoir peint, on vernissait et à l'aide d'un réchaud on faisait ressuer le tout.

PEINTURE CAROLINGIENNE

L'église latine offrait à la peinture décorative les larges surfaces des murs, les pièces de la charpente ou les menuiseries du lambris. Les lois carolingiennes faisaient une obligation de peindre les églises. De cette décoration il ne subsiste presque rien aujourd'hui.

PEINTURE ROMANE

L'église romane n'est plus, comme l'église latine, composée de murs plats ; les piliers coupent les parois, les doubleaux font saillie sous les voûtes : l'édifice se prête donc moins aux grandes compositions. Il nous est resté néanmoins des peintures murales romanes. Les églises de ce temps étaient peintes en dedans et, au moins pour partie, en dehors. La polychromie servait à mettre en valeur les membres de la construction et aussi à rendre les statues plus vivantes et plus vraies. Les procédés étaient variés : à la colle, à l'œuf, à la fresque, à l'huile ; faute de siccatif, la peinture à l'huile ne se prêtait qu'à des applications restreintes.

La peinture romane, comme la peinture byzantine, avec laquelle elle a souvent des affinités, est un art tout en formules : la façon de poser un personnage et de le représenter était fixée par la tradition ; l'artiste n'avait pas à chercher dans la gamme des teintes celle qui convenait le mieux : des traités lui indiquaient pour chaque morceau comment il devait composer la couleur.

Théophile, un moine du XIe siècle, a recueilli plusieurs de ces recettes : pour les chairs, on mélangeait de la céruse jaunie au feu, de la céruse blanche, du cinabre et du sinople ; si l'on voulait une carnation plus rouge ou plus blanche, on forçait la dose du cinabre ou de céruse ; pour une figure pâle, on ajoutait une pointe vert foncé. Une autre couleur, dite *posch*, formée de vert foncé, d'ocre rouge et d'un peu de cinabre, servait pour les yeux, les sourcils, les narines, la bouche, le menton, les fossettes, les rides et pour la barbe des jeunes gens. La lumière, couleur de chair additionnée de céruse, donnait du relief aux parties saillantes du visage, nez, front, menton, etc.

Le coloris est clair : les ocres jaunes et rouges y tiennent une place importante ; les bleus, dont le prix était apparemment élevé, sont employés avec parcimonie. Une gamme harmonieuse de variétés provient de la combinaison de ces couleurs entre elles et avec un lait de chaux. Les teintes sont plates : touches blanchâtres pour les saillies, traits plus foncés pour les ombres et les contours. De longs traits bruns ou rouges et à pois blancs appuient souvent les grandes lignes de l'architecture. Les vêtements se collent presque toujours au corps, mais, en certains cas, avec des plis qui sont d'une sobriété, d'une sûreté et d'une noblesse impressionnantes. Ce n'est pas dans les vêtements seuls que le peintre rappelle la vérité plutôt qu'il ne la rend : la figuration des arbres, des maisons, des accidents de terrain, etc., est un schéma mnémotechnique plutôt qu'une imitation. Cette apparente gaucherie ne provient pas uniquement de l'insuffisance des peintres ; elle tient aussi à un principe méconnu de nos jours : un tableau est une fenêtre ouverte sur un sujet, on ne le voit bien que d'un point, celui-là même d'où l'artiste l'a considéré ; c'est donc une erreur de traiter comme un tableau une peinture murale, qui est, elle, destinée à être vue simultanément par un grand nombre de personnes.

Dans des édifices pauvres, la peinture simulait un appareil, relevé d'une fleur sur chaque bloc et qui pouvait être coupé d'une bande plus ou moins large de rinceaux, au sommet des voûtes, par exemple, ou à la hauteur des chapiteaux.

PEINTURE GOTHIQUE

Deux circonstances tendent à modifier dans son principe la peinture murale gothique : en premier lieu, l'église gothique, toute en membrures, n'a guère de larges surfaces plates que dans les voûtes ; en second lieu, l'éclat des grandes verrières aurait éteint les peintures sur les murailles si on n'avait pas donné à ces peintures des tonalités plus vibrantes et plus vigoureuses. Les peintres gothiques ont donc principalement dessiné des ornements en s'aidant de poncifs ; les artistes du XIIIe siècle ont appliqué des couleurs chaudes, bruns rouges, bleus profonds, etc., broyées notamment avec la résine ou de la cire. Or, comme chacune de ces teintes, si elle avait rayonné sur la voisine, en aurait modifié la valeur, on les cernait d'un filet noir ou or. On usa des rehauts métalliques et même des incrustations de verre.

Ces procédés, employés dans les monuments les plus riches, comme la Sainte-Chapelle, n'étaient pas de mise pour les édifices plus modestes : dans ces derniers on conservait les appareils simulés et les tonalités ocreuses, sauf à augmenter l'intensité du coloris dans le voisinage des vitraux. Vers le XIVe siècle, on abandonna souvent ces décorations magnifiques : on coloriait vivement les clefs des voûtes et les amorces des nervures ; on jetait par endroits un motif ou un personnage détaché. Il subsiste toutefois de la période gothique des peintures murales d'une grande richesse.

Pour camper les personnages, les peintres avaient des procédés géométriques dont il nous est resté des exemples dans l'album d'un architecte picard du XIIIe siècle, Villard de Honnecourt.

PEINTURE DE LA RENAISSANCE

Le XVIe siècle mêla aux motifs gothiques un répertoire nouveau, qui finit par exclure le précédent. Ce sont des arabesques, des médaillons, des cartouches, des feuillages, des trophées ou encore des paysages, des personnages mythologiques et des scènes. La peinture d'imitation tendait à dominer, et de plus en plus on transposait sur les murs les tableaux de chevalet.

PEINTURE CLASSIQUE

Au XVIIe siècle, la peinture devient plus riche de lignes et de couleurs : les guirlandes s'alourdissent ; dans les panneaux prennent place de graves portraits, et dans les plafonds, des groupes que l'on voit en raccourci ; les ors chauffent la tonalité générale et des camaïeux peuvent jeter dans l'ensemble une note supplémentaire.

L'abus de cette opulence solennelle et massive appelait un art plus aimable et plus léger : léger d'idée, léger de dessin, léger de coloris. Le XVIIIe siècle est le temps des paysanneries, des sites riants, des scènes champêtres, des trophées de musettes, chalumeaux, tambourins, arcs et carquois retenus par des nœuds de ruban. La fantaisie crée sur les murs des salons et des boudoirs bien d'autres motifs badins : on y vit même éclore des chinoiseries. En même temps, les lignes s'assouplissaient, la tonalité s'éclaircissait ; on en vint à ces monochromies Louis XVI, en laque grisâtre.

PENDENTIF

Construction en forme de triangle courbe renversé, sous une coupole. Autrefois, on appelait de ce nom le remplissage d'une voûte d'ogives.

PENNE

Au Moyen Âge, crénelage d'un mur de château ; et, par extension, le château même.

PENTURE

Bande de fer fixée sur le vantail de la porte et par laquelle ce vantail est suspendu au gond.

PERCHE

Colonnettes adossées aux piliers des nefs de l'époque romano-byzantine et de l'époque ogivale. Ces colonnettes partent depuis le sol et s'élèvent jusqu'à la hauteur des retombées des voûtes dont elles reçoivent les nervures ou croisées d'ogives sur des chapiteaux accouplés.

PÉRIBOLE

Enceinte sacrée d'un temple gréco-romain, contenant des autels et des statues de la divinité, mais encore des édicules et un bois sacré.

PÉRIDROME

Galerie, sorte de promenoir couvert qui faisait le tour d'un temple ou d'un édifice quelconque.

PÉRISTYLE

Ce terme, dérivé du grec, désigne un édifice dont le pourtour intérieur est décoré de colonnes ; synonyme d'**atrium** (voir ce mot).

PERLE

Ornement d'architecture composé de petits grains ronds taillés qui décorent des moulures ; on nomme aussi cet ornement **patenôtres** (voir ce mot, et **Objets décoratifs**).

PEULVAN

Synonyme de **menhir** (voir ce mot).

PHYLACTÈRE

Bandes de parchemin ou de peau de vélin sur lesquelles les Hébreux transcrivaient certains passages des Livres saints, qu'ils enroulaient autour de leurs bras ou qu'ils posaient sur leur front. Au Moyen Âge, on désignait sous ce terme des banderoles que des anges ou divers personnages représentés en peinture ou en sculpture tenaient dans leurs mains ; ces banderoles portaient des inscriptions.

PIED-DROIT

Montant d'une baie, qui la délimite sur ses flancs et qui en porte la couverture, **arc** ou **linteau**.

PIÉDESTAL

Base d'une construction, base qui supporte une statue, un groupe, une colonne monumentale.

PIERRE (D'ANGLE)

Pierre fondamentale de l'angle extérieur d'un monument.

PIERRES SÈCHES

Les constructions en pierres sèches sont érigées par accumulation, sans mortier.

PIGNON

Partie supérieure triangulaire d'un mur contre laquelle bute le comble et dont les côtés suivent la pente du toit. L'architecture du Moyen Âge ne connaît pas le **fronton** (voir ce mot) ; le pignon a des côtés obliques répondant aux versants du toit et ces côtés se rencontrent suivant un angle plus aigu que les rampants du fronton classique ; de plus, les naissances de ces rampants ne sont pas reliées par une moulure horizontale et le mur monte d'une venue jusqu'au faîte.

PILASTRE

Ce mot désignait les piliers classiques ; on le réserve plutôt aux piliers engagés dans un mur ou un support, et formant une légère saillie.
Les Romains avaient imaginé des pilastres du même ordre (dorique, ionique, corinthien) que les colonnes qui leur répondaient, et les architectes modernes n'ont pas manqué de s'approprier cette formule. L'architecture romane a fait, notamment en Bourgogne et en Provence, usage des pilastres cannelés.

PILE

Synonyme de pilier. S'emploie presque uniquement pour désigner les supports entre deux arches d'un pont, les supports des extrémités s'appelant culées.

PILIER

Support vertical isolé qui n'est pas une colonne. On appelait autrefois *pilier butant* le **contrefort** (voir ce mot). Il est de règle constante que les piliers entre **abside** et **déambulatoire** (voir ces mots) soient plus légers que les autres ; ce sont très souvent de simples colonnes.

À cette exception près, les piliers des églises tendent à devenir, depuis les origines, de plus en plus compliqués. C'étaient fréquemment, au début, des colonnes arrachées aux ruines romaines ; puis, la colonne fut remplacée par le pilier simple sur plan carré. Dès l'époque latine, la nécessité d'équilibrer les voûtes des bas-côtés et de recevoir sur un support la retombée des divers arcs oblige de renforcer de dosserets les piles simples ; il en résulte plusieurs combinaisons, dont la plus ordinaire consiste dans le pilier en croix. On retrouve ces piliers cruciformes dans les constructions préromanes.

Le pilier étant fait pour porter une charge, ses formes varient suivant celle-ci. C'est dans les arcs et dans les voûtes que les changements s'opèrent d'abord.

La voûte et les arcs romans présentaient des nervures saillantes ; il fallut donc armer les supports de colonnes et de pilastres destinés à recevoir ces nervures. En général, les colonnes sont des colonnes engagées qui font corps avec le pilier et qui sont montées en même temps que ce dernier.

Dès l'époque romane, noyau et colonnettes sont maçonnés ensemble. La colonne antique est tantôt adossée, tantôt engagée de moitié dans le mur voisin ; la colonne romane est engagée d'un tiers environ ; la colonne gothique est absorbée par le pilier : on distingue de moins en moins celui-ci et celle-là.

Le plan des supports gothiques ressembla de plus en plus au profil des membrures qui s'y appliquaient. Cette évolution en vint à un point où fut inutile le chapiteau, qui servait de transition entre le support et la charge ; il disparut alors et les nervures descendirent jusqu'au sol.

PINACLE

Amortissement en forme de pyramide ou de cône, orné de fleurons, servant de couronnement à un contrefort.

Les maîtres d'œuvre des derniers temps du gothique ont abusé des pinacles : ce sont de petits édicules de pierre, plus ou moins percés sur leurs faces, ornés de crochets sur leurs angles et que l'on dresse en haut des **contreforts** et des **pilastres**, à la naissance d'une **flèche** ou d'un **pignon** (voir ces mots). Le pinacle avait pour but de lester la maçonnerie sur laquelle il était élevé, d'en empêcher le glissement. Par exemple, le rampant d'un pignon a une tendance à s'échapper vers le vide ; le constructeur ménage donc, à la naissance, un petit arrêt horizontal et il le charge d'un pinacle.

Des pinacles décoratifs ornent jusqu'aux montants des balustrades ; le Moyen Âge et surtout la période gothique n'admettaient pas qu'un membre vertical restât sans remplir une fonction, sans porter un couronnement. Le résultat fut un hérissement foisonnant d'aiguilles et de clochetons.

PIRIFORME

Voûtes qui affectent la forme d'une poire.

PISCINE

On appelle piscine, dans l'architecture religieuse, une sorte de bassin pratiqué dans les crédences, foré d'un trou vers son milieu et dans lequel on jette certaines ablutions.

PISÉ

Terre pilonné.

PLACE FORTE

Les places fortes sont de nature et d'importance très variables : des enceintes abritaient une grande ville et une garnison nombreuse ; dans les Pyrénées, des tours de guet avaient pour toute garnison un ou deux hommes et un chien : l'homme surveillait le pays et signalait les dangers par des feux ou des fumées dont le nombre était proportionné à la force de l'ennemi. Les églises voûtées, massives et résistantes, étaient à peu de frais mises en état de soutenir un assaut : la défense était installée dans le clocher ou entre voûte et toit. Les moulins pouvaient être fortifiés et aussi les manoirs, les monastères, les villages : dans la langue du Moyen Âge, *castrum* ne désigne pas un château, mais un village clos de murs.

Dans le monde gallo-romain, les *castra* sont des camps. Les troupes romaines s'y retranchaient tous les soirs pour prendre leur repos, à ce point qu'elles comptaient les journées de marche par le nombre de camps qu'elles avaient établis. Ces camps de passage s'appelaient *casta aestiva*, camps d'été, parce que l'on ne faisait guère campagne que pendant cette saison.

Les *castra hiberna*, où les troupes prenaient leurs quartiers d'hiver, étaient entourés de défenses plus solides et ils comportaient des baraquements.

Les *castra stativa* étaient des camps permanents, qui pouvaient être utilisés comme gîtes d'étape, mais dont l'objet était d'occuper une position stratégique. Parmi ces derniers camps, beaucoup ont donné naissance à des villes.

Le camp devait décrire un rectangle légèrement allongé ; en réalité, le plan était approprié aux circonstances, surtout au relief du sol. Quelle que soit la place forte, il est d'usage qu'elle comprend l'enceinte et un réduit ; dans les châteaux, ce réduit est le donjon. Les plus anciens donjons étaient des tours de bois posées sur des mottes de terre rapportée, qu'il ne faut pas confondre avec les *tumuli* préhistoriques.

PLAFOND

On appelle plafond la couverture, vue par-dessous, d'une salle, lorsque cette couverture n'est ni une voûte, ni un toit. Bien que le plafond puisse n'être que la face inférieure du plancher, il ne faut pas confondre ces deux termes.

PLAISANCE (CHÂTEAUX DE...)

Le château de plaisance des bords de la Loire est dans la continuité (dans ses grandes lignes) du château fortifié des XIVe-XVe siècles ; à Chambord, qui fut commencé en 1519, le plan rappelle le château de plaine de l'époque antérieure : tours d'angle, donjon sur un côté et, au revers des courtines, une enfilade de pièces qui entourent une cour ; en élévation, l'importance et la multiplicité des combles coniques sont également dues à une vieille tradition. Ussé, Chenonceaux (1515-1524), Azay-le-Rideau (1516-1524), Chaumont sont encore plus Moyen Âge que Chambord.

Ce qui constitue des innovations, ce sont les percements larges sur l'extérieur, l'abaissement de partie des courtines, les pilastres, les cordons horizontaux formant comme un entablement à chaque étage, les fenêtres superposées, les motifs classiques ; enfin, dans la composition de l'ensemble, la recherche de la symétrie et de l'effet monumental.

À la même époque, dès le règne de François Ier, d'autres châteaux sont conçus différemment : Blois (aile François Ier), entrepris peu après 1515, Fontainebleau en 1528, Ecouen en 1532. Il est vrai que ce ne sont pas, à proprement parler, des châteaux, des résidences rurales ; ce sont plutôt des palais urbains transportés aux champs.

Peu à peu les tours d'angle cédèrent la place à des pavillons carrés ; les perrons formèrent soubassement ; les combles prirent une silhouette nouvelle. Au XVIIe siècle, le classicisme pompeux avait détrôné le pittoresque féodal.

PLANCHER

Ensemble des pièces en bois qui forment et portent le sol d'un étage. On fait aussi des planchers en métal et même en métal et maçonnerie.

PLATE-BANDE

Architrave ou linteau. Ce mot s'emploie principalement à propos des linteaux ou architraves appareillés.

PLATE-BANDE APPAREILLÉE

Les plates-bandes appareillées sont constituées par des blocs taillés en coin, à la façon des claveaux et dont les joints convergent vers un point.

Certains de ces linteaux ont des *crossettes*, par lesquelles les blocs s'accrochent l'un à l'autre.

Si le linteau monolithe est sujet à se casser, le linteau appareillé risque de s'effondrer. On combine volontiers l'un ou l'autre avec un arc : l'arc, placé au-dessus du linteau, détourne de celui-ci la pesée des maçonneries supérieures, – c'est un **arc de décharge**.

PLÂTRE

Le plâtre et le stuc permettent d'obtenir non seulement des enduits unis, mais aussi, à défaut de sculpture dans la pierre, des moulures et même d'autres ornements en relief. Le plâtre est fragile et on ne l'emploie qu'à l'intérieur. Le Moyen Âge s'en servait principalement comme d'une matière agglutinante, d'un mortier.

PLEIN CINTRE

Tracé d'un arc en demi-cercle (voir **Arc**).

PLINTHE

Assise carrée au bas d'une colonne, d'un mur. Peut être synonyme de socle.

POCHOIR

Feuille dans laquelle est découpé un dessin et qui sert à le reproduire sur un mur, un panneau de bois, etc.

PODIUM

Construction élevée autour de l'arène d'un amphithéâtre ou d'un cirque, sur la plate-forme de laquelle étaient les places des spectateurs de premier rang.

Soubassement de peu de hauteur formant autour d'une chambre une sorte de mur d'appui, sur lequel on pouvait disposer divers objets. Par extension, estrade.

POINÇON

Dans la charpente, pièce verticale qui monte du milieu du tirant à la tête des arbalétriers.

POITRAIL

Pièce ou assemblage de pièces de bois ou de fer, dont les extrémités sont posées sur des supports et qui soutiennent des maçonneries supérieures.

PONCIF

Synonyme de **pochoir**.

PONT

Le réseau des voies romaines rendait nécessaire des ponts nombreux, que le Moyen Âge utilisa longuement. L'ordre des Frères pontifes fut créé, au XIIe siècle, pour construire, comme l'indique leur nom, et entretenir les ponts.

Pendant l'Antiquité, les arches dessinaient un plein cintre ou une courbe approchante ; les maîtres d'œuvre gothiques adoptèrent plutôt l'arc brisé. Cette forme a un avantage – elle est plus solide, et des inconvénients – elle exagère la hauteur, et exige de ce fait soit un tablier en dos d'âne, soit des rampes d'accès. On traça donc, depuis le XVIe siècle, des arches de plus en plus surbaissées ; on les fit aussi de grandes portée, pour diminuer le nombre des piles : en effet, ces dernières encombrent le lit et gênent le cours, d'autant plus qu'il fallait d'abord les faire très grosses pour les fonder solidement, et ensuite les protéger par des enrochements.

Les Romains plaçaient volontiers des arcs de triomphe sur les ponts. Tous les ponts importants du Moyen Âge étaient fortifiés, chargés d'une ou plusieurs tours où pouvaient se tenir, soit les agents chargés de lever les péages, soit la garnison qui avait à défendre le passage. Sur les ponts on plaçait aussi des croix, des chapelles, quelquefois des moulins et des boutiques.

PORCHE

Avant-corps couvrant une porte et s'ouvrant vers le dehors. On distingue : l'*atrium*, cour carrée qu'entourent des portiques ; le *narthex*, avant-corps formé d'un portique plaqué sur la façade des anciennes basiliques (le narthex est pareil à un côté de l'atrium) ; le *porche*, avant-corps de formes diverses qui s'ouvre sur l'extérieur ; l'*avant-nef*, que l'on appelle aussi *galilée* ou *pronaos*, sorte de nef antérieure qui existe dans quelques grandes églises monastiques ; le *parvis*, espace à ciel ouvert entouré d'une clôture basse.

PORTAIL

Porte importante accompagnée de son ordonnance architecturale : façade où est percée la porte. Frontispice d'architecture, élévation qui sert de façade d'entrée à un édifice, principalement la façade ogivale d'une église, d'une cathédrale.

PORTE D'ÉGLISE

Les portes principales sont l'un des morceaux essentiels dans l'architecture des églises romanes aussi bien que des églises gothiques.

La porte des églises latines est simple, si on la compare aux portes de la période qui suivit. Les portes romanes sont souvent riches. Pour donner à l'encadrement son importance, on a multiplié les voussures et les jambages. Il a fallu augmenter également les dimensions de la baie. Comme on ne pouvait pas accroître indéfiniment la longueur du linteau, on le soulagea au milieu par un montant ou *trumeau*. Il était naturel de placer contre ce trumeau une statue, qui peut-être conduisit à en poser d'autres contre les jambages. Enfin, pour avoir l'épaisseur de mur nécessaire à des encadrements aussi profonds, on logea souvent la porte dans un avant-corps, qui eut parfois son couronnement et sa corniche.

Les statues des jambages sont d'abord raides et collées à la colonne, quand elles ne la remplacent pas sur une certaine hauteur : au XIIIe siècle, elles prennent une allure plus dégagée et se détachent en avant du pied-droit. Au cours du même siècle, l'usage se répandit d'abriter les personnages sous un **dais** (voir ce mot), que ces personnages soient sur les jambages ou dans les voussures.

L'arc de nombreuses portes, aussi bien romanes que gothiques, est surélevé à cause du linteau, qui sans cette précaution réduirait la surface du **tympan** (voir ce mot).

Le **gâble** (voir ce mot) se posa sur l'arc des portes dès l'époque romane. On plaqua des statues sur des gâbles gothiques ; ils furent de plus en plus travaillés, contournés, tourmentés ; ils prirent une forme en accolade et finirent par être évidés comme des fenêtres.

La porte revint, sous la Renaissance, à des lignes plus sages : le plein cintre et l'ellipse prirent la place de l'arc brisé ; puis, le linteau droit succéda au plein cintre. On eut alors de grandes baies carrées, nues ; l'ornementation de la façade résida surtout dans les colonnades. On n'obtint plus, comme à Notre-dame de Paris, Amiens, Bourges, etc., un alignement de trois ou cinq portes dont les ébrasements profonds et peuplés de statues constituaient à eux seuls un merveilleux décor.

PORTIQUE

Galerie qui s'ouvre, sur au moins l'un de ses deux flancs, par une colonnade.

POSTICUM

C'est, dans le temple antique, la partie qui est en arrière de la **cella** (voir ce mot), donc opposée au *pronaos*.

POTERIES

Terme générique qui désigne les objets en terre cuite, principalement les creux et ceux en forme de vases.

POTERNE

Petite porte dans une muraille fortifiée. Ce terme, dérivé du latin, signifie littéralement porte de derrière. C'était une fausse porte placée sur quelques points du rempart, qui donnait accès aux fossés d'où on arrivait sans être vu des assiégeants.

POURTOUR

Voir **Déambulatoire**.

POUTRE DE GLOIRE

Voir **Arc triomphal**.

PRÉAU

Espace à ciel ouvert qu'entourent des logis, des galeries d'un cloître, etc.

PRÉHISTOIRE

Période concernant l'humanité avant l'apparition de l'écriture et le travail des métaux. La préhistoire ne peut pas dire, même à des centaines d'années près, quelle fut la durée des temps qu'elle étudie. Nous savons, du moins, que les premières phases furent très longues : les hommes de ces époques reculées ont vu s'accomplir des phénomènes géologiques qui ont modifié l'aspect de notre globe ; ils ont traversé une période de chaleur, une période de froid humide, une période de froid sec, lesquelles ont changé les conditions de leur existence et de leur habitat. Quant aux bouleversements d'ordre historique, nous les ignorons. D'où venaient les hommes quaternaires ? Quelles migrations les ont conduits dans ce qui est aujourd'hui l'Europe ? Nous sommes également réduits, en ce qui concerne leur degré de culture, à des hypothèses fondées sur des comparaisons avec les peuplades sauvages contemporaines. Les hommes, groupés en petites tribus, étaient obligés de se défendre contre les bêtes féroces : hippopotame, rhinocéros, hyène, puis grand ours, mammouth, lion, renne, bison, grand cerf, saïga, etc. Sans négliger la pêche, la chasse leur permettait de s'alimenter et de se vêtir. L'homme n'avait pas encore apprivoisé le chien et le cheval, ni le bœuf et le mouton, et il luttait seul, avec des armes et des outils très rudimentaires. C'étaient à l'origine, des silex taillés par percussion et par pression, servant de poignards, de haches, de pointes de flèche et qui ont donné son nom à l'**âge de la pierre éclatée** ou **période paléolithique**. Ce furent ensuite les armes et les outils en pierre polie de la **période néolithique**. Puis apparut le cuivre et peu après le bronze ; le fer commença d'être employé en Gaule mille ans environ avant notre ère. Le métal fut d'abord une rareté coûteuse réservée aux chefs ; de longtemps l'introduction de l'outillage métallique ne modifia sensiblement ni le style de l'art ni les procédés de l'industrie. Il y eut à cet égard, non une révolution, mais une évolution graduelle : on peut en conclure que l'usage du métal fut apporté par des commerçants et non par des conquérants. Dès l'âge de la pierre polie, les hommes ne nos contrées furent en rapport avec l'Orient ; il y eut des relations commerciales entre les côtes de l'Atlantique et le Bassin méditerranéen, pendant que des caravanes répandaient à l'intérieur les matières précieuses et les objets fabriqués. Ce négoce rudimentaire exerça peu à peu une action effective : les fouilles nous révèlent des traces de ces échanges. Sans l'histoire et sans textes, nous ignorons les invasions qui amenèrent sur notre sol, vers les VIᵉ-Vᵉ siècles avant notre ère, les Celtes venus d'au-delà du Rhin, les Ibères d'au-delà des Pyrénées. Voir **Caverne, Grotte, Mégalithe**.

MUSÉES ET SITES ARCHÉOLOGIQUES DE LA PRÉHISTOIRE EN FRANCE

Le territoire français abrite de nombreux sites archéologiques pré- (ou proto) historiques (grottes, fouilles...) accessibles ou non au public.
Cette richesse archéologique peut s'apprécier par la visite de musées, dans lesquels ont été regroupés divers vestiges.

Alsace

- Musée archéologique de Strasbourg. Il donne un bon panorama du rubané d'Alsace.

Aquitaine

- Musée de Préhistoire de Brassempouy (Landes). Il comprend toute une collection de Vénus paléolithiques.
- Musée national de Préhistoire des Eyzies de Tayac (Dordogne). Plus de 2000 outils préhistoriques et surtout des plaquettes gravées ou des blocs sculptés.
- Musée du site de l'abri Pataud, les Eyzies (Dordogne). Il reconstitue l'habitat, l'environnement et le mode de vie de l'homme préhistorique.
- Musée de Bordeaux.
- Musée du Périgord (Périgueux, Dordogne).

Auvergne

- Région de Saint-Flour (Cantal). Cette région de l'Auvergne comporte un bel ensemble de dolmens simples.
- L'Usteau du Loup (Saint-Gervazy, Puy-de-Dôme). Allée ouverte.

Bourgogne

- Archéodrome de Beaune (Côte d'Or). Reconstitution de la vie préhistorique.
- Musée archéologique des grottes d'Azé (Saône-et-Loire).
- Musée Denon (Chalon-sur-Saône, Saône-et-Loire).
- Musée de Préhistoire de Solutré (Saône-et-Loire).
- Musée de l'Avallonnais (Avallon, Yonne). Grottes d'Arcy-sur-Cure.

Bretagne

- De très nombreux sites, notamment dans les environs de Carnac.
- Musée archéologique Miln-le-Rouzic (Carnac, Morbihan). Ce musée renferme de nombreux objets provenant des fouilles des sites locaux.
- Musée archéologique de Vannes (Morbihan).

Centre

- Musée préhistorique du Grand-Pressigny (Loiret).

Corse

- Musée départemental de Pré et Pro-histoire de la Corse (Sartène). Il résume bien la spécificité de cette île.

Île-de-France

- Musée des Antiquités nationales de Saint-Germain-en-Laye (Yvelines).
- Musée de l'Homme (Paris).
- Musée de Préhistoire de l'Île-de-France (Nemours, Seine-et-Marne).

Languedoc-Roussillon

- De nombreux sites, notamment mégalithiques, à visiter.
- Musée archéologique de Narbonne (Aude). Essentiellement du paléolithique.
- Musée archéologique de Lattes (Hérault).
- Musée municipal des Matelles (Hérault) : du néolithique.
- Musée Fleury (Lodève, Hérault). Néolithique.
- Musée Paul Pastre (Marsillargues, Hérault). Néolithique.
- Musée municipal de Préhistoire de Saint-Pons de Thomières (Hérault). Néolithique.
- Exposition permanente de la Borie (Lozère).
- Musée de Préhistoire de Tautavel (Pyrénées-Orientales), célèbre site du paléolithique ancien.

Midi-Pyrénées

- Musée Fenaille à Rodez (Aveyron). Une salle consacrée aux statues-menhirs locales.
- Grotte-musée de Foissac (Aveyron).
- Centre de Préhistoire de Pech-merle-Cabrerets (Lot). Ce centre permet une approche des grottes ornées.
- Musée de la Préhistoire d'Aurignac (Haute-Garonne).
- Musée de la Préhistoire du Mas d'Azil (Ariège).
- Exposition permanente de Préhistoire et d'Archéologie de Tarascon-sur-Ariège (Ariège).

Nord-Pas-de-Calais

- Musée de Boulogne-sur-Mer (Pas-de-Calais).

Picardie

- Musée Boucher de Perthes (Abbeville, Somme). Hommage au fondateur de la préhistoire.
- Samara (Chaussée-Tirancourt, Somme). Station d'animation archéologique.

Poitou – Charentes

- Musée de la Société archéologique et historique de Charente (Angoulême).
- Musée éducatif de Préhistoire de Saintes (Charente-Maritime).

Provence – Alpes – Côte d'Azur

- Musée de Préhistoire régionale de Menton (Alpes-Maritimes).
- Musée de Terre Amata (Nice, Alpes-Maritimes).
- Musée Ziem (Martigues, Bouches-du-Rhône).
- Musée Calvet (Avignon, Vaucluse). Statues-menhirs.

Rhône – Alpes

- Musée régional de Préhistoire d'Orgnac-l'Aven (Ardèche).
- Musée archéologique de Soyons (Ardèche).
- Musée municipal d'Histoire et d'Archéologie de Die (Drôme).
- Musée municipal de Donzère (Drôme).
- Musée archéologique du Pègue (Drôme). Céramiques néolithiques
- Musée-site préhistorique de Vassieux-en-Vercors (Drôme). Un atelier de taille du silex a été conservé dans l'état où il a été découvert.
- Musée du Vieux-Conflans d'Albertville (Savoie).
- Musée Déchelette de Roanne (Loire).
- Musée de la Diana de Montbrison (Loire).

PRESBYTÈRE

Terme dont on se sert dans de vieux textes pour désigner l'abside.

PRISMATIQUE

Moulure qui présente les facettes d'un prisme, et qu'on rencontre quelquefois dans les archivoltes romano-byzantine. On désigne sous le même terme des moulures caractéristiques du style ogival tertiaire, qui affectent, surtout par leur base, la forme de prismes.

PROPORTIONS DES STATUES

Si des statues de portail sont rigides, en *tuyau d'orgue*, c'est qu'elles sont plaquées contre des pieds-droits ; elles portent et, pour ce motif, elles doivent rester dans la ligne verticale. Le tailleur d'images tenait compte et du rôle dévolu à sa sculpture et de la place qu'elle devait occuper. Quand on regarde de bas une statue assise, le buste se raccourcit et les cuisses s'allongent ; l'artiste doit donc faire le buste long et les cuisses courtes.

PROTOHISTOIRE

Période concernant l'humanité qui suit immédiatement l'apparition de l'écriture et le travail des métaux, et achève la préhistoire. Certaines civilisations mégalithiques sont protohistoriques.

PROFIL

Figure que donne la coupe – en long ou en travers, mais surtout en travers – d'un objet.

PRONAOS

Dans le temple antique, portique en avant de la **cella**. Dans l'église, voir **Porche**.

PUITS

Dans les églises romanes, souvent bâties sur des lieux sacrés celtiques, se trouvait un puits d'où l'on tirait l'eau du baptême et des ablutions.

PYLÔNE

Porte monumentale de forme pyramidale qui servait d'entrée à l'enceinte des principaux édifices égyptiens. L'intérieur des pylônes renfermait des escaliers et des chambres ; c'est par les petites fenêtres carrées de celles-ci qu'on hissait les bannières des mâts plantés devant les pylônes.

PYRAMIDE

Construction à base rectangulaire dont le sommet se termine en pointe ; les quatre faces de la pyramide sont des triangles.

SITES À VISITER

PARIS (75)

Cité des Gaulois Parisii, bourgade gallo-romaine, capitale de Clovis, puis des Capétiens. Vestiges gallo-romains du IIIe siècle (Thermes de Cluny, Arènes de Lutèce). Édifices gothiques : cathédrale Notre-Dame commencée au XIIe siècle, Sainte-Chapelle, Saint-Germain-l'Auxerrois, Saint-Gervais, Saint-Séverin… Édifice roman : Saint-Germain-des-Près. Église Saint-Sulpice du XVIIIe siècle… On retrouve la plupart des époques au hasard des quartiers.
Préhistoire : musée de l'Homme.

PAS-DE-CALAIS (62)

Arras
Cité gauloise des Atrébates, capitale du textile sous l'Empire romain et au Moyen Âge, puis de la tapisserie. Arras fut la ville de saint Vaast qui, au VIe siècle, y édifia une abbaye.
Place de style Renaissance flamande. Cathédrale et palais Saint-Vaast du XVIIe siècle.
Boulogne-sur-Mer
Déjà port sous César (de là partaient les légions pour conquérir la Grande-Bretagne), la ville est jusque sous Louis XIV, un enjeu entre Français, Anglais et Impériaux. Enceinte et château de la ville haute du XIIIe siècle. Musée archéologique.
Garbecque
Église romane Saint-Nicolas.
Hesdin
Église Renaissance et baroque des XVIe-XVIIe siècles.

Lillers
Lieu de pèlerinage médiéval. Collégiale romane Saint-Omer du XIIe siècle.
Montreuil-sur-Mer
Remparts (dont XIIIe siècle) et citadelle du XVIe siècle. Église gothique Saint-Saulve sur une abbatiale du XIe siècle.
Saint-Omer
Basilique Notre-Dame, et église Saint-Denis des XIIIe-XVe siècles.

PUY-DE-DÔME (63)

Clermont-Ferrand
Cité romaine (Augustonemetum), cité épiscopale d'où, en 1095, le pape Urbain II appelle à la première croisade. Cathédrale Notre-Dame-de-l'Assomption des XIIIe-XIVe siècle. Basilique romane Notre-Dame-du-Port du XIIe siècle.
Issoire
Iciodorum à l'époque gauloise, école monastique sous les Mérovingiens. Abbatiale bénédictine romane Saint-Austremoine du XIIe siècle, avec crypte.
Menat
Vestiges d'un monastère bénédictin fondé au VIe siècle. Abbatiale du XIIe siècle.
Montferrand
Église Notre-Dame-de-Prospérité des XIIIe-XIVe siècles.
Mozac
Abbatiale bénédictine romane du VIIe siècle, restaurée au XIIe siècle.
Orcival
Basilique romane du XIIe siècle.
Pont-du-Château
Église romane Sainte-Martine.

Riom
Église romano-gothique Saint-Aimable. Église Notre-Dame du XIVe siècle.
Royat
Église romane fortifiée du XIIe siècle.
Sant-Gervazy
Site préhistorique : allée couverte de L'Ustau du Loup.
Saint-Nectaire
Site gallo-romain. Église romane du XIIe siècle.
Saint-Saturnin
Église romane du XIIe siècle.
Thiers
Église romane Saint-Genès du XIe siècle. Église romane du Moutier du XIIe siècle. Maisons médiévales.
Thuret
Église romane Saint-Limin.

PYRÉNÉES ATLANTIQUES (64)

Bayonne
Cité romaine fortifiée, puis citadelle bâtie par Vauban. Cathédrale gothique Sainte-Marie et cloître du XIVe siècle.
Isturitz
Grotte préhistorique (paléolithique supérieur).
Lescar
Beneharnum des Gallo-Romains. Cathédrale romane Notre-Dame du XIIe siècle. Vestiges d'un château du XIVe siècle.
Oloron-Sainte-Marie
Ville romaine détruite par les Normands. Évêché médiéval. Cathédrale romane Sainte-Marie du XIIIe siècle. Église romane Sainte-Croix ravagée au Ve siècle, reconstruite au XIe siècle.
Orthez
Tour du XIIIe siècle. Église des XIIe-XVe siècles.

Pau
Forteresse médiévale devenue capitale du Béarn. Château des XIIIe-XIVe siècles.
Saint-Jean-de-Luz
Édifices du XVIIe siècle.
Saint-Martin-d'Arberoue
Grotte préhistorique ornée.

HAUTES-PYRÉNÉES (65)

La Bastide
Site préhistorique (grotte).
Saint-Savin
Abbatiale romane des XIe-XIIe siècles.
Tarbes
Cathédrale romane fortifiée au XIVe siècle. Cloître gothique Saint-Sever.

PYRÉNÉES ORIENTALES (66)

Amélie-les-Bains-Palalda
Les thermes y datent des Romains. Siège d'une importante abbaye fondée en 778, puis transférée au XIe siècle à **Arles-sur-Tech**, à la suite d'un raid de pillards vikings.
Codalet
Église romane Saint-Michel-de-Cuxa.
Collioure
Château du XIIIe siècle fortifié par Vauban. Église Notre-Dame-des-Anges du XVIIe siècle.
Elne
Cité du IVe siècle avant J.-C., étape d'Hannibal dans sa marche sur Rome, oppidum gallo-romain, centre wisigoth, puis capitale (fortifiée) du Roussillon, et évêché médiéval. Cathédrale romane Sainte-Eulalie du XIe siècle.

ENVEIGT
Sites mégalithiques.
PERPIGNAN
Forteresse du Castillet des XIVe-XVe siècles.
Cathédrale gothique Saint-Jean. Palais des rois de Majorque des XIIIe-XIVe siècles.
PRATS-DE-MOLLO-LA-PRESTE
Église des Saintes-Juste-et-Rufine du Xe siècle, restaurée au XVIIe siècle.
SAINT-GENIS-DES-FONTAINES
Église romane Saint-Michel.
SERRABONNE
Prieuré roman fondé au XIe siècle, agrandi au XIIe.
TAUTAVEL
Site préhistorique.
VERNET-LES-BAINS
Église romane du XIIe siècle.
VILLEFRANCHE-DE-CONFLENT
Remparts du XIIIe siècle restaurés par Vauban. Église romane du XIIe siècle.

Q

QUADRILOBE

Voir **Quatre-feuilles**.

QUATRE-DE-ROND

Moulure convexe dont le profil dessine à peu près un quart de cercle.

QUATRE-FEUILLES

Figure formée de la réunion de quatre lobes. On désigne sous le même terme une rosace formée de quatre divisions, dans le haut des baies de l'époque ogivale.

QUEUE

Partie profonde d'une pierre dans une maçonnerie.

QUEUE D'ARONDE

Mode d'assemblage employé pour le bois, la pierre, le fer, ainsi nommé parce que le tenon est taillé en forme de queue d'hirondelle, anciennement aronde et hironde. Cette queue s'emboîte dans une entaille. Les Anciens employaient des doubles queues d'aronde pour réunir les pierres entre elles.

QUINTEFEUILLES

Rosace composée de cinq lobes. Voir **Quatre-feuilles**.

R

RADIER

Grille de charpente qui sert de base à un ouvrage ; sol artificiel au fond d'un canal, d'une écluse, etc.

RAGRÉER

Tailler un parement pour l'unir et le parfaire.

RAIS-DE-CŒUR

Ornement consistant en une suite alternée de feuilles et de dards (voir **Objets décoratifs**).

RAMPANT

Oblique. L'*arc rampant* est celui qui monte, dans le sens de la profondeur, ou dans le sens de la largeur ; dans ce dernier cas, il est souvent fait de deux ou plusieurs courbes dyssymétriques, dont les centres sont placés à des niveaux différents. Partie inclinée d'un toit, d'un fronton, d'un pignon...

RAMPE

Balustrade qui borde un escalier du côté du vide. Ne pas confondre avec la main courante, qui est le couronnement de la rampe.

RAVALER

Nettoyer un mur par une taille légère ou, peut être aussi, par l'application d'un enduit.

RAYONNANT

Qui s'étend dans le sens de rayons, comme les chapelles autour du déambulatoire. Se dit aussi de la période gothique correspondant à 1250-1400 environ, ainsi nommée parce que le cercle joue un grand rôle dans le réseau des fenêtres ; on le nomme aussi *style ogival secondaire*.

REDAN

Ce mot désigne un saillant formé par la rencontre de deux faces, les ressauts que décrit de distance en distance une ligne d'architecture pour racheter la déclivité du sol.

REDENT

Saillie formée par les lignes d'encadrement à l'intrados d'un arc, à l'intérieur d'un gâble, etc.

RÉFECTOIRE

Dans les monastères, le réfectoire est souvent une vaste et belle salle située sur le côté du cloître opposé à l'église. Le réfectoire de certains monastères est divisé dans le sens de la largeur en deux nefs, séparées par une série de colonnes. Une chaire pour le lecteur est contre l'une des parois longitudinales. Près de l'entrée du réfectoire et dans le cloître se trouve le *lavabo*. Quelques lavabos sont abrités sous des édicules, qui empiètent sur le préau.

REFEND (MUR DE)

Mur de séparation, à l'intérieur d'un édifice.

RÉGIOLE

Petite porte placée devant le *martyrium* d'un autel, contenant les restes d'un saint. Les fidèles introduisaient par les régioles des linges pour les faire toucher aux reliques, et avoir ainsi des amulettes.

RÉGLET

Autre nom du **listel** (voir ce mot), petite moulure plate et droite.

RELIQUAIRE

Écrin, souvent somptueux, destiné à recueillir et à présenter des reliques aux fidèles (voir **reliques**).

RELIQUES

Les saintes reliques, au Moyen Âge, firent l'objet d'un important trafic. On se disputait les restes de la sainte Croix, ou du saint suaire, mais aussi de dents, d'ossements et d'accessoires supposés avoir été ceux d'un des nombreux saints martyrs de la légende chrétienne... Saint Louis fit construire la Sainte-Chapelle, chef-d'œuvre gothique, pour recevoir les reliques achetées à l'empereur de

Constantinople, qui était endetté. Objet de vénération des foules, motif de pèlerinages, les reliques faisaient la richesse des églises ou des monastères qui les contenaient. Il n'était pas rare que des moines, pour la gloire –et le profit– de leur abbaye, volent les reliques d'un autre monastère.

REMPART

Levée de terre qui constitue l'enceinte d'une place moderne. Ne pas employer ce mot comme synonyme de muraille.

REMPIÉTER

Refaire le pied d'une construction.

RENAISSANCE (ART)

La Renaissance est le résultat de causes multiples. Le Moyen Âge s'était parfois inspiré de l'Antiquité ; le séjour d'artistes italiens en France, puis les guerres d'Italie ouvrirent notre pays à l'art italien, tout pénétré lui-même des influences antiques.

Cependant, l'architecture gothique française était trop vivante et trop robuste pour disparaître aussitôt : la Renaissance a été chez nous une combinaison de deux formules plutôt que la substitution de l'une à l'autre. Cet état de choses correspond approximativement à la période 1520-1590 : avant, c'est l'art du Moyen Âge ; après, c'est l'art classique.

Le XVIe siècle et les siècles suivants assistèrent à un développement démesuré de la puissance royale ; l'art cessa d'être l'expression de l'esthétique populaire ; il prit un caractère officiel et fut plus directement soumis au goût personnel du monarque. Grâce à l'accroissement de leurs ressources, aux progrès de la centralisation, enfin à l'organisation administrative de l'enseignement des beaux arts, François Ier et Louis XIV, notamment, ont marqué de leur empreinte l'art de leur temps : Chambord reflète les aspirations fastueuses de François Ier ; dans Versailles, où il dépensa des centaines de millions, comme dans la colonnade du Louvre, transparaît ce goût de la magnificence disciplinée qui était l'un des traits dominants du caractère de Louis XIV.

Pendant la Renaissance, les modifications s'affirment en premier lieu dans la décoration. À l'origine de la Renaissance, sur des édifices restés gothiques on sema des ornements en vogue : des arabesques, des rinceaux, des médaillons ; on rappela discrètement les ordres antiques par des pilastres plats, ornés de losanges et appliqués sur les cadres des baies.

En règle générale, la Renaissance réagit contre les lignes trop verticales et contre les dessins tourmentés du gothique flamboyant ; elle préfère, particulièrement dans les édifices autres que les églises, les berceaux aux croisées d'ogives ; elle remplace les flèches par des coupoles de dimensions réduites. Ce style est, d'ailleurs, assez souple pour admettre la fantaisie et l'originalité.

C'est surtout dans la construction des hôtels que se conserva la grâce de la Renaissance française ; plus tard, dans ces habitations de secondaire importance, principalement dans les inférieurs, s'affirmèrent le style Régence, le style Rocaille ou style Louis XV, et, dès le milieu du XVIIIe siècle, le style Louis XVI.

Le style Rocaille, d'une fantaisie débordante, ne tolérait pas la ligne droite. Le style Louis XVI demanda des leçons de mesure à l'antiquité grecque et l'interpréta très librement : il revint à des formes rationnelles ; l'horizontale et la verticale reprirent leurs droits.

RÉSEAU

Broderie du couronnement ou tympan d'une fenêtre de l'époque ogivale. Moulures en réseau : nattes ou entrelacs décorant un bandeau ou une partie de mur.

RÉSILLE

Ensemble des plombs servant à réunir les différentes pièces de verre composant un vitrail.

RESSAUT

Saillie d'une ligne d'architecture. Ainsi certains entablements romains sont ressautés pour supporter des statues.

RÉTICULÉ

Se dit de l'appareil dont les joints en diagonale rappellent le dessin d'un filet.

RETOMBÉE

Partie inférieure d'un arc ou d'une voûte, premiers claveaux d'une voûte qui portent sur une colonne, un pilastre, des colonnettes.

RETOUR

Faire retour se dit d'une moulure, d'une ordonnance, etc., qui passe d'une face d'un édifice à la face voisine. *En retour d'équerre* signifie à angle droit.

RETRAITE

Le contraire d'une saillie ; diminution d'épaisseur d'une maçonnerie par rapport à la maçonnerie qui est à côté ou au-dessous, d'un mur par rapport à son soubassement.

RINCEAU

Ornement sculpté ou peint, fait de branches entrelacées, de feuilles stylisées décorant les frises et les pilastres. Le mot rinceau, que l'on emploie souvent à tort, désigne proprement une tige qui ondule suivant une ligne régulière et qui jette des pousses à droite et à gauche.

Des rinceaux romains développent sur des frises ioniques ou corinthiennes leurs enroulements ; d'autres rinceaux du même temps sont, au contraire, raides et maigres, comme certains rinceaux romans où l'on a cherché une influence byzantine. Ces derniers sont parfois riches et gras, surtout dans les écoles provençale et bourguignonne, et parfois pauvres et grêles ; la tige peut être relevée de côtes, creusée en gouttière, ornée de perles, ou enfin entremêlée d'animaux et même de personnages. Pendant la Renaissance, les rinceaux tiennent moins de la sculpture que de la ciselure, et la pierre est traitée comme du bronze. Aux approches du XVIIe siècle et de nouveau vers la fin du règne de Louis XIV, la tige du rinceau se brise. Dans le style Louis XVI, des rubans se combinent avec les rinceaux.

RIPE

Outil de tailleur de pierre en forme de ciseau recourbé et dentelé, qui est monté sur un manche ; la ripe sert à racler la pierre.

RIVE

C'est le côté, le flanc : le mur de rive est un mur latéral, par opposition au mur de tête.

ROMAN (ART)

La période romane s'étend depuis le commencement du XIe siècle jusque vers le milieu du XIIe. Des chroniques signalent que, peu après l'an 1000, une fièvre de reconstruction s'emparant de la chrétienté, le monde se couvrit d'une blanche robe d'églises. Il semble, en effet, qu'à la faveur de la paix sociale restaurée, on éleva, durant la première moitié du XIe siècle, un très grand nombre d'édifices religieux.

Les entreprises, même les plus utiles, comme la construction d'un pont, n'avaient pas de dotation. Quand on avait décidé de faire ce pont, on fondait une confrérie pour recueillir les dons et ordonner les dépenses au mieux des intérêts de l'œuvre. Une telle pénurie imposait la nécessité de scinder les travaux et, dans les édifices de quelque importance, d'élever successivement les parties, des tranches verticales. On commençait généralement les églises par le chevet, par l'Est.

Les architectes, les maîtres d'œuvre, n'étaient pas des artistes instruits dans des écoles spéciales ; c'étaient des artisans, d'ordinaire des tailleurs de pierre, plus habiles que leurs camarades, mais, comme ceux-ci, formés sur les chantiers aux leçons de la pratique. Leur science était faite de traditions et d'observations personnelles, d'expérience et de bon sens.

Enfin, la féodalité avait morcelé la France en une foule de seigneuries, qui étaient, en fait, de petits États. Ainsi s'explique la variété qui est l'un des charmes de l'art médiéval. Les provinces n'étaient pas toutefois si hermétiquement fermées qu'il en fût impossible de recevoir et d'adopter certaines formes venues des provinces voisines ou même de pays lointains : les pèlerinages, les croisades et surtout le commerce des objets mobiliers, ivoires, soieries, etc., amenèrent la propagation de motifs d'origine orientale.

De même que le langage populaire, issu du latin, se décomposait et se transformait au point qu'il forma les langues romanes, de même, l'art de bâtir, qui procédait de l'art romain, s'en éloigna de plus en plus et constitua une architecture originale, à laquelle on a donné le nom d'architecture romane.

L'architecture romane a assoupli et simplifié les formules de l'architecture antique. Dans son principe essentiel, l'architecture romane privilégia la construction en pierre sur la construction en bois.

Dans les églises de la période latine, quand le feu s'y déclarait, il atteignait aisément la charpente ; celle-ci tombait, formant un brasier, les colonnes éclataient et l'édifice entier s'effondrait. Déjà à une époque reculée, on avait voûté certaines parties des églises et la voûte s'était peu à peu étendue. Durant la période romane, elle gagna, du moins dans la plupart des contrées, l'église tout entière. Parallèlement, la construction en pierre atteignit l'architecture militaire et les plus notables productions de l'architecture civile.

Cette prédominance de la voûte et de la pierre est la caractéristique la plus importante de l'architecture romane. Les voûtes romanes continuent celles de l'art romain : voûte en berceau, voûte d'arêtes, coupole.

La voûte en berceau a quelquefois, surtout pendant le XIe siècle, un tracé légèrement outrepassé, en *fer-à-cheval*. Plus souvent, depuis le XIIe siècle, elle est pointue, en *arc brisé*, ou, comme on dit, en *ogive*.

L'arc brisé est plus solide, plus stable que le plein cintre : il garde du plein cintre les parties basses, qui travaillent le moins ; il en supprime la partie haute, qui travaille le plus. En outre, l'arc brisé peut être plus au moins aigu ; il ne suppose pas un rapport constant entre ses deux dimensions en hauteur et en largeur, et il permet de porter la clef au niveau où elle doit être pour l'utilité de la construction ou pour l'agrément des yeux.

La voûte d'arêtes romane est fréquemment établie sur **doubleaux** (voir ce mot) et bombée. L'usage systématique des doubleaux est l'un des caractères de l'architecture romane. Il présentait entre autres cet avantage de fractionner les voûtes ; on pouvait ainsi exécuter les travées l'une après l'autre.

On est porté à croire que l'évolution de la construction romane aboutit au gothique. En réalité, les provinces qui élevaient de beaux édifices romans n'éprouvaient pas le besoin de trouver autre chose : le gothique a vu le jour en des régions qui maniaient mal la construction romane. Le gothique n'est pas le roman perfectionné : c'est une formule nouvelle et bien distincte.

MONUMENTS ROMANS DE FRANCE

Ain

- Église Saint-Barthélémy de Buellas
- Église Saint-Maurice de Gourgans
- Église de Saint-André de Bâgé-le-Châtel

Aisne

- Église Notre-Dame d'Urcel
- Église Sainte-Geneviève de Marizy
- Église d'Oulchy-le-Château

Allier

- Église Saint-Georges de Bourbon l'Archambault
- Église Saint-Julien de Saulcet

Alpes-de-Haute-Provence

- Église Notre-Dame-du-Puy de Ganabovié
- Église Notre-Dame de Sisteron
- Notre-Dame-du-Bourg, à Digne

Hautes-Alpes

- Chapelle Saint-Jean d'Argentières La Bessée
- Église Notre-Dame d'Embrun

Ardèche

- Église Saint-Pierre de Champagne
- Saint-Martin de Vion

Ardennes

- Église Saint-Remi de Baalons
- Chapelle du cimetière de Malmy

Ariège

- Église Saint-Martin d'Unac
- Notre-Dame de Val

Aube

- Église Saint-Pierre, Bar-sur-Aube
- Église Sainte-Madeleine, Troyes

Aude

- Basilique Saint-Nazaire de Carcassonne
- Église de l'Assomption de Notre-Dame-de-Rieux, Minervois
- Abbaye de Fontfroide

Aveyron

- Église Sainte-Foy (ancienne abbatiale) de Conques
- Église Saint-Cyrise de Montjaux

Bouches-du-Rhône

- Église Saint-Trophime d'Arles
- Chapelle Saint-Gabriel de Saint-Étienne du Grès
- Cathédrale Saint-Sauveur, à Aix
- Église de Salon

Calvados

- Notre-Dame à Bayeux
- Église de La Trinité de Caen
- Saint-Jean, à Audrieu
- Église de Beaumais
- Église de Bernières
- Église de Cinheaux
- Église de Cruelly
- Église de Saint-Gervais à Falaise

- Église de Mouen
- Église d'Oustreham

Cantal

- Basilique Notre-Dame-des-Miracles de Mauriac
- Église Saint-Pierre de Menet
- Église d'Ydes

Charente

- Saint-Pierre-de-la-Tour d'Aulnay de Saintonge
- Saint-Eutrope à Saintes
- Église de Chalais
- Église Saint-Léger à Cognac
- Église de Courcôme
- Église de Gensac
- Église de Ruffec

Charente-maritime

- Cathédrale Saint-Pierre d'Angoulême
- Ancienne abbatiale de Saint-Amant-de-Boixe
- Église d'Échebrune
- Église d'Échillais
- Église d'Écoyeux

Cher

- Église Saint-Genès de Chateaumeillant
- Église Austrégésile de Saint-Outrille de Graçay
- Cathédrale Saint-Étienne à Bourges
- Église de La Celle-Bruère

Corrèze

- Saint Étienne de Lubersac
- Ancienne abbatiale Saint-Pierre d'Uzerches
- Église de Beaulieu

Corse

- Sainte-Trinité d'Aregno
- Ancienne cathédrale Sainte-Marie, à Saint-Florent

Côte-d'Or

- Ancienne abbatiale Notre-Dame de Fontenay par Marmagne
- Église Saint-Andoche de Saulieu

Côte d'Armor

- Église Saint-Sauveur de Dinan

Creuse

- Église Saint-Barthélémy de Bénévent l'Abbaye
- Église Sainte-Valérie de Chambon-sur-Voueize

Dordogne

- Église Saint-Julien de Cénac
- Église Saint-Jean de Merlande
- Église de Bussière-Badil

Drôme

- Église Saint-Michel de La Garde d'Adhémar
- Église de Saint-Restitut
- Église de Léoncel
- Église Saint-Barnard à Romans
- Cloître de Saint-Donat

Eure

- Église Saint-Martin-de-Broglie
- Église de Bernay

Eure-et-Loir

- Église Notre-Dame d'Yron

Finistère

- Église Sainte-Croix de Quimperlé

Gard

- Église de Saint-Gilles du Gard

Haute-Garonne

- Église Saint-Christophe de Montsaunes
- Église Saints-Pierre-et-Gaudens, à Saint-Gaudens
- Cloître de Saint-Bertrand-de-Comminges

Gers

- Église Saint-Antoine de Lialores
- Église paroissiale de Mouchan

Gironde

- Église Notre-Dame de Castelviel
- Église de Bégadan
- Église Saint-Pierre de La Lande de Fronsac
- Sainte-Croix à Bordeaux

Hérault

- Église Saints-Pierre-et-Paul de Lamalou-les-Bains
- Église Saint-Sauveur et Guillaume à Saint-Guilhem-le-Désert
- Église Saint-Pierre à Maguelonne

Îlle-et-Vilaine

- Église Saints-André-et-Louis d'Antrain
- Église Saint-Sauveur de Redon

Indre

- Église Notre-Dame de Châtillon-sur-Indre
- Église Notre-Dame de Gargilesse Dampierre
- Église de Fontgombault
- Église de Saint-Genou

Indre-et-Loire

- Église Saint-Symphorien d'Azay-le-Rideau
- Saint-Ours de Loches
- Église de Cravant

Isère

- Église de Saint-Pierre d'Allevard
- Saint Maurice à Vienne

Jura

- Église Saint Just d'Arbois
- Église Saint-Désiré de Lons-le-Saunier

Landes

- Église Sainte-Quitterie-au-Mas d'Aire-sur-Adour
- Église de Saint-Sever-sur-Adour

Loir-et-Cher

- Église Saint-Eucise de Selles-sur-Cher
- Saint-Jacques-des-Guérêts
- Église de Saint-Aignan-sur-Cher

Loire

- Église Saint-Fortunat de Charlieu
- Église de Saint-Roman-Le-Puy

Haute-Loire

- Église Saint-Chaffre de Monastier-sur-Gazeille
- Cathédrale Notre-Dame du Puy

Loire-Atlantique

- Église Saint-Philbert-de-Grandlieu

Loiret

- Ancienne chapelle palatine de Germigny
- Basilique de Saint-Benoît-sur-Loire
- Église de Bellegarde

Lot

- Église Saint-Genès d'Aynac
- Église Sainte-Marie de Souillac
- Cathédrale de Cahors
- Église de Carennac
- Église Saint-Sauveur à Figeac

Lot-et-Garonne

- Église Sainte-Marie d'Aubiac
- Église Saint-Caprais à Agen

Lozère

- Église Saints-Gervais-et-Protais de Langogne
- Église Saint-Alban-sur-Limagnole

Maine-et-Loire

- Église Notre-Dame des Tuffeaux à Chênehutte
- Notre-Dame-du-Grand-Moutier à Fontevrault
- Cloître Saint-Aubin, Angers
- Église de Cunault

Manche

- Église Saint-Germain à Barneville
- Abbatiale du Mont Saint-Michel
- Église de Lessay

Marne

- Église Notre-Dame à Corroy
- Basilique Saint-Rémi à Reims

Haute-Marne

- Église Saint-Thibaut à Clefmont
- Cathédrale Saint-Mammès à Langres

Mayenne

- Église Saint-Jean à Château-Gonthier
- Église Notre-Dame d'Avenières à Laval

Meurthe-et-Moselle

- Église Saint-Laurent à Laître-sous-Amance
- Église Saint-Pierre à Liverdun

Meuse

- Église Saint-Rémy à Mogneville
- Cathédrale Notre-Dame à Verdun

Morbihan

- Église Notre-Dame à Locmariaquer
- Église de Saint-Gildas de Rhuys

Moselle

- Église Saints-Pierre-et-Paul à Gorze
- Église Saint-Léger à Marsal

Nièvre

- Basilique Notre-Dame à La Charité-sur-Loire
- Église Saint-Étienne de Nevers

Nord

- Église Saint-Jacques à Cappelbroeck
- Église Saint-Géry à Valenciennes

Oise

- Église Saint-Étienne à Beauvais
- Église Saint-Lucien à Bury

Orne

- Église Notre-Dame-sur-l'Eau à Domfront

Pas-de-Calais

- Église Saint-Nicolas à Garbecque
- Collégiale Saint-Omer à Lillers

Puy-de-Dôme

- Église Notre-Dame-du-Port à Clermont-Ferrand
- Église Saint-Limin à Thuret
- Église de Chauriat

Pyrénées-Atlantiques

- Église Notre-Dame à Lescar
- Église Sainte-Croix à Oloron-Sainte-Marie

Hautes-Pyrénées

- Église Saint-André à Luz-Saint-Sauveur
- Église Saint-Barthélémy à Vielle Aure
- Église de Saint-Savin-de-Lavedan

Pyrénées-Orientales

- Église Saint-Michel-de-Cuxa à Codalet
- Église Saint-Michel à Saint-Genis-des-Fontaines
- Cloître d'Elne

Bas-Rhin

- Église Saints-Pierre-et-Paul à Neuwiller
- Église Saints-Pierre-et-Paul à Rosheim

Haut-Rhin

- Église Saints-Michel-et-Jean-Baptiste à Lautenbach
- Église Saints-Pierre-et-Paul à Sigolsheim

Rhône

- Basilique Saint-Martin-d'Ainay à Lyon
- Saint-Mayeul à Ternay

Saône-et-Loire

- Église Saint-Lazare à Autun
- Basilique du Sacré-Cœur à Paray-le-Monial

Sarthe

- Cathédrale Saint-Julien du Mans
- Église Saint-Jouin à Pirmil

Savoie

- Église Saint-Pierre à Aime

Haute-Savoie

- Église de la Visitation à Quintal

Paris

Fait surprenant, les témoignages de l'art roman dans la ville de Paris sont rares. Seuls quelques vestiges sont visibles dans des églises : Saint-Germain-des-Près, Saint-Germain-l'Auxerrois.

Seine-Maritime

- Église Saint-Georges à Saint-Martin-de-Boscherville
- Chapelle Saint-Saturnin à Saint-Wandrille
- Église de Gournay
- Église de Jumièges

Seine-et-Marne

- Notre-Dame de Melun
- Église de Saint-Loup-de-Naud

Yvelines

- Église de l'Assomption à Gaillon
- Collégiale Notre-Dame à Poissy

Deux-Sèvres

- Église Saint-Pierre à Airvault
- Église de Saint-Jouin-de-Marnes
- Église Saint-Pierre à Parthenay-le-Vieux
- Église Saint-Hilaire à Melle

Somme

- Église Notre-Dame de Ham
- Église Saint-Léger à Lucheux

Tarn

- Église Saint-Michel à Lescure

RONDE-BOSSE

Voir **Bas-relief.**

ROSACE

Ornement de forme ronde plus grand que la rose.

ROSE

Ornement en forme de fleur ronde. Grande baie circulaire.

ROULEAU

Rang courbe de claveaux. Un arc est à un, deux ou plusieurs rouleaux, suivant qu'il est fait d'un, deux ou plusieurs rangs de claveaux qui s'emboîtent l'un dans l'autre.

RUBANÉ

Industrie du néolithique ancien comportant des traces ou des motifs étroits et allongés (notamment sur les poteries). Fût de colonne orné de bandelettes.

RUDENTURE

Baguette appliquée sur le creux d'une cannelure.

SITES À VISITER

BAS-RHIN (67)

ANDLAU
Abbaye fondée au IXe siècle. Église romane. Château forteresse du XIVe siècle.
HAGUENAU
Église Saint-Georges des XIIe-XIIIe siècles. Église Saint-Nicolas des XIVe-XVIe siècles.
NEUWILLER
Église romane Saints-Pierre-et-Paul.
OBERNAI
Cité médiévale. Maisons Renaissance. Beffroi du XIIIe siècle.
ROSHEIM
Église romane Saints-Pierre-et-Paul.
SAVERNE
Église romane restaurée au XIVe siècle. Château du XVIIIe siècle.
SÉLESTAT
Abbatiale romane Sainte-Foy du XIIe siècle. Église gothique Saint-Georges des XIIIe-XVe siècles.
STRASBOURG
Cathédrale gothique des XIe-XIVe siècles. Nombreux édifices des XIIe-XVe siècles. Maisons du XIVe siècle. Château des Rohans du XVIIIe siècle. Musée de la Préhistoire.
WISSEMBOURG
Église romano-gothique des XIIIe-XIVe siècles.

HAUT-RHIN (68)

COLMAR
Ancienne villa carolingienne. Collégiale Saint-Martin des XIIe-XIVe siècles. Église des Dominicains des XIVe-XVe siècles.

ENSISHEIM
Palais de la Régence gothique et Renaissance (XVIe siècle).

GUEBWILLER
Église romane Saint-Léger du XIIe siècle. Hôtel de ville gothique flamboyant.

KAYSERBERG
Ruines d'une forteresse médiévale. Église des XIIe-XVe siècles.

LAUTENBACH
Église romane Saint-Michel-et-Saint-Jean-Baptiste.

MULHOUSE
Hôtel de ville du XVIe siècle. Nécropole préhistorique (rubané).

RIBEAUVILLE
Église des XIIIe-XVe siècles. Maisons Renaissance.

RIQUEWIHR
Nombreux édifices du XVIe siècle.

RIXHEIM
Site préhistorique : nécropole.

ROUFFACH
Église romane Notre-Dame-de-l'Assomption. Tour des Sorcières des XIIIe-XVe siècles.

SIGOLSHEIM
Église romane Saints-Pierre-et-Paul.

THANN
Collégiale gothique du XVIe siècle.

TURCKHEIM
Restes de remparts du XIVe siècle.

RHÔNE (69)

Belleville
Église romane et gothique.
Lyon
Lugdunum, fondée par les Romains, devenue capitale de la Gaule lyonnaise. Basilique romane Saint-Martin-d'Ainay du XIIe siècle. Cathédrale Saint-Jean du XIIe siècle. Église Saint-Dizier en gothique flamboyant du XIVe siècle. Nombreux édifices XIVe-XVIe siècles.
Ternay
Église romane Saint-Mayeul du Xe siècle.

S

SABLE

On distingue : le *sable fin,* dont les grains ont moins d'un millimètre de diamètre ; le *sable moyen,* dont les grains ont de un à deux millimètres ; le *sable gros,* de deux à trois millimètres ; le *gravier,* qui est plus gros.

SABLIÈRE

Pièce de charpente posée horizontalement et en long pour supporter un pan de bois, une succession de fermes, etc.

SAINTS (ATTRIBUTS DES...)

Attributs de saints, parmi les plus usuels, sur les peintures ou dans les sculptures médiévales :

Agneau portant la croix : Jésus-Christ.

Agneau (Homme vêtu de peaux tenant un) : Saint Jean-Baptiste.

Agneau : sainte Agnès.

Aigle : saint Jean l'Évangéliste.

Ange : voir Homme ailé.

Arbre sortant du flanc d'un homme couché : arbre de Jessé, arbre généalogique de la Vierge.

Balance (Ange tenant une) : Jonas.

Bandeau sur les yeux (Femme ayant un) : la Synagogue, c'est-à-dire l'ancienne Loi ; souvent sa couronne tombe et sa lance se brise.

Bannière sur un écu : l'espérance.

Bâton : saint Barthélemy ou saint Jacques le Mineur.

Bêche : saint Fiacre.

Bœuf : saint Luc.

Bœuf sur un écu : la patience.

Bonnet à côtes : les Juifs.

Bourdon et coquilles : Jacques le Majeur, saint Roch.

Bourse (Femme ayant au cou une) : l'avarice.

Brebis sur un écu : charité.

Calice d'où sort un dragon : saint Jean l'Évangéliste.

Cavalier foulant un personnage abattu : Constantin, le triomphe de l'Église.

Cerf : saint Eustache ou saint Hubert.

Chameau sur un écu (ou agenouillé) : l'obéissance.

Chameau avec des rois : Rois mages.

Chapelet : saint Dominique.

Chaudière (Saint dans une) : saint Jean à la Porte latine.

Chien au pied des statues de femme : la fidélité.

Chien (Pèlerin dont les plaies sont léchées par) : saint Roch.

Chien portant une torche allumée : saint Dominique.

Cierge allumé que le diable cherche à éteindre : sainte Geneviève.

Clef : saint Pierre, lequel a la figure courte, la barbe et les cheveux frisés.

Clochette brisée : saint Benoît.

Clochettes (Femme frappant sur des) : la musique.

Colombe : Saint-Esprit.

Colombe posée sur l'épaule d'un pape : saint Grégoire.

Compas (Femme tenant un) : la géométrie.

Corbeau : saint Benoît.

Corbeille que l'on hisse (Homme dans une) : Virgile.

Couronne sur un écu : la constance.

Couteau : saint Barthélemy.

Croix : sainte Hélène.

Croix à deux croisillons : archevêque.

Croix à trois croisillons : pape.

Croix sur un écu : la foi.

Croix, depuis le XIVe siècle en sautoir : saint André.

Crosse, la volute en dehors : évêque.

Crosse, la volute en dedans : abbé.

Dragon (Cavalier perçant de sa lance un) : saint Georges.

Dragon : sainte Marguerite ou sainte Marthe.

Eau (Personnage dans l') : baptême de Jésus-Christ. Ne pas confondre avec la scène du bain de l'Enfant, où deux femmes lavent l'Enfant Jésus après sa naissance.

Enclume : saint Éloi.

Enfant couché pour être immolé : Isaac, le sacrifice d'Abraham.

Enfants massacrés : les Saints-Innocents.

Enfants dans un saloir (Évêque délivrant des) : saint Nicolas.

Épée : divers saints, notamment saint Paul, lequel a généralement le front haut et la barbe en pointe.

Épée horizontale près de la figure : le Fils de l'homme, dans l'Apocalypse.

Équerre : saint Thomas, quelquefois saint Matthieu.

Femme (Vieillard à quatre pattes portant sur son dos une) : Aristote et la belle Campaspe.

Femmes armées combattant des monstres qui sont à leurs pieds : les Vertus combattant les Vices.

Fers brisés : saint Léonard.

Férule (Femme ayant avec elle des enfants et tenant une) : la grammaire.

Flèches (Martyr percé de) : saint Sébastien.

Fleuves (Quatre) : les fleuves du paradis ; les évangélistes.

Géant portant un enfant sur ses épaules : saint Christophe.

Les saints attributs (de gauche à droite) : saint Philippe et une croix ; saint Barthélémy et le couteau avec lequel il fut écorché vif ; saint Matthieu et son équerre ; saint Simon et sa croix ; saint Jude et la scie avec laquelle il fut découpé ; saint Mathias et sa hache (iconographie du XIII*e siècle.*

Les saints et leurs attributs (de gauche à droite) : saint Pierre et sa clef ; saint André et la croix sur laquelle il fut mis à mort ; saint Jacques le Majeur et son bâton de pèlerin ; saint Jean et son calice d'où s'échappe un dragon ; saint Thomas, patron des architectes du Moyen Âge avec une pierre et sa lance ; saint Jacques le Mineur avec le bâton avec lequel il fut assommé après avoir été précipité du haut du temple (iconographie du XIII*e siècle).*

Gril : saint Laurent.

Gueule énorme, grande ouverte : l'enfer.

Hache : saint Mathias ou saint Matthieu.

Homme ailé : saint Matthieu.

Lampe (Femmes tenant une) : Vierges sages qui tiennent leur lampe droite ; Vierges folles, qui la tiennent renversée.

Lance : saint Thomas ou saint Matthieu.

Lion : saint Marc.

Lions (Homme au milieu de) : Daniel.

Lion (Vieillard amaigri, près d'un) : saint Jérôme.

Lion (Homme déchirant la gueule d'un) : Samson.

Lion au pied d'une statue d'homme ou sur un écu : le courage.

Livre : Jésus-Christ, apôtres, évangélistes, docteurs.

Loup : saint François d'Assise.

Main bénissante : Dieu.

Manteau (Cavalier partageant son) : saint Martin.

Marteau : saint Éloi.

Nudité : un petit corps nu sans sexe figure une âme. Plusieurs de ces petits corps tenus dans un linge par un vieillard sont des âmes bienheureuses dans le sein d'Abraham.

Orgue : sainte Cécile.

Palme : martyrs.

Peigne : saint Blaise.

Pelle à enfourner : saint Honoré.

Pieds nus : sont représentés pieds nus.

Dieu, les anges, saint Jean-Baptiste, les apôtres, les évangélistes, quelquefois les prophètes.

Pierres : saint Étienne.

Poisson (Homme portant un) : Tobie.

Porc : saint Antoine.
Rats : sainte Gertrude.
Reptiles (Femme dont les seins sont mordus par des) : la luxure.
Roue brisée : sainte Catherine.
Salamandre : la justice.
Scie : saint Simon.
Scorpion ou *serpent* : la dialectique.
Seins sur un plat (Jeune fille portant ses) : sainte Agnès.
Serpent : la prudence.
T (Bâton en forme de T) : saint Antoine.
Tables de la loi : Moïse.
Tête coupée (Évêque portant sa) : saint Denis.
Tiare (Vieillard coiffé de la) : Dieu le Père.
Tiare : saint Pierre.
Tour : sainte Barbe.
Verge fleurie : saint Joseph.
Voile : Vierges.
Yeux sur un plat : sainte Lucie.

SALOMON (SCEAU DE)

Nommé aussi *bouclier de David*, le sceau de Salomon est une étoile à six branches faite de deux triangles équilatéraux entrecroisés, unissant l'élément Air avec l'élément Terre. Il est souvent visible dans les rosaces. Plante des bois à fleurs blanc verdâtre dont le bas de la tige, une fois coupée, ressemble au sceau de Salomon.

SANCTUAIRE

Partie la plus sainte d'un temple ou d'une église. Dans les églises, c'est la place de l'autel, lequel n'est pas toujours dans l'abside.

SAPER

Travailler à démolir avec un pic une maçonnerie, un terrassement, etc.

SCENA

C'est dans le théâtre antique, le mur de fond. La scène s'appelait *proscenium*.

SCOTIE

Moulure concave formée de deux arcs de cercle raccordés, l'arc inférieur étant décrit avec un plus grand rayon ; employée pour la décoration des bases de colonnes ou de pilastres, entre les filets des tores. Voir **Gorge** et **Moulure**.

SCULPTURE

Représentation, en volume, généralement dans du bois ou dans de la pierre, d'un objet ou d'un personnage. Il y a diverses formes de sculpture, selon sa situation :
– *en ronde bosse* : sculpture visible sous toutes ses faces, posée sur un socle ;
– *en bas-relief* : les contours sont en saillie depuis le bloc du fond ;
– *en demi-relief* : idem que pour le bas-relief, mais les formes sont davantage saillantes (la moitié de leur volume) ;
– *en haut-relief* : les formes son complètes, comme en ronde bosse, mais collées sur un bloc de fond.

SELLETTE

Siège d'une stalle qui se relève et s'abaisse en abattant. Le dessous de la sellette est souvent muni d'une tête nommée *museau* ou **miséricorde** (voir ce mot).

SEMELLE

C'est le nom de diverses pièces de charpente qui servent de base à d'autres : couchis sous un étai, entrait dans lequel s'assemblent du pied les pièces obliques de certaines fermes, etc.

SÉPULTURE

Action de déposer les cadavres ou les cendres d'un mort dans un tombeau.

SERTIR

Enchâsser un objet, le retenir dans son alvéole par un bourrelet, un fil de métal, etc.

SEUIL

Pièce de pierre ou de bois qui forme la partie inférieure de l'encadrement d'une baie de porte.

SMILLÉ

Se dit d'une pierre piquée avec le marteau à pointe appelé *smille*.

SOCLE

« Assise inférieure d'un pilier, d'une colonne (sous la base), d'un mur » (Viollet-le-Duc). Le soubassement, plus important, peut s'étendre à tout un édifice et comprendre une ordonnance complète, avec base et corniche.

SOFFITE

Dessous d'un membre d'architecture qui est suspendu, plafond, larmier, etc., surtout quand ce dessous est décoré de caissons.

SOLE

Synonyme de **patin**.

SOLIN

Moulure ou bourrelet en plâtre ou en mortier, qui sert à protéger la rencontre d'un toit et d'un mur contre les infiltrations, ou à sceller les rangs supérieurs de tuiles.

SOLIVE

Poutrelle posée de champ qui supporte l'aire du plancher.

SOMMIER

Dans un arc, le claveau inférieur ; dans une plate-bande appareillée, le bloc du bout. Claveau et bloc reposent sur le support.

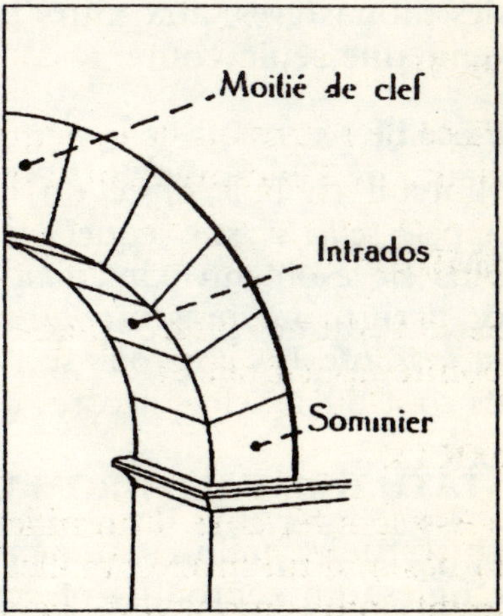

SOUBASSEMENT

Partie inférieure d'un mur. Voir **Socle**.

…u réunion de plusieurs tuyaux de chemi-
…lessus du toit.

SOUS-ŒUVRE

La reprise en sous-œuvre est un travail fait dans une maçonnerie qui porte charge.

SOUTÈNEMENT (MUR DE)

Mur qui prévient l'éboulement des terres.

SPINA

Long mur bas, espèce de socle, qui s'étendait au milieu d'un **cirque** (voir ce mot) et qui servait à déterminer la longueur de la course des chevaux ou des chars. Les extrémités de la spina portaient chacune des bornes.

Suite de colonnes qui recevaient la tombée des voûtes formant le plafond des édifices romans. Les spinas étaient fréquentes dans les réfectoires des monastères, aux murs trop espacés pour soutenir une seule voûte.

STALLE

Fauteuil en bois, avec un double siège, l'un bas, appelé *sellette*, sur lequel on s'assied et un second plus élevé obtenu par l'abattant ou *sellette relevée* ; ce dernier ne présente qu'une petite surface : la *miséricorde*. Les accotoirs sont nommés *museaux*, car ils sont quelquefois décorés de la tête d'un animal.

STATUAIRE GALLO-ROMAINE

La statuaire gallo-romaine a laissé de nombreuses effigies qui reproduisent les traits d'un personnage. Des artistes, serrant de près la réalité, firent des statues polychromes. D'autres, pour satisfaire plus rapidement leurs clients, avaient des statues prêtes, auxquelles ils ajoutaient une tête exécutée sur commande. Cet expédient permettait, en outre, de se servir d'une statue deux ou plusieurs fois. Comparé au bas-relief grec, sobre et simple, le bas-relief romain est dense : les Romains craignaient de ne pas faire entrer dans leurs bas-reliefs assez de personnages et de détails ; les acteurs de la scène sont fréquemment entassés et le fond lui-même représente un paysage.

Les sculpteurs romains ont coulé en bronze une partie de leurs œuvres : il nous est resté des statuettes, de petits bronzes ; les grandes statues de métal sont rares.

STATUAIRE ROMANE

Les premiers sculpteurs romans étaient impuissants à travailler d'après nature ; ils s'inspiraient d'œuvres antérieures très diverses. C'est plus tard, quand ils eurent appris à manier le ciseau, qu'ils s'appliquèrent à reproduire des modèles vivants.

À la statuaire romaine ils prirent quelquefois ses proportions trapues. L'influence des ivoires byzantins est visible dans quelques œuvres du sud de la France. Des mouvements exagérés dans les étoffes s'expliquent par l'imitation de peintures, et l'on a pu rattacher à des miniatures anglo-saxonnes les enchevêtrements d'animaux qui sont taillés sur quelques portails. La sculpture romane manque de vérité et de vie. Elle laisse également à désirer comme technique : tantôt les personnages sont exagérément allongés, tantôt ils ont un buste ridiculement petit, une tête énorme et de longues mains. Les draperies, sans souplesse et sans mouvement, enferment le corps dans une gaine rigide.

La sculpture resta en retard sur l'architecture : les premiers édifices de structure gothique ont une sculpture pleinement romane. Dans le portail ouest de la cathédrale de Chartres, qui appartient à la seconde moitié du XIIe siècle, la statuaire est de type presque roman. Les progrès laissent cependant pressentir la splendeur gothique : les visages s'animent et si les draperies témoignent encore de quelque timidité dans le modelé, elles sont néanmoins mieux observées. La mode du temps convenait aux statues des portails, surtout la mode féminine : les plis tombants du bliaud, les lignes verticales de l'ensemble font songer aux **cariatides** (voir ce mot) antiques.

Enfin, pour obtenir une plus intense expression de vie, des artistes ont, dans les yeux des statues, inséré quelquefois un iris de verre ou de plomb.

STATUAIRE GOTHIQUE

La statuaire gothique compte parmi les plus remarquables écoles d'art ; certaines de ses productions sont d'une esthétique supérieure et peuvent être comparées aux meilleures œuvres grecques. Cette statuaire n'est pas, d'ailleurs, immuable ; elle a subi une évolution que l'art antique avait connue : elle est d'abord idéaliste, après quoi elle devient réaliste.

Au XIIIe siècle, la statuaire monumentale est simplifiée, à larges plans. Les figures ne sont pas des portraits, mais elles synthétisent un type ethnique ; les corps perdent leur raideur sous les vêtements, dont les plis, plus profonds, majestueux, tombent à peu près droit. Voir les portails gothiques de Notre-Dame de Paris, de Reims et d'Amiens.

Les continuateurs des grands imagiers du XIIIe siècle ne surent pas se maintenir : durant le siècle suivant, les œuvres, polies, manquent de vigueur et de naturel. Les têtes minaudent, les corps se déhanchent, les vêtements ont des plis plus compliqués et plus profonds, qui tendent à dessiner des festons, à se rapprocher de l'horizontale.

Cependant, dès le règne de Saint Louis (1226-1270) et de ses successeurs immédiats, les sculpteurs d'effigies funéraires s'essayaient au portrait. Les imagiers flamands ont une part dans cette orientation vers le réalisme ; toutefois, comme ils se rencontraient avec les maîtres français dans les ateliers ouverts par les rois de France, par les ducs de Bourgogne ou de Berry, on est embarrassé pour reconnaître les œuvres et discerner les influences des uns et des autres.

Depuis le milieu du XIVe siècle environ, les sculpteurs n'étaient plus, comme leurs devanciers, les collaborateurs anonymes d'une grande œuvre collective ; ils cessèrent d'être des modestes, fondant leur effort parfois génial dans l'effort commun : les personnalités s'affirment ; la sculpture, plus originale, sort davantage de son cadre et de son rôle architectural.

Les têtes, les traits individuels sont soulignés parfois jusqu'à la caricature ; les draperies, lourdes, sont opulentes et mouvementées, avec des plis profonds et tumultueux. Une série de cette école réaliste fut exécutée à Dijon pour les ducs de Bourgogne. Le XVe siècle produisit aussi des statues où se retrouve un peu de la sereine simplicité du XIIIe siècle français.

Les imagiers gothiques apprécièrent les belles œuvres de l'Antiquité ; ils en ont copié quelques-unes et se sont inspirés de quelques autres. Mais en règle générale, l'art gothique a ignoré la sculpture ancienne. C'est à la nature qu'il a demandé ses modèles.

STATUAIRE DE LA RENAISSANCE

Après le Moyen Âge, l'art est de plus en plus personnel. La Renaissance italienne exerça une influence moins déterminante que sur l'architecture. Le XVIe siècle s'éprit de l'Antiquité et tenta de faire revivre la pensée gréco-romaine. Il habilla volontiers les statues féminines de vêtements amples et légers, qui accusent les formes plutôt qu'elles ne les voilent. Les œuvres de ce temps dégagent une note d'élégance affinée et de fraîcheur que les époques suivantes ne retrouveront pas.

STATUAIRE CLASSIQUE

Le XVIIe siècle est moins gracieux, mais plus grandiose que le précédent, et souvent théâtral ; la force un peu lourde et la solennité étaient dans le goût du temps. Pour rendre émouvante une telle pompe, il aurait fallu sous cet apparat la chaleur et la vie ; la formation académique n'en donnait pas. Mais l'habilité de composition et d'exécution des artistes parvient à faire oublier le pédantisme qui habille à la romaine Louis XIV et ses sujets ; il fallait bien du talent pour rendre acceptables des personnages armés à l'antique et coiffés d'une perruque.

La sculpture du XVIIIe siècle est plus vibrante : les modèles ne sont plus des héros surhumains, ce sont des hommes qui ont souffert et joui. Les corps des femmes ont des formes rondes et un peu molles ; les draperies continuent à être somptueuses, parfois pesantes et tourmentées. Les têtes ont de la sensibilité.

STÈLE

Pierre cylindrique ou quadrangulaire, surmontée d'un ornement en forme de palmette ; les stèles servaient à désigner des sépultures. Synonyme de **cippe**.

STRIGILE

Cannelure en forme d'**S**.

STRUCTURE

Terme générique sous lequel on désigne tous les genres de maçonnerie.

STUC

Le stuc est un mélange de chaux et de poussière de pierre ou de marbre, ou encore un mélange de plâtre et de diverses matières, notamment de colle. Il est veiné et susceptible de recevoir le poli ; il ressemble à du marbre. Aussi est-il d'usage courant dans l'architecture romaine pour dissimuler la maçonnerie de petit appareil. Les Carolingiens recoururent au stucage : un exemple classique se trouve dans l'église de Germigny, où le stuc a été coupé au ciseau. Les époques romane et gothique n'abandonnèrent pas complètement ce procédé ; on releva d'applications en stuc des chapiteaux, des arcs, etc. Voir **Plâtre**.

STYLOBATE

Piédestal continu, soubassement d'une colonnade.

SUBSTRUCTION

Partie de la construction qui est cachée dans le sol.

SUDATORIUM

Dans les bains, salle d'étuve.

SUPPORT

Terme générique désignant tous les membres qui portent dans une construction : murs, piliers, colonnes, etc.

SURHAUSSÉ

Se dit d'un arc dont les naissances sont au-dessus des impostes.

SURPLOMB

État d'une construction qui est hors d'aplomb et qui s'avance du haut vers le vide.

SYMBOLE

Signe à l'aide duquel on exprime une idée. La symbolique chrétienne est considérable ; on la retrouve sur la pierre des cathédrales. On donne à ces écritures du Moyen Âge des interprétations différentes : le sens historique, le sens allégorique et le sens analogique.

SYMBOLISME MÉDIÉVAL

Un synode tenu en 1025 proclame que les illettrés lisaient dans les peintures. Et, en effet, les peintres, aussi bien que les verriers et les sculpteurs, ont traité pour l'instruction des fidèles une vaste encyclopédie. Le Moyen Âge professait que la Création tout entière est une figure des Livres saints : à plus forte raison a-t-il caché sous les œuvres d'art un symbole et une leçon. Une tournure d'esprit commune aux générations de ce temps les portait à grouper deux faits, deux idées qui offraient une analogie plus ou moins réelle : sous les arts libéraux, on plaçait les personnages qui les avaient pratiqués avec le plus d'autorité ; aux pieds de Moïse, un veau d'or ; Isaïe porte saint Matthieu sur ses épaules ; en bordure d'une Résurrection, sont représentés un lion et des lionceaux, car suivant une croyance répandue, les lionceaux naissaient morts et au bout de trois jours un rugissement du lion leur rendait la vie. Mais il ne faut pas chercher dans toutes les combinaisons de lignes une allégorie. Nombre de dispositions ont été imposées ou suggérées par la nécessité d'assurer l'équilibre, par le désir de rendre l'édifice plaisant à l'œil. En second lieu, d'autres formes n'avaient à l'origine aucune signification et on leur en a prêté par la suite. Ainsi, le motif de deux oiseaux affrontés buvant dans une coupe fut-il copié d'après des étoffes orientales ; or, saint Romuald (mort en 1027), qui fonda l'ordre des Camaldules, eut une vision dans laquelle ses religieux lui apparurent sous la forme de colombes se désaltérant dans un calice. De ce jour l'Ordre prit pour armoiries ce motif, en lui prêtant une valeur mystique.

L'orientation des églises le chevet tourné vers l'est (soleil levant, donc naissance de la lumière), les grandes lignes du plan en forme de croix sont dues à des préoccupations elles aussi symboliques. On a cru longtemps qu'il en était de même de la brisure de l'axe des églises, laquelle aurait pour but de rappeler que Jésus inclina la tête avant d'expirer sur la Croix ; en l'absence de textes, il est permis de douter que cette dernière théorie soit fondée.

La vie morale a fourni le sujet de bien des œuvres décoratives. Le combat des Vertus et des Vices a été représenté notamment sur les portails des provinces de l'Ouest et du Sud-Ouest.

Les travaux de l'esprit, les sciences se trouvent dans les façades, surtout gothiques.

Les travaux manuels, plus vivants et plus faciles à exprimer, ont aussi donné lieu à des sculptures. Des calendriers représentent pour chaque mois le signe du Zodiaque et l'occupation dominante : janvier, le paysan banquette ; février, il se chauffe ; mars, il taille la vigne ; avril et mai, il jouit des beaux jours ; juin, il fauche ; juillet, il moissonne ; août, il bat le blé ; septembre, il vendange ; octobre, il foule le raisin ; novembre, il fait les semailles ; décembre, il tue le porc.

L'Histoire a été largement mise à contribution (histoire profane, et surtout histoire sacrée). Mais pour l'Histoire comme pour les sciences, l'imagination a fait son œuvre : les épisodes de la vie du Sauveur ou des vies de saints proposés aux méditations des fidèles empruntent aux récits fabuleux qui avaient cours autrefois, aux Évangiles apocryphes, ou bien à la *Légende dorée*.

SYNCELLE

Clerc qui habitait la même chambre qu'un évêque, afin d'être témoins de sa vie et de l'obliger ainsi à avoir une conduite régulière. Divers conciles de l'Église primitive imposèrent aussi aux prêtres d'avoir des syncelles.

SITES À VISITER

HAUTE-SAÔNE (70)

LUXEUIL-LES-BAINS
Site thermal gallo-romain où Colomban, moine irlandais, fonda au VIe siècle une abbaye. Basilique Saint-Pierre des XIIIe-XIVe siècles.
VESOUL
Restes de remparts. Église du XVIIIe siècle.

SAÔNE-ET-LOIRE (71)

AUTUN
Cité romaine fondée en territoire éduen, résidence du préfet des Gaules. Nombreux vestiges gallo-romains (théâtre, porte, temples). Cathédrale romane Saint-Lazare du XIIe siècle avec son tympan, dit du jugement dernier, à comparer avec celui de Vézelay.
AZÉ
Site préhistorique (grottes) et musée.
CHALON-SUR-SAÔNE
Cité des Gaulois Éduens, puis ville de foires médiévales, évêché. Cathédrale Saint-Vincent romano-gothique des XIe-XVe siècles. Église Saint-Pierre du XVIIe siècle. Musée Denon de Préhistoire.
CHASSEY
Site préhistorique fortifié.
CLUNY
L'immense monastère, érigé entre les Xe et XIIe siècles, fut le haut lieu spirituel de l'Occident médiéval. Son architecture fut la référence de l'art roman. L'ensemble fut en partie détruit sous la Révolution.

Couches
Église Saint-Martin et château du XVe siècle. Dans les environs (Époigny), pierres dressées.
Massy
Site préhistorique : menhir.
Mâcon
Vestiges romano-gothiques de la cathédrale Saint-Vincent. Nombreux édifices du XVIIIe siècle.
Paray-le-Monial
Basilique du Sacré-Cœur, église romane de l'ancien prieuré bénédictin fondé au XIe siècle.
Saint-Marcel
Église du XIIe siècle.
Sémur-en-Brionnais
Église romane du XIIe siècle. Ruines de château médiéval.
Solutré-Pouilly
Site préhistorique (paléolithique supérieur) et musée.
Tournus
Église romane Saint-Philibert, et cloître Saint-Ardain du XIe siècle.
Volgu
Site préhistorique.

SARTHE (72)

Ferté-Bernard (La)
Église Notre-Dame-des-Marais en gothique flamboyant des XVe-XVIe siècles.
Flèche (La)
Cité-forteresse bâtie au XIe siècle. Chapelle romane Notre-Dame-des-Vertus. Chapelle des Carmes des XVe-XVIIe siècles. Chapelle Saint-Louis du XVIIe siècle.
Fresnay-sur-Sarthe
Église romane. Vestiges d'un château du XIVe siècle.

LUDE (LE)
Église Saint-Vincent du XIIe siècle. Château du XIIIe siècle.
MANS (LE)
Capitale des Gaulois Aulerci Cenomani, cité gallo-romaine fortifiée (enceinte conservée). Cathédrale romane Saint-Julien des XIe-XVe siècle. Abbatiale romano-gothique Notre-Dame.
PIRMIL
Église romane Saint-Jouin.
SAINT-CALAIS
Abbatiale gothique Notre-Dame des XVe-XVIe siècles.
SOLESMES
Abbaye bénédictine fondée au début du XIe siècle. Abbatiale remaniée en style gothique.

SAVOIE (73)

AIME
Église romane Saint-Pierre.
AIX-LES-BAINS
Cité romaine depuis César. Vestiges romains.
ALBERVILLE
Ville fondée sur d'anciennes propriétés de l'ordre des Chevaliers de Saint-Jean-de-Jérusalem.
Vestiges XVe-XVIIIe siècles. La Maison Rouge, ancien couvent du XIVe siècle. Musée de la Préhistoire du Vieux-Conflans.
CHAMBÉRY
Capitale des ducs de Savoie. Cathédrale Saint-François-de-Sales-du XVIe siècle. Vestiges des XIVe-XVe siècles.
HAUTECOMBE
Abbaye de Notre-Dame fondée par saint Bernard au XIIe siècle, sépulture des princes de Savoie.

Lanslevillard
Chapelle du XVe siècle.
Moûtiers-Tarentaise
Cathédrale Saint-Pierre du XVe siècle.
Saint-Jean-de-Maurienne
Cathédrale romano-gothique des XIIe-XIVe siècles.

HAUTE-SAVOIE (74)

Abondance
Abbaye fondée en 1128, réputée et prospère au Moyen Âge.
Annecy
Cité romaine fondée en 122 av. J.-C., rattachée à la France en 1481. Château des ducs de Savoie et cathédrale du XVIe siècle. Maisons à arcades du XVIIe siècle, comme l'église Saint-François.
Cranves
Site préhistorique : dolmen.
Montriond
Église du XVIIIe siècle (retable).
Quintal
Église romane de la Visitation.
Roche-sur-Foron (La)
Église Saint-Jean-Baptiste du XIIe siècle.
Saint-Jean-d'Aulps
Restes d'une abbaye cistercienne du XIIe siècle. Église du XIIIe siècle.
Talloires
Restes d'une abbaye bénédictine du XIe siècle.
Thonon-les-Bains
Église romane Saint-Hippolyte des XIIIe-XVe siècles.

SEINE-MARITIME (76)

Blangy-sur-Bresle
Site préhistorique de Campigny (campignien) néolithique moyen.

Caudebec-en-Caux
Église Notre-Dame en gothique flamboyant des XVe et XVIe siècles. Maison des Templiers.

Dieppe
Église Saint-Jacques des XIIIe-XVIe siècles, avec décor flamboyant. Château du XVe siècle.

Elbeuf
Ville célèbre pour ses draps. Église Saint-Étienne gothique flamboyant du XVIe siècle.

Étretat
Église Notre-Dame des XIe-XIIIe siècles.

Eu
Auga, port fluvial romain, appartenant aux Guise sous la Renaissance. Église gothique Saint-Laurent des XIIe-XIIIe siècles. Château du XVIe siècle.

Fecamp
Port des Terre-neuvas. Église de la Trinité des XIIe-XVe siècles, avec des parties en gothique flamboyant.

Harfleur
Église des XVe-XVIe siècles.

Jumièges
Ruines d'une abbaye du VIIe siècle haut lieu spirituel normand pendant le Moyen Âge.

Montivilliers
Sur les ruines d'une abbaye du VIIe siècle, église Saint-Sauveur des XIe-XVe siècles.

Neufchâteau-en-Bray
Église Notre-Dame-de-Bon-Secours romano-gothique des XIIIe-XVe siècles.

Rouen
Capitale des Gaulois Véliocasses. Tête de pont commerciale (draps) avec l'Angleterre médiévale.

Cathédrale gothique Notre-Dame des XIIIe-XVIe siècles. Église Saint-Maclou en gothique flamboyant, église Saint-Ouen en gothique classique (XIVe-XVe siècle.) Palais de justice gothique.

ST-MARTIN-DE-BOSCHERVILLE

Église romane Saint-Georges.

SAINT-WANDRILLE-RANÇON

Vestiges gothiques de l'abbaye fondée au Xe siècle. Chapelle romane Saint-Saturnin.

SEINE-ET-MARNE (77)

BRIE-COMTE-ROBERT

Capitale de la Brie. Église des XIIe-XIVe siècles.

CHÂTEAU-LANDON

Vestiges de remparts. Abbaye Saint-Séverin (avec fresque représentant la guérison de Clovis par saint Séverin) du XIe siècle.

CHELLES

Site préhistorique (paléolithique). Vestiges d'une abbaye mérovingienne du VIIe siècle.

CRÉCY-LA-CHAPELLE

Restes d'enceinte médiévale. Collégiale des XIIIe-XVe siècles.

FONTAINEBLEAU

De Philippe-Auguste à Napoléon Ier, résidence royale et impériale. Château XVIe-XVIIe siècles.

JOUARRE

Vestiges d'une abbaye bénédictine du VIIe siècle. Église du XVe siècle.

MEAUX

Oppidum des Gaulois Meldi, évêché et capitale de la Brie. Remparts gallo-romains. Cathédrale Saint-Étienne des XIIe-XVIIe siècles.

MELUN

Église romane Notre-Dame.

MONTEREAU-FAULT-YONNE
Église Notre-Dame-et-Saint-Loup des XIVe-XVIe siècles.
MORET-SUR-LOING
Donjon du XIIe siècle, fortifications du XIVe siècle. Église Notre-Dame du XIIe siècle.
NANGIS
Église Saint-Martin des XIIIe-XVIIIe siècles.
NEMOURS
Musée de la Préhistoire.
PROVINS
Remparts XIIe-XIIIe siècles. Église Saint-Quiriace et église Saint-Ayoul du XIe siècle. Tour César, Hôtel-Dieu, Grange-aux-Dîmes du XIIe siècle.
ROZAY-EN-BRIE
Église du XIIIe siècle.
SAINT-LOUP-DE-NAUD
Église romane.
VAUX-LE-VICOMTE
Château du XVIIe siècle, bâti par Fouquet, qui servit de modèle à celui de Versailles.

YVELINES (78)

DAMPIERRE-EN-YVELINES
Château du XVIe siècle restauré le siècle suivant par Mansart et Le Nôtre.
GAILLON
Église romane de l'Assomption.
JOUY-EN-JOSAS
Église des XIIIe-XIVe siècles.
MAISONS-LAFFITTE
Château du XVIIe siècle.
MEULAN
Église Saint-Nicolas des XIIe-XIIIe siècles.
MONTFORT-L'AMAURY
Église Saint-Pierre des XVe-XVIIe siècles. Ruines d'un château des Xe-XVe siècles.

POISSY
Collégiale Notre-Dame des XIIe-XVIe siècles.
SAINT-ARNOULT-DES-YVELINES
Église du XIIe siècle (sur un bâtiment du VIIIe siècle).
SAINT-GERMAIN-EN-LAYE
Château Renaissance avec terrasse du XVIIe siècle.
VERSAILLES
Édifices du XVIIe siècle, illustration du « classicisme » architectural français.

DEUX-SÈVRES (79)

AIRVAULT
Église romane Saint-Pierre.
BOUGON
Site préhistorique : nécropole.
BRESSUIRE
Ruines d'un château du XIIe siècle, dans une contrée où s'affrontèrent violemment rois de France et d'Angleterre.
CELLES-SUR-BELLES
Église gothique du XVIIe siècle, avec un portail roman.
MELLE
Églises romanes de Saint-Hilaire et de Saint-Pierre.
NIORT
Cité gallo-romaine, puis ville de foires médiévales (commerce du cuir). Donjon du XIIe siècle. Église Notre-Dame des XVe-XVIIIe siècles. Maisons Renaissance.
PARTHENAY
Étape sur la route des Pèlerins de Saint-Jacques-de-Compostelle. Collégiale Sainte-Croix du XIIe siècle. Église romane Saint-Pierre. Vestiges des XIIe-XIIIe siècles : Notre-Dame-de-la-Couldre, remparts. Maisons du XVe siècle.

SAINT-JOUIN-DE-MARNES
Restes (cloître du XVe siècle) d'une abbaye fondée au IVe siècle. Église romane du XIe siècle.
SAINT-MAXENT-L'ÉCOLE
Église du XIe siècle, restaurée en style flamboyant.
THOUARS
Restes de remparts du XIIe siècle. Église romane Saint-Médard avec rosace gothique. Abbatiale romano-gothique Saint-Laon des XIIe-XIVe siècles.

SOMME (80)

ABBEVILLE
Site préhistorique paléolithique ancien (abbevillien). Musée Boucher de Perthes, pionnier de la préhistoire.
AMIENS
Notre-Dame, cathédrale gothique du XIIIe siècle, la plus grande église de France, célèbre pour les sculptures de ses portails.
BERNAVILLE
Église du XVIe siècle.
CHAUSSÉE-TIRANCOURT (LA)
Site préhistorique.
DOULLENS
Ville picarde avec un habitat typique. Église Notre-Dame du XIIIe siècle. Citadelle du XVIe siècle.
HAM
Vestiges d'un château des XIIIe-XVe siècle qui fut la prison de Napoléon III qui s'en évada sous l'identité de Badinguet. Ancienne abbatiale romane Notre-Dame.
LUCHEUX
Église romane Saint-Léger.
MONTDIDIER
Église Saint-Pierre des XVe-XVIe siècles.
PÉRONNE
Château du XIIIe siècle.

Picquigny
Collégiale Saint-Martin des XIIe-XVe siècles. Vestiges d'un château du XIVe siècle.
Saint-Acheul
Site préhistorique (paléolithique inférieur).
Saint-Riquier
Abbatiale des XIIIe-XVIe siècles.
Saint-Valéry-sur-Somme
Édifices des XIIe-XIIIe siècles (fortifications, ruines d'une abbaye...).

HAUTS-DE-SEINE (92)

Châtenay-Malabry
Église romane Saint-Germain-l'Auxerrois du XIe-XIIIe siècle.
Nanterre
Basilique Sainte-Geneviève des XIIIe-XVIIe siècles.
Sceaux
Église du XVIe siècle.

SEINE-SAINT-DENIS (93)

Montreuil-sous-Bois
Église Saint-Pierre-et-Saint-Paul du XIIIe siècle.
Neuilly-sur-Marne
Église Saint-Baudile romano-gothique des XIIe-XIIIe siècles.
Saint-Denis
Basilique fondée au VIe siècle par Dagobert, devenue nécropole des rois de France. Réaménagée par Suger au XIIe siècle : style gothique.

T

TABERNACLE

Dans les églises, le tabernacle est un édicule placé au-dessus d'un autel ; il contient les hosties.

TAILLOIR

Tablette qui est posée sur la corbeille du chapiteau. Tantôt une tablette carrée, tantôt une tablette à côtés convexes. Synonyme d'**abaque**.

Le tailloir du Moyen Âge ne dérive pas du tailloir antique ; il est plus épais que l'**abaque** (voir ce mot) de ces chapiteaux corinthiens dont sont issus en grande partie les chapiteaux romans et gothiques. Le tailloir latin est parfois très massif. Dans le tailloir roman, il n'est pas rare que le haut de la corbeille conserve trois petits dés, qui sont un vestige, une survivance de l'abaque antique.

TALON

Moulure formée de la combinaison de deux courbes, une convexe, qui est la plus saillante, et une concave ; c'est le contraire de la **doucine** (voir ce mot et **Moulure**).

TALUS

Plan de pente assez raide, soit naturel, soit aménagé à des fins de défense au pied de remparts. Ne pas confondre avec le *fruit*, qui se rapproche davantage de la verticale, ni avec le *glacis*, qui se rapproche davantage de l'horizontale.

TAMBOUR

Assise de colonne qui a la forme d'un cylindre.

TAQUE

Plaque de fonte posée sur le contrecœur d'une cheminée.

TAS

Ce mot désigne tantôt le chantier et tantôt l'édifice qu'on élève.

TAS-DE-CHARGE

Dans les voûtes gothiques, on monte le faisceau des nervures par assises horizontales jusqu'au niveau où elles se dégagent suffisamment l'une de l'autre pour qu'on puisse appareiller chacune normalement : cette partie inférieure du faisceau de nervures est le tas-de-charge. Par extension, *construire en tas-de-charge* signifie édifier en encorbellement.

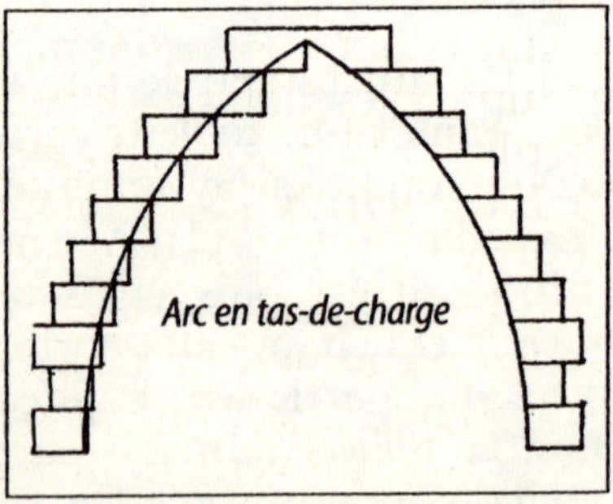

TASSER

Un mur se tasse quand, sous le poids de sa charge ou de ses propres matériaux, il s'assoit, se rétracte en hauteur.

TEGULA

Tuile plate à rebord en argile cuite, employée par les Romains pour couvrir les toits.

TÉLAMON

Synonyme d'**atlante** (voir ce mot).

TEMPLE

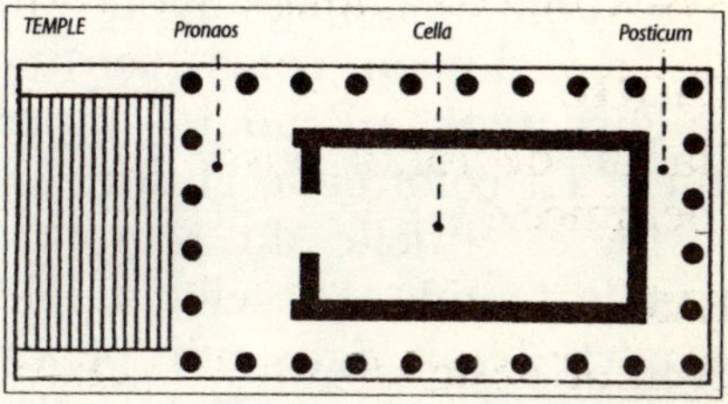

Un petit nombre de temples sont debout en France : beaucoup ont été renversés.

On ne plaçait pas indifféremment les temples. Vitruve (architecte et ingénieur militaire de César) recommande pour les temples de Jupiter les sites urbains élevés ; de Mercure, les abords des places publiques ou, dans la campagne, des chemins ; d'Apollon, le voisinage des théâtres, consacrés aux jeux de l'esprit : d'Hercule, le voisinage des gymnases, cirques, amphithéâtres, consacrés aux jeux corporels ; de Mars, de Vulcain et de Vénus, l'extérieur des villes, près des portes. Suivant le même auteur, les temples étaient *orientés* : la statue du dieu et, par conséquent, la façade antérieure regardaient vers le couchant. Les temples sont relativement petits : à la différence du culte chrétien, le culte païen, n'amenait pas les foules à l'intérieur de ses temples ; chaque fidèle venait isolément pour le sacrifice et les grandes cérémonies se développaient au dehors. Le temple était habituellement de plan rectangulaire. Il comprenait une partie close et, d'ordinaire, une colonnade. La partie fermée est la *cella* ou *naos* ; au fond s'élevait l'idole, en avant de laquelle était l'autel. Un trésor était quelquefois aménagé en arrière de la cella. La galerie antérieure est dite *pronaos* et la galerie postérieure, *posticum*. Dans l'une et l'autre, les colonnes sont en nombre pair, de façon qu'il n'y ait pas une colonne dans l'axe de la porte.

Les Romains, après avoir admis les trois ordres (dorique, ionien, corinthien) pour leurs temples, ne gardèrent, à l'époque impériale, que le corinthien. La colonnade et son entablement sont la partie essentielle du temple ; ils sont presque tout le temple. La cella, faiblement éclairée par la porte, était dans une pénombre mystérieuse. Lorsque le pronaos et la cella étaient profonds, la porte donnait une lumière insuffisante. Les fenêtres étaient rares ; on ménageait plutôt des ouvertures dans le toit, ou bien on interrompait le toit sur partie de sa longueur. Le rôle de la porte dans l'éclairage explique ses dimensions, qui sont considérables. La décoration intérieure pouvait comporter des placages, des ornements en métal, etc.

TENAILLE

C'est, dans la fortification, un ouvrage peu élevé, qui couvre la courtine entre deux **bastions** (voir ce mot).

TENON

Bout d'une pièce taillée en saillie pour s'engager dans une mortaise.

TEPIDARIUM

C'est, dans les bains, une salle tiède, où l'on maintenait une température de 20 à 25 degrés, afin de préparer les baigneurs à passer dans le *sudatorium*, ou dans le *frigidarium* (Voir **Bains**).

TERRASSE

Élévation de terre habituellement contenue d'un côté par une muraille. La terrasse peut être aussi un ouvrage de maçonnerie ou la couverture à peu près horizontale d'un bâtiment.

TERRE-PLEIN

Levée de terre maintenue par deux murs.

TÊTE

Extrémité ou face d'un ouvrage, d'un objet considéré en profondeur : les têtes d'un arc sont les faces antérieure et postérieure de cet arc.

TÊTE-DE-CLOU

Motif d'ornementation qui consiste en une petite pyramide de peu de saillie.

TÊTU

Outil de maçon, à manche, présentant une tête carrée comme un marteau et un bout rond ou effilé comme un pic.

THÉÂTRE

Voir **Amphithéâtre**.

THERMES

Établissement qui comprend des bains et des annexes plus ou moins importantes : salles de lecture, gymnases, palestres, salons de conversation, portiques pour la promenade, etc. Voir **Bains**.

TIERCERON

Nervure qui, dans certaines voûtes gothiques, va de la naissance d'une ogive à l'extrémité libre d'une lierne interrompue.

TIERS-POINT

C'est proprement l'arc brisé dont les deux moitiés sont tracées de deux centres qui divisent la corde en trois parties égales. Des auteurs donnent ce nom à tous les arcs brisés.

TIRANT

Pièce de bois ou de métal qui, empêchant un écartement, est soumise à un effort de traction. Dans les **fermes** (voir ce mot) de charpentes, le tirant et l'entrait sont une même chose.

TOIT

Voir **Couverture**.

TOMBEAU

Monument servant à enfermer soit des urnes funéraires, soit les corps des morts.

TORCHIS

Terre détrempée et mêlée de paille ou de foin, qui constitue une maçonnerie grossière.

TORE

Moulure saillante et assez épaisse dont le profil dessine un demi-cercle, autrement dit un *boudin*.

Cette moulure a été employée à toutes les époques et elle entre dans la composition d'un grand nombre d'ornements. Les tores sont unis ou décorés.

TORIQUE (MOULURE)

Moulure en forme de tore ou moulure composée de plusieurs tores.

TORSADE

Moulure imitant des brins conduits en torsade ; quelques torsades ont entre leurs torons des rangées de **perles** (voir ce mot et **Objets décoratifs**).

TORSE

Une colonne torse est celle dont le fût semble monter en spirale.

TORTUE

Plafond cintré formé de quatre plans convergents vers un centre, ce qui lui donnait l'apparence de la carapace d'une tortue. Dans l'art roman, la tortue, parce qu'elle vit longtemps et agit lentement, est symbole de sagesse. Elle est souvent sculptée au pied des piliers.

Hangar en planches, mobile, couvert de peaux et contenant un bélier à battre les murailles. Toit défensif formé à l'aide de boucliers par des soldats qui s'avançaient au pied d'un rempart.

TOUR

Construction élevée, ou bâtie sur une hauteur, et par extension fortification, tour de défense, tour d'une porte de ville ou d'un château, donjon. On nomme aussi tours des clochers d'églises.

TRANSENNA

Clôture en marbre qu'on employait dans les chapelles des catacombes pour protéger les reliques des martyrs contre la profanation des marchands d'objets religieux ou même des fidèles.

TRANSEPT

Nef transversale qui coupe la maîtresse nef d'une basilique civile ou d'une église et dessine les bras de la croix. Le transept comprend : d'une part la croisée du transept (travée commune à la nef et au transept), et d'autre part deux bras.

TRANSITION

On appelle souvent ainsi le style qui répond à la fin du roman et au début du gothique.

TRAVÉE

Littéralement, portée d'une poutre. C'est, dans le sens de la longueur d'une architecture, la partie comprise entre deux supports, piliers, ou colonnes, servant de points d'appui.

TRÈFLE

Figure dont le contour dessine trois lobes.

TRÉSOR

Salle où l'on conserve les objets de dévotion, reliques, ornements, objets précieux, d'une église.

TRIBUNAL

Plate-forme élevée sur cinq ou six marc laquelle se trouvaient placées les chaises curules des magistrats qui rendaient la justice.
Plate-forme placée dans une salle d'audience, dans une basilique.

TRIBUNE

Désigne notamment une galerie circulant à quelque hauteur le long d'une nef, sur laquelle elle s'ouvre.

TRIFORIUM

Galerie située au-dessus des bas-côtés de la nef d'une église, constituée d'arcades ouvertes vers l'intérieur de l'édifice.

TRIGLYPHE

Dans la frise dorique, membrure portante creusée de glyphes, ou rainures verticales. Les triglyphes sont séparés par les **métopes** (voir ce mot).

TRILITHE

Monument composé de trois pierres (deux verticales, une horizontale, posée sur les deux autres) formant une sorte de porte. Beaucoup de trilithes sont des monuments celtiques.

TRILOBE

Synonyme de **trèfle**.

TRIPLET

Ensemble de trois baies groupées.

TRIPTYQUE

Tableau à trois compartiments ; ordinairement, dans les triptyques, le tableau central est deux fois plus grand que ceux des côtés, qui se ferment sur lui ; ces volets sont ordinairement peints sur les deux faces, de sorte que, même fermés, ils forment un tableau.

TROMPE

Artifice de construction consistant en une voûte qui permet soit de passer d'un angle rentrant à un pan coupé ou d'un pan coupé à un angle saillant, soit de projeter une saillie en avant d'une construction rectiligne.

TROMPILLON

Petite trompe ou pierre qui est à la base d'une trompe.

TROPHÉE

Motif d'ornement formé d'un groupe d'armes, d'emblèmes, d'instruments, d'objets liturgiques, etc.

TRUMEAU

Maçonnerie pleine entre deux baies, fenêtres ou portes. Le trumeau est aussi le pilier central qui divise en deux la baie d'une porte.

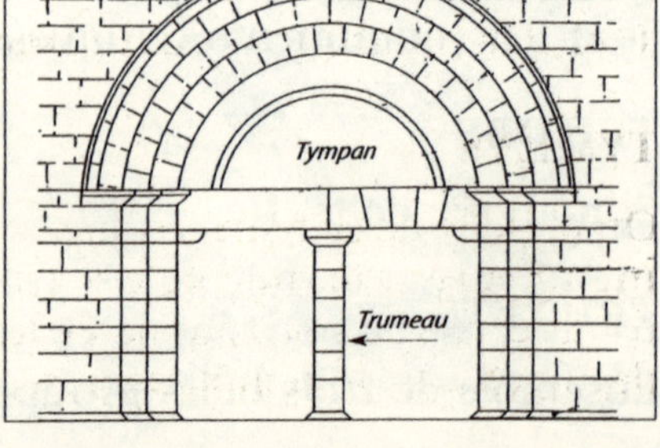

TUF

Ce mot désigne notamment une sorte de pierre tendre et blanche.

TUILE

Morceau de terre cuite qui peut avoir des formes diverses, plate, creuse, carrée, arrondie du bout, etc., et qui sert à couvrir les maisons.

TUILE ROMAINE

Les toits romains sont faits de deux sortes de tuiles : les *tegulæ* sont les grandes tuiles plates à rebords ; elles étaient à recouvrement, c'est-à-dire que le bas d'une tuile recouvrait le haut de la tuile inférieure.

Pour empêcher l'eau de passer entre les rangs de *tegulæ*, on recouvrait le joint d'une file d'*imbrices* (*imbrex* au singulier), tuiles creuses, dont chacune s'emboîtait pareillement dans celle qui était au-dessus.

TUILEAUX

Fragments de tuiles ou de briques.

TUMULUS

Tertre artificiel qui couvre une sépulture.

TYMPAN

On appelle de ce nom certains remplissages entre des membrures : la maçonnerie triangulaire, élevée entre la corniche horizontale et les corniches obliques des frontons, le remplissage semi-circulaire entre le linteau et l'arc d'une porte. Littéralement, en latin, tambourin, il se composait d'un cerceau de bois recouvert d'un côté d'un parchemin tendu avec sur son pourtour de petites cymbales. On nomme ainsi la surface plane, triangulaire ou arrondie, délimitée par les moulures d'un fronton à cause de sa ressemblance avec la peau tendue sur un tambourin. L'intérieur des tympans a sa surface lisse ou décorée de sculptures, de bas-reliefs, de faïences, de mosaïques… L'usage de le décorer remonte à l'Antiquité. Le milieu des tympans est souvent percé d'un œil-de-bœuf qui reçoit le cadran d'une horloge.

SITES À VISITER

TARN (81)

Albi
Fondée par les Gaulois Ruthènes, puis gallo-romaine, importante cité marchande au Moyen Âge, Albi, centre du catharisme, a donné son nom aux hérétiques « albigeois ». Cathédrale fortifiée Sainte-Cécile (romano-gothique) des XIIe-XVe siècles. Le palais épiscopal (XIIIe siècle) est devenu le musée Toulouse-Lautrec.

Castres
Camp romain (mais on y a découvert des sépultures datant de l'âge du fer), évêché après la croisade contre les Albigeois (qui avaient fait de la ville une de leurs places fortes). Abbaye Saint-Benoît fondée au IXe siècle. Églises des XVIIe-XVIIIe siècles.

Cordes
Cité médiévale du XIVe siècle. Église Saint-Michel du XIIIe siècle.

Gaillac
Abbatiale Saint-Michel des XIe-XIVe siècles.

Lavaur
Foyer cathare. Cathédrale Saint-André du XIIIe siècle.

Lescure-d'Albigeois
Église Saint-Michel des XIe-XIIe siècles.

Penne
Site préhistorique (grottes).

Rabastens
Église fortifiée du XIIIe siècle.

TARN-ET-GARONNE (82)

Moissac
Église romane Saint-Pierre des XIe-XIIe siècles (et un célèbre cloître).
Montauban
Ville fondée au XIIe siècle. Pont fortifié du XIVe siècle. Église Saint-Jacques du XIIIe siècle.

TERRITOIRE DE BELFORT (90)

Belfort
Place forte stratégique entre les bassins du Rhin et de la Saône. Château du XIIe siècle (Musée historique). Hôtel de ville et église du XVIIIe siècle.

U

UT, RÉ, MI, FA, SOL, LA, SI

Premières syllabes des sept premiers vers de l'hymne grégorien de saint Jean. Chaque vers montait d'un degré, d'où l'appellation *Ut, Ré, Mi, Fa, Sol, La, Si* suivant ce texte :

UT *quant laxis*
RE*sonare fibris*
MI*ra gestorum*
FA*muli tuorum*
SOL*ve polluti*
LA*bili reatum*
S*ancte* ***I****ohannes…*

V

VANTAIL

Battant de porte.

VASISTAS

Châssis mobile qui correspond à la partie d'une baie, comme le dessus d'une porte, un panneau de verrière, etc.

VÉGÉTAL

Les végétaux, notamment les feuillages, ont fourni à la sculpture monumentale une source inépuisable de motifs. La flore a varié suivant les époques, et aussi la manière de la traiter et d'en tirer

Tête de feuillages, tirée de l'album de Villard de Honnecourt, XIIIe siècle.

parti. Ainsi l'*acanthe* : d'abord, fine et nerveuse ; puis, vers la fin de l'époque romaine, déchiquetée ; lourde et gauche sur les chapiteaux latins ; rendue plus ferme et percée d'ajours sous Louis XIII ; plus classique sous Louis XIV ; ployée, tournée comme par une rafale sous Louis XV ; raide sous l'Empire.

En règle générale, les feuillages latins sont une imitation plutôt grossière des feuillages romains. Les feuillages romans reproduisent des types conventionnels antérieurs, romains, orientaux, etc. Les feuillages gothiques sont copiés sur les plantes de nos pays. Les feuillages plus récents sont un emprunt, parfois assez libre, à l'Antiquité. Dans l'ensemble, si l'on excepte la sculpture gothique, la stylisation l'emporte de beaucoup.

La *palmette* est une feuille profondément découpée en un nombre impair de lobes ; après les Romains, les romans et les modernes en ont fait un usage fréquent. Les palmettes alignées sont séparées souvent par des fleurs plus petites. Les *feuilles d'eau*, larges, plates, sans refend, proviennent parfois de ce que le feuillage n'est pas fini.

Les feuilles de refend, dont l'acanthe est une variété, ont, au contraire, leurs bords déchiquetés. Elles présentent des formes très diverses et se confondent assez fréquemment avec la palmette.

Les *quatre-feuilles*, les rosaces à quatre pétales, les fleurs crucifères sont dérivées de tracés géométriques plutôt que de formes végétales. Les feuillages romans sont souvent traités en gouttière : le milieu de la feuille porte une dépression, des facettes rentrantes diversement éclairées ; on obtient de la sorte ces jeux d'ombre et de lumière, cette multiplicité de lignes d'où le roman tire ses plus sûrs effets. Au début, la flore gothique est faite de plantes rondes et grasses : nénuphar, arum, plantain, cresson. Vers le milieu du XIIIe siècle, apparaissent des feuilles plus découpées et moins pleines : lierre, vigne, fraisier. À la fin du XIVe et au XVe, les tiges sont épineuses et les feuilles sont froissées : chou frisé, chardon, chicorée. Les feuilles appliquées et rangées en *imbrications*, comme des bouts de tuiles dans un toit, décorent des surfaces plates ou courbes, des pilastres ou des fûts de colonnes. Certaines écoles romanes ont employé à cet usage des feuilles de laurier.

VENTRE

Bombement accidentel d'un mur.

VERMICULÉ

On dit qu'un parement est vermiculé quand il présente, en manière de décoration, des sillons irréguliers analogues aux chemins tracés par les vers.

VERRIÈRE

Synonyme de vitrail.

VERROU

Tige de fer que l'on pousse de façon à l'engager dans un œillet ou vertevelle pour maintenir une porte fermée.

VERSANT

Pan d'un toit, entre le faîte et l'égout.

VERTUS

Dans l'art roman, les vertus sont des statues féminines résumant les qualités morales et spirituelles que chacun devrait posséder. Les plus représentées sont les *cardinales* : tempérance, force, justice et prudence. Il existe aussi les trois vertus *théologales* : charité, espérance et foi.

VESTIAIRE

Terme générique désignant tout ce qui renferme une garde-robe, coffre, portemanteau, cabinet…

VESTIBULE

Du latin *vestibulum*, cour d'entrée, ou cour d'honneur d'une maison, d'un temple, d'un établissement quelconque. Il pouvait être formé de bâtiments en aile placés de chaque côté de la façade principale, ou se résumer à un escalier monumental.

VIERGE

Vierge Marie, mère de Jésus-Christ, dont le culte, qui supplanta celui de la Déesse-Mère, fut essentiel au Moyen Âge, qui lui voua une grande vénération. Elle était la protectrice du royaume de France, qui lui emprunta le lis, symbole de virginité. De nombreux édifices, chapelles ou basiliques, cathédrales (dites de *Notre-Dame*), furent édifiés en son honneur. C'est, dans l'art roman et l'art gothique, le sujet le plus représenté, tenant l'Enfant Jésus dans ses bras (Nativité), recevant la visite de l'archange Gabriel (Annonciation), tenant le corps de Jésus-Christ à la descente de la Croix (Pietà) …

VIERGE NOIRE

Statue de la Vierge, dite *vierge de sous la terre*, peinte en noir, dans certaines cryptes romanes.

D'origine mystérieuse (vestige de croyances druidiques ?), elle est assimilée aux rites de fécondité de la nature. La dévotion qu'on lui portait jadis fut très importante. Ses statues (Chartres, Le Puy...) étaient le but de grands pèlerinages médiévaux.

VILLA

La villa romaine pouvait comprendre l'habitation du maître *(villa urbana)*, les bâtiments nécessaires à l'exploitation agricole *(villa agraria)*, enfin les locaux, greniers et celliers, pour loger les récoltes *(villa frumentaria)* .

Certaines villas étaient donc très vastes ; d'autres étaient beaucoup moins étendues. La villa était habituellement pourvue de bains, d'hypocaustes et d'aqueducs. Le plan en était indéfiniment varié. Ces maisons des champs, situées hors des villes et que les fortifications ne protégeaient pas, ont été saccagées par les Barbares.

Toutefois, certaines ont servi de palais pendant les périodes mérovingienne et carolingienne ; d'autres ont formé le noyau de villages encore subsistants. Et, le nom suivant cette évolution, *villa* désigna les villages ouverts, de même que *castrum* s'appliquait aux villages défendus. On trouve plusieurs villages, issus de *villæ,* dans le voisinage des églises dédiées aux saints qui furent en vogue durant les premiers siècles, comme saint Martin.

VITRAIL

Ensemble des verres mis en plomb qui garnissent une baie.

Dès les premiers siècles de l'architecture chrétienne, on eut l'idée d'employer, pour clore les fenêtres, des vitres de couleur ; mais c'est au Xe siècle seulement que les textes signalent pour la première fois des vitraux proprement dits, représentant un personnage. Il ne subsiste rien de la peinture sur verre antérieure au XIIe siècle. Les plus anciens spécimens à date connue sont les restes de ces vitraux que Suger fit poser à Saint-Denis en 1144.

Le peintre verrier dessine un modèle grandeur d'exécution. Sur ce modèle il applique des feuilles de verre de la couleur qu'il a choisie et il les découpe en suivant les traits du modèle. Celui-ci a été étudié de façon que les verres ne présentent pas d'angles trop aigus et que les plombs appuient les principaux contours. Pendant le Moyen Âge on coupait le verre à l'aide d'un fer rouge et on reprenait les bords avec une pince appelée *égrugeoir* ; or, l'égrugeoir laisse des aspérités. C'est l'un des signes qui permettent de reconnaître les pièces anciennes dans les restaurations des vitraux.

Les verres des vitraux sont teints dans la masse. Cependant, un verre rouge coloré dans toute son épaisseur serait trop sombre ; aux XIIe et XIIIe siècles, on obtenait le rouge par des lamelles fouettées sur l'une des faces dans la matière vitreuse. Après le milieu du XIVe siècle, le rouge est doublé, c'est-à-dire qu'une feuille rouge très mince est soudée à une feuille blanche, qu'elle recouvre. Sur ces morceaux de verre de couleur, le peintre marquait les ombres, les plis, tous les accidents. Pour ce faire, il montait provisoirement le vitrail, il le disposait de manière à le voir en transparence, il peignait par teintes plates et il mettait au four. Il procédait pareillement pour ajouter des traits de force, des hachures brutales. La cuisson incorporait au verre les matières colorantes déposées par le pinceau et qui étaient vitrifiables. Il faut noter que des teintes sont parfois appliquées sur la face extérieure du vitrail : on obtient un dessin moins rude et la pluie lave les couleurs. En dernier lieu, le verrier procédait au montage, à la mise en plomb : pour réunir les morceaux du vitrail, il engageait les bords dans des filets de plomb souple à deux rainures, et comme ce réseau de plomb était insuffisamment rigide et résistant, on renforçait le vitrail à l'aide d'une armature composée de barres de fer. Le vitrail est en place. Si on le regarde à distance les teintes des ombres, des lignes opaques des plombs et des hachures, rongées par la lumière des parties claires, se fondent en un modelé vigoureux (dessins ci-dessous). Pourtant le vitrail de cette époque n'est pas un tableau, mais une mosaïque translucide, où les teintes sont disposées en vue de l'effet d'ensemble, sans grand souci de l'imitation. La coloration est intense.

Voici quelques-uns des caractères distinctifs des vitraux du XIIe siècle : les barres de l'armature de fer sont droites et n'encadrent pas les médaillons ; le dessin est incorrect, mais les motifs d'ornement sont splendides ; le bleu des fonds est admirable : c'est, au dire de Viollet-le-Duc, un « bleu limpide, un peu nuancé de vert, qui rappelle la couleur de certains ciels d'automne » ; en général, les feuilles de verres ne sont pas de coloration parfaitement homogène : elles ont des raies, des inégalités de ton, des stries, qui vibrent à la lumière.

Le peintre verrier bénéficie, au XIIIe siècle, des progrès que réalisent à ce moment, les arts du dessin : les personnages sont plus vivants et les draperies, plus naturelles ; l'artiste cherche et il est souvent plus observateur et plus humain. D'autre part, les barres de fer cessent de couper les scènes et de les contrarier, elles suivent le contour des médaillons et les encadrent.

Le vitrail acquiert donc des qualités ; en revanche, il en perd d'essentielles : la magnificence des bordures, lesquelles deviennent plus étroites, et le bleu des fonds, qui souvent fait place au rouge. Du rouge et du bleu combinés il résulte comme un voile violet qui attriste les verrières. La splendeur des vitraux de la Sainte-Chapelle leur valut d'exercer une influence étendue. En général cependant, les fenêtres hautes de nos grandes églises sont comprises autrement et montrent

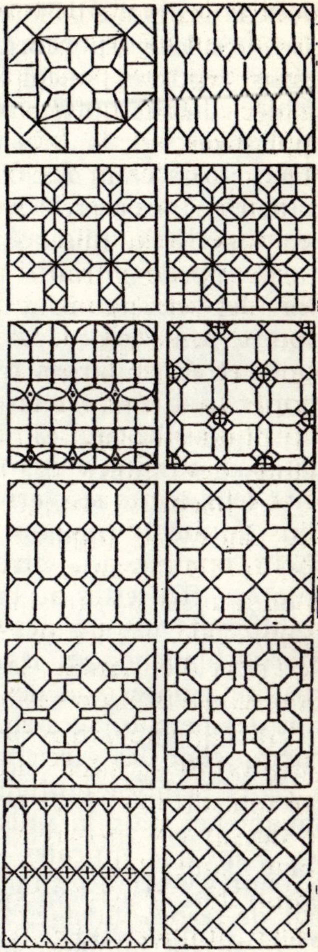

Combinaisons de vitrages colorés utilisés à partir du XVIIe siècle dans les bâtiments publics et dans les habitations.

aux regards des fidèles, non pas des scènes enfermées dans des médaillons, mais des personnages en pied. Le coloris est encore très soutenu, bien que certaines bordures soient dès lors en grisaille. Au XIIe siècle, les Cisterciens, systématiquement hostiles au luxe des églises, avaient fait des vitraux en verre blanc, sertis dans des filets de plomb. Ces plombs dessinaient des entrelacs, de grandes fleurs stylisées. Le XIIIe siècle fit, lui aussi, des grisailles.

On appelle *grisaille* une couleur brun foncé. Dans les verrières dont il s'agit, les contours principaux sont tracés par les plombs ; des motifs sont cernés de larges traits filés en grisaille : ces motifs sont réservés en blanc sur le fond couvert d'un quadrillé, qui est également en grisaille. On obtenait aussi certains effets en répartissant suivant leur teinte les verres blancs, qui ne sont pas tous de même ton, ou bien en relevant la blancheur opaline des vitraux de quelques touches colorées, fleurettes ou bandes ; ou bien encore, on conduisait autour des vitraux en couleur une marge blanche qui les encadrait. On se risqua ensuite à poser soit des médaillons polychromes, soit des personnages également en couleur sur le champ clair des verrières de grisaille.

Dans l'édifice gothique, plus la structure est savante et plus la puissance décorative décroît : les peintures murales s'affadissent et les flamboyantes verrières rouges et bleues sont détrônées par de ternes vitrages blancs et jaunes. Le jaune d'argent est appliqué au pinceau et cuit. On ne tarda pas à en abuser, de même que de certaines autres couleurs vitrifiables qui diminuaient la luminosité des vitraux. On eut, en outre, l'idée de faire d'autres verres doublés que les verres rouges ; on se ménageait ainsi la possibilité d'enlever la couche de couleur suivant un dessin déterminé, qui apparaissait en blanc et que l'on pouvait teinter à la brosse. Sur un manteau cramoisi on obtenait des ramages d'or. Ce procédé fut en vogue au XVe siècle.

Les barres de fer sont rectilignes au XIVe siècle, comme au XIIe : les unes verticales, les autres horizontales, *montants* et *traverses*. Les feuilles de verre sont plus grandes au XIVe siècle et, pourtant, les plombs sont plus espacés.

On abandonne les médaillons pour peindre des personnages en pied, isolés sous un dais souvent monumental. Les verriers de la fin du gothique nous ont laissé de vrais portraits et d'attachants essais de perspective ; aux mosaïques étincelantes de jadis, où se chauffait la lumière des fenestrages, ont succédé de pâles tableaux qui versent dans les nefs un jour froid et décoloré : la grande peinture sur verre à vécu.

La peinture sur verre s'écarta de plus en plus des principes de l'art décoratif. Pendant le XVIe et le XVIIe siècles, les personnages perdirent de leur importance au profit des architectures ; ils sont comme égarés au milieu de galeries monumentales et profondes ou bien devant un décor, un paysage urbain ou rural. Le rôle des couleurs d'émail s'exagéra encore : on en vint à peindre le vitrail sur des feuillets de verre carré ; la mise en plomb, sans aucun rapport avec le dessin, n'avait d'autre but que d'assembler ces feuilles.

Si les artistes ne faisaient plus de vastes verrières décoratives, du moins ils ont laissé dans les fenêtres des logis, à portée de l'œil, de jolis tableautins sur verre. Dans les habitations plus modestes, on obtenait, avec la mise en plomb, des losanges, diverses combinaisons géométriques. Le XVIIIe siècle les abandonna et enchâssa les vitres carrées dans les bois des croisées de menuiserie.

Le secret de la peinture sur verre n'a jamais été complètement perdu ; le XIXe siècle s'est efforcé d'en reprendre la pratique. Certaines restaurations sont si parfaitement réussies que les hommes du métier se déclarent parfois incapables de reconnaître les parties neuves.

VOLÉE

Série de degrés qui, dans un escalier, va d'un palier à l'autre.

VOLET

Panneau battant de menuiserie qui ferme tout ou partie d'une fenêtre.

VOLIGE

Planche mince.

VOLIGEAGE

Ensemble de voliges.

VOLUTE

Ornement tourné en spirale, qui est placé notamment à l'angle supérieur de la corbeille dans certains chapiteaux, notamment ioniques.

VOMITOIRE

Dans les théâtres et les amphithéâtres, porte des couloirs qui s'ouvrent sur la *cavea*. Aussi appelée vomitorim.

VOUSSOIR

Pierre d'appareil taillée en coin, qui entre dans la construction d'une voûte. Le voussoir est l'élément d'une voûte, comme le **claveau** (voir ce mot) est l'élément d'un arc.

VOUSSURE

Portion de voûte moindre que le demi-cercle, comme la courbe qui raccorde un plafond avec le mur. On donne également ce nom aux arcs concentriques d'une porte ou d'une fenêtre.

VOÛTE

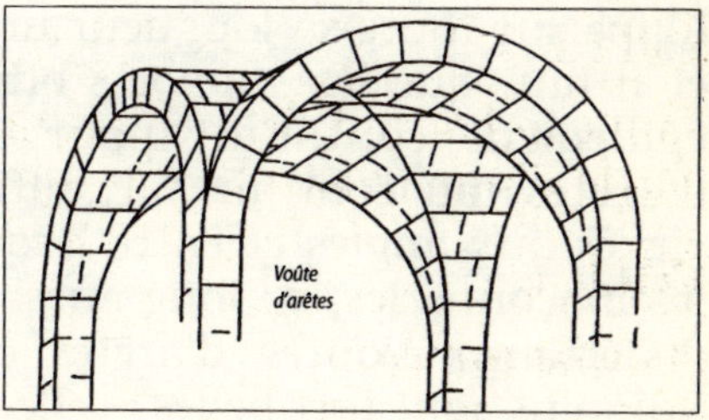

Ouvrage de maçonnerie, cintré, reposant sur deux piliers ou deux colonnes.

Voûte en berceau : arc continu ;

Voûte d'arêtes : deux berceaux se coupant à angle droit ;

Voûte d'ogives : voûte d'arêtes, mais avec des arcs de soutien ;

Voûte en plein cintre : arc formant demi-cercle ;

Voûte rampante : reposant sur deux rangées de piliers (ou deux murs) de niveaux différents ;

Voûte en cul-de-four : en quart de sphère, comme une niche.

VOÛTE D'ARÊTES

Voûte résultant de la rencontre de deux berceaux dont on conserve les parties qui sont en dehors des lignes de rencontre. L'*arc-de-cloître* conserve les parties qui sont en dedans de ces lignes, il a des angles rentrants à l'**intrados**, saillants à l'**extrados** (voir ces mots) ; inversement, la *voûte* *d'arêtes* a des arcs saillants à l'intrados et rentrants à l'extrados.

Si deux voûtes ont une flèche égale et sont à un même niveau, de leur rencontre résulte la *voûte d'arêtes*, ainsi dénommée parce qu'elle projette en dessous des arêtes saillantes. Dans la voûte d'arêtes en pierre de taille, les **voussoirs** (voir ce mot) qui sont sur l'arête sont d'une coupe très difficile. Par contre, la voûte d'arêtes à sur la **voûte en berceau** (voir ci-après) un grand avantage : la voûte en berceau développe sur toute sa longueur une poussée continue et il faut que les supports offrent une résistance également continue ; pour soutenir la voûte d'arêtes, au contraire, il suffit de quatre piliers élevés aux angles et entre lesquels on peut évider les maçonneries, en long aussi bien qu'en travers.

Certaines voûtes d'arêtes construites par les Romains sont fort belles : celle du palais de Julien, aujourd'hui englobée dans le musée de Cluny, est l'une des plus remarquables qui nous soient parvenues.

VOÛTE EN BERCEAU

La voûte la plus simple et la plus fréquente, le *berceau*, est un arc prolongé, un arc profond. Les pierres taillées dont il est formé s'appellent **voussoirs**.

Le cintrage d'un berceau est très coûteux ; aussi les Romains avaient-ils imaginé divers procédés pour réduire ces frais.

Certaines voûtes de l'amphithéâtre de Nîmes, du pont du Gard, etc., sont construites par tranches indépendantes : sur un **cintre** (voir ce mot), on tournait une tranche, après quoi on déplaçait le cintre on tournait une seconde tranche juxtaposée à la première et ainsi de suite.

SITES À VISITER

VAR (83)

Artigues
Site préhistorique : grotte Ribage.
Baudinard
Site préhistorique : grotte de l'Église.
Carroz-le-Neuf
Site préhistorique.
Draguignan
Site préhistorique de la Pierre des Fées (dolmen).
Fréjus
Vestiges romains d'une cité fondée par Jules César. Cathédrale du XIIe siècle (sur une église du Ve siècle). Cloître des XIIe-XIIIe siècles.
Hyères
Église Saint-Louis du XIIIe siècle. Église Saint-Paul des XIIe-XVe siècles. Commanderie templière du XIIe siècle. Vestiges du XIIIe siècle.
Roquebrune-sur-Argens
Restes de remparts et église gothique du XVIe siècle. Site préhistorique : grotte de la Bouverie.
Saint-Maximin-la-Sainte-Baume
Abbatiale gothique des XIIIe-XVIe siècles.
Saint-Paul-les-Fayence
Site préhistorique : dolmen de la Verrerie-Vieille.
Salernes
Sites préhistoriques : Baume de Fontbregoua (où fut pratiqué du cannibalisme rituel) ; Tholos de la Lauve.
Thoronet (Le)
Abbaye cistercienne Saint-Laurent du XIIe siècle.
Toulon
Cité romaine fortifiée par Vauban. Église Sainte-Marie-Majeure romano-gothique.

VAUCLUSE (84)

Apt
Cité gallo-romaine puis évêché.
Cathédrale romane du XIIe siècle.

Avignon
Cité gallo-romaine. En 1309, la papauté s'y installe pour un siècle. Palais des Papes, gothique du XIVe siècle, ainsi que les remparts et le « pont d'Avignon » (pont saint-Bénezet) à trois arches. Cathédrale d'origine romane Notre-Dame-des-Doms. Musée Calvet de la Préhistoire (statues-menhirs).

Carpentras
Cité ligure, colonie romaine, puis possession pontificale. Vestiges gallo-romains. Synagogue et Cathédrale Saint-Siffrein du XVe siècle. Palais épiscopal (palais de justice) du XVIIe siècle.

Cavaillon
Bourgade agricole très ancienne : on y a retrouvé des puits-silos datant du IIe siècle avant J.-C. Cathédrale Saint-Véran du XIIe siècle. Synagogue du XVIIIe siècle.

Châteauneuf-du-Pape
Vestiges du château du XIVe siècle.

Courthézon
Site préhistorique.

Gordes
Château Renaissance bâti sur l'emplacement d'une forteresse du XIIe siècle. Village de bories (huttes en pierres sèches) d'origine ligure.

Isle-sur-la-Sorgue (L')
Église du XIVe siècle, remanié au XVIIe siècle.

La-Roque-sur-Pernes
Site préhistorique : sépulture de Sanguinouse.

Lauris
Statue-menhir.

Mazan
Sarcophages gallo-romains. Chapelle du XIIe siècle.

Orange
Cité gauloise devenue métropole romaine, puis évêché (conciles) et principauté liée aux dirigeants des Pays-Bas (maison de Nassau) jusqu'à ce que Louis XIV l'annexe. Nombreux vestiges romains (arc de triomphe, théâtre...). Cathédrale du XIIe siècle.
Pernes-les-Fontaines
Église Notre-Dame-de-Nazareth du XIe siècle. Vestiges de remparts des XIVe-XVIe siècles.
Roaix
Site préhistorique : hypogée.
Saumanes
Site préhistorique : abri Chinchon.
Tour-d'Aigues (La)
Vestiges d'un château du XVIe siècle. Église romane du XIe siècle.
Vaison-la-Romaine
Capitale des Gaulois Voconces, cité romaine... Nombreux vestiges romains (théâtre, portique, pont...). Cathédrale romane Notre-Dame-de-Nazareth avec abside du VIe siècle, bâtie sur un site où l'on célébrait le culte de Mithra. Cloître roman des XIe-XIIe siècles.
Valréas
Restes de remparts. Église romane Notre-Dame-de-Nazareth du XIIe siècle.
Venasque
Église romane du XIIe siècle. Baptistère mérovingien.

VENDÉE (85)

Bazogues-en-Pareds
Site préhistorique : dolmen des Cous.
Essarts (Les)
Ruines d'un château médiéval (XIe siècle).
Foussais-Payre
Église romane Saint-Hilaire.

Le Bernard
Allée couverte de la Frébouchère.
Maillezais
Vestiges d'une abbaye du XIe siècle. Église du XIIe siècle.
Mortagne-sur-Sèvre
Vestiges d'un château du XIVe siècle.
Nieul-sur-Autise
Église romane Saint-Vincent.
Noirmoutier-en-l'Île
Site occupé depuis la préhistoire. Église Saint-Philibert romano-gothique. Château XVe siècle avec donjon du XIe.
Sables-d'Olonne (Les)
Église « gothique » du XVIIe siècle.
Saint-Michel-en-l'Herm
Restes d'une abbaye du VIIe siècle, avec remaniements postérieurs.
Saint-Vincent-sur-Jard
Allée couverte du Grand Bouillac.
Tiffauges
Restes du château de Gilles de Rais des XIe-XIVe siècles.

VIENNE (86)

Charroux
Église Saint-Sauveur (l'abbaye fut fondée sous Charlemagne) du XIe siècle. Cloître du XVe siècle. Halles du XVIe siècle.
Châtellerault
Cité bâtie autour d'une forteresse érigée au Xe siècle. Église Saint-Jacques du XIIe siècle.
Chauvigny
Ruines de plusieurs châteaux XIIe-XIVe siècles. Églises romanes Saint-Pierre, et Notre-Dame.

CIVAUX
Site mérovingien (nécropole de plus de 1000 tombes). Église des VIe-Xe siècles sur l'emplacement d'un temple romain.
CIVRAY
Église romane Notre-Dame XIIe siècle.
GOUAIX
Site préhistorique : grotte de Bois Ragot.
LIGUGÉ
L'abbaye fondée en 360 par saint Martin (premier monastère en Gaule), fut abandonnée puis, à l'époque médiévale, redevint, avec les Bénédictins, un haut lieu spirituel. Rabelais y séjourna.
LOUDUN
Église Saint-Pierre-du-Marché des XIIIe-XVe siècles. Église Saint-Hilaire-du-Martray des XIVe-XVIe siècles.
LUZIGNAN
Église Notre-Dame des XIe-XIIe siècles. Ruines du château « fondé » par la fée Mélusine.
MONTMORILLON
Église Notre-Dame du XIe siècle. Église Saint-Laurent du XIIe siècle.
POITIERS
Capitale des Gaulois Pictaves, centre religieux de la Gaule, théâtre de plusieurs batailles. Baptistère Saint-Jean du IVe siècle, avec des sarcophages mérovingiens. Édifices romans : église Sainte-Radegonde (avec nef gothique), abbatiale de Montierneuf (XIe siècle), clocher de Saint-Porchaire, église Saint-Hilaire-le-Grand, église Notre-Dame-la-Grande (XIIe siècle). Cathédrale gothique Saint-Pierre des XIIe-XIVe siècles. Site mégalithsiuer : Pierre Levée.
ROCHE-POSAY (LA)
Église des XIIe-XVe siècles. Vestiges de fortifications du XIIe siècle.
SAINT-BENOÎT
Restes d'un cloître bénédictin du XIIe siècle.

HAUTE-VIENNE (87)

Châlus
Ruines de la forteresse (donjon XIIe siècle) où Richard Cœur de Lion fut tué d'une flèche.
Châteauponsac
Église romane Saint-Thyrse des XIIe-XVe siècles.
Eymoutiers
Église des XIe-XVe siècles.
Limoges
Cité gallo-romaine d'orfèvres. Cathédrale Saint-Étienne des XIIIe-XIVe siècles. Églises Saint-Pierre-du-Queyrois et Saint-Michel-des-Lions du XIVe siècle.
Rochechouart
Château du XVe siècle.
Saint-Junien
Église romane du XIIe siècle. Édifices des XIIIe-XIVe siècles.
Saint-Léonard-de-Noblat
Église romane.
Solignac
Église Saint-Pierre, ancienne abbatiale romane du XIIe siècle (fondée sous les Mérovingiens).

VOSGES (88)

Épinal
Site gallo-romain et bourg marchand médiéval. Basilique Saint-Maurice des XIe-XIVe siècles.
Étival
Église romane Notre-Dame.
Neufchâteau
Église Saint-Nicolas des XIIe-XIIIe siècles.
Saint-Dié
À l'origine monastère bénédictin du VIIe siècle. Église romane du XIIe siècle. Cloître gothique.
Vomecourt
Église romane Saint-Martin.

VAL-DE-MARNE (94)

CRÉTEIL
Ancien lieu de pèlerinage. Église Saint-Christophe du XIIe siècle.
NOGENT-SUR-MARNE
Église Saint-Saturnin des XIe-XIIIe siècles.
SAINT-MAUR-DES-FOSSÉS
Église Saint-Nicolas, origine XIIe siècle.
VILLENEUVE-SAINT-GEORGES
Église des XIIe-XVe siècles.
VINCENNES
Château du XIVe siècle, restauré et transformé sous Napoléon. Il en reste le donjon.

VAL-D'OISE (95)

BEAUMONT-SUR-OISE
Église et château des XIIe-XIIIe siècles.
ÉCOUEN
Territoire offert par le roi Dagobert aux moines de Saint-Denis. Église Saint-Acceul et château du XVIe siècle.
ISLE-ADAM (L')
Église Saint-Martin des XVe-XVIe siècles.
LUZARCHES
Église Saint-Côme du XIIe siècle.
PONTOISE
Cité gallo-romaine, et place forte médiévale. Église Saint-Maclou des XIIe-XVIe siècles. Église Notre-Dame du XVIe siècle.
ROCHE-GUYON (LA)
Château des Xe-XIIe siècles. Église du XVe siècle.
ROYAUMONT
Abbaye cistercienne du XIIIe siècle fondée par Saint Louis (sa descendance y est enterrée) dont certaines parties ont été restaurées.

YONNE (89)

Arcy-sur-Cure
Grottes préhistoriques décorées d'animaux, et musée.
Auxerre
Cité romaine. L'église abbatiale Saint-Germain du VIIe siècle, avec des peintures carolingiennes, fut un important centre religieux médiéval. Cathédrale gothique Saint-Étienne du XIIIe siècle.
Avallon
Forteresse gauloise puis gallo-romaine. Vestiges de fortifications. Église romane Saint-Lazare.
Chablis
Église Saint-Martin du XIIIe siècle. Le vignoble était alors propriété des moines de Saint-Martin-de-Tours venus se réfugier là au Xe siècle.
Joigny
Vestiges du XIIe siècle. Maisons médiévales. Église Saint-Jean du XVIe siècle. Église Saint-Thibault gothique et Renaissance.
Noyers
Remparts et maisons des XIIIe-XVIe siècles. Église Notre-Dame du XVe siècle.
Pontigny
Vestiges d'une abbaye cistercienne des XIIe-XIIIe siècles.
Pont-sur-Yonne
Église des XIIe-XVe siècles.
Quarré-les-Tombes
Église du XVe siècle entourée d'une centaine de sarcophages mérovingiens ou carolingiens, et qui n'auraient jamais servi…
Saint-Bris-le-Vineux
Église gothique du XIIIe siècle.
Saint-Fargeau
Château du XIIIe siècle. Église gothique des XIe-XIIIe siècles.

SENS
Capitale des Gaulois Senons. Cathédrale gothique Saint-Étienne. Églises Saint-Savinien, Saint-Maurice, Saint-Pierre-le-Rond des XIe, XIIe et XIIIe siècles.
TONNERRE
Église Notre-Dame du XIIIe siècle. Église Saint-Pierre du XVIe siècle.
TOUCY
Église fortifiée du XIIe siècle.
VÉZELAY
Abbaye bénédictine fondée au IXe siècle. Basilique romane Sainte-Marie-Madeleine du XIIe siècle restaurée par Viollet-le-Duc.
VILLENEUVE-SUR-YONNE
Restes de remparts. Portes du XIIIe siècle. Église des XIIIe-XIVe siècles.

Imprimé en France sur Presse Offset par

BRODARD & TAUPIN

GROUPE CPI

13187 – La Flèche (Sarthe), le 21-05-2002
Dépôt légal : mai 2002